O PROCESSO TRIBUTÁRIO

Apoio institucional

O PROCESSO TRIBUTÁRIO: DO ADMINISTRATIVO AO JUDICIAL

Andréa Mascitto
Bruna Dias Miguel
Carlos Eduardo Marino Orsolon
Catarina Rodrigues
Christiane Alves Alvarenga
Daniella Zagari
Gabriela Silva de Lemos
Glaucia Maria Lauletta Frascino
Letícia Pelisson
Lígia Regini
Luiz Roberto Peroba
Luiza Lacerda
Marcelo Salles Annunziata
Maria Eugênia Doin Vieira
Mariana Neves de Vito
Paulo Camargo Tedesco
Rafael Balanin
Rafael Gregorin
Roberta de Lima Romano
Tércio Chiavassa
Vinicius Jucá Alves

O processo tributário: do administrativo ao judicial
© 2019 Andréa Mascitto, Bruna Dias Miguel, Carlos Eduardo Marino Orsolon, Catarina Rodrigues, Christiane Alves Alvarenga, Daniella Zagari, Gabriela Silva de Lemos, Glaucia Maria Lauletta Frascino, Letícia Pelisson, Lígia Regini, Luiz Roberto Peroba, Luiza Lacerda, Marcelo Salles Annunziata, Maria Eugênia Doin Vieira, Mariana Neves de Vito, Paulo Camargo Tedesco, Rafael Balanin, Rafael Gregorin, Roberta de Lima Romano, Tércio Chiavassa e Vinicius Jucá Alves

Editora Edgard Blücher Ltda.

Revisão de texto: Bárbara Waida
Diagramação: Guilherme H. Martins Salvador
Capa: Negrito Editorial

Blucher

Rua Pedroso Alvarenga, 1245, 4° andar
04531-934 – São Paulo – SP – Brasil
Tel.: 55 11 3078-5366
contato@blucher.com.br
www.blucher.com.br

Segundo Novo Acordo Ortográfico, conforme 5. ed. do *Vocabulário Ortográfico da Língua Portuguesa*, Academia Brasileira de Letras, março de 2009.

É proibida a reprodução total ou parcial por quaisquer meios sem autorização escrita da editora.

Todos os direitos reservados pela Editora Edgard Blücher Ltda.

DADOS INTERNACIONAIS DE CATALOGAÇÃO NA PUBLICAÇÃO (CIP)
ANGÉLICA ILACQUA CRB-8/7057

O processo tributário : do administrativo ao judicial / Andréa Mascitto...[et al.]. – São Paulo : Blucher, 2019.
256 p.

Bibliografia
ISBN 978-85-212-1870-8 (impresso)
ISBN 978-85-212-1871-5 (e-book)

1. Direito tributário 2. Administração e processo tributário 3. Processo civil – Leis e legislação 4. Poder judiciário I. Mascitto, Andréa.

19-2027 CDD 343.81040269

Índice para catálogo sistemático:
1. Administração e processo tributário

APRESENTAÇÃO

Esta obra é resultado de discussões de 21 advogados sobre as especificidades e dificuldades encontradas na condução do processo tributário, nos âmbitos administrativo e judicial, em especial após a publicação do Novo Código de Processo Civil (NCPC), Lei n. 13.105/2015.

Os autores são advogados baseados em São Paulo e fazem parte de sete escritórios de advocacia de grande porte, quais sejam, Barbosa, Müssnich e Aragão Advogados; Demarest Advogados; Machado Meyer, Sendacz e Opice Advogados; Mattos Filho, Veiga Filho, Marrey Jr. e Quiroga Advogados; Pinheiro Neto Advogados; Trench Rossi Watanabe Advogados; e TozziniFreire Advogados, que, por enfrentarem dificuldades similares no exercício de seu ofício, decidiram formar um grupo de estudos que se reúne para tratar dos assuntos mais presentes e das dificuldades encontradas no dia a dia.

As especificidades do processo tributário conduziram os autores a explorar nos artigos desta obra diversos aspectos do contencioso tributário, desde o ato de lançamento, sua revisão e constituição definitiva no âmbito administrativo, até o término da discussão do crédito tributário no âmbito dos tribunais superiores.

O processo tributário está detalhado a partir de suas duas grandes vertentes: administrativa e judicial. E não poderíamos fazê-lo de forma diferente, uma vez que a própria Constituição Federal de 1988, ao elencar os direitos e as garantias fundamentais,[1] assegurou aos litigantes as mesmas prerrogativas em ambas as fases contenciosas.

Assim, a obra está dividida em dois grandes blocos:

i. *Processo Administrativo Tributário*, em que exploramos a sistemática processual destinada à revisão do ato de lançamento, em especial os procedimentos previstos no Decreto n. 70.235/1972, que regulamentam o processo administrativo fiscal em âmbito federal, culminando, ao final, com a análise da nova etapa do contencioso tributário, constituída a partir da publicação da Portaria PGFN n. 33/2018, que tem por objetivo a discussão do débito tributário perante a Procuradoria-Geral da Fazenda Nacional (PGFN).

ii. *Processo Judicial Tributário*, em que tratamos da discussão do crédito tributário no âmbito judicial, a partir de sua constituição definitiva até a sua análise pelos tribunais superiores.

Esperamos que a obra sirva para fomentar debates sobre os diversos aspectos do contencioso tributário para que o processo tributário atinja o seu fim maior: servir de instrumento para o estrito cumprimento do direito.

Boa leitura!

Os autores

---

1 "Art. 5º. Todos são iguais perante a lei, sem distinção de qualquer natureza, garantindo-se aos brasileiros e aos estrangeiros residentes no País a inviolabilidade do direito à vida, à liberdade, à igualdade, à segurança e à propriedade, nos termos seguintes: [...] LV - aos litigantes, **em processo judicial ou administrativo**, e aos acusados em geral são assegurados o contraditório e ampla defesa, com os meios e recursos a ela inerentes" (grifos nossos).

CONTEÚDO

PARTE I
PROCESSO ADMINISTRATIVO TRIBUTÁRIO

Processo administrativo tributário: análise mais técnica? 15
Carlos Eduardo Marino Orsolon
1. Introdução 15
2. Interesses em discussão no processo administrativo tributário 16
3. Análise realizada no âmbito do processo administrativo 17
4. Considerações finais 20

Aplicação do Código de Processo Civil no processo administrativo fiscal federal 23
Rafael Gregorin
1. Introdução 23
2. Aplicação do CPC em casos específicos 26
3. Considerações finais 31

Provas no processo administrativo e verdade material 33
Andréa Mascitto
1. Introdução 33
2. Tipos de prova no processo tributário 34

3. Diferenciação da prova: processo tributário judicial *versus* processo tributário administrativo 35
4. Verdade material 38
5. Celeumas versus busca da verdade material 38
6. Considerações finais 41

Admissibilidade de recursos (recurso especial, embargos de declaração e agravo) nos tribunais administrativos 43
Paulo Camargo Tedesco
1. Introdução 43
2. Embargos de declaração 47
3. Admissibilidade do agravo 51
4. Recurso especial 52
5. Considerações finais 56

Aplicação da LINDB no processo administrativo tributário 59
Tércio Chiavassa
1. Introdução 59
2. Aplicação da LINDB ao processo administrativo tributário 61
3. Alegações da PGFN sobre a inaplicabilidade da LINDB ao processo administrativo tributário 66
4. Posicionamento do CARF e da CSRF sobre a matéria 68
5. Considerações finais 69

Novo Código de Processo Civil e a aplicação dos recursos repetitivos no processo administrativo tributário 71
Letícia Pelisson
1. Introdução 71
2. Aplicação supletiva e subsidiária do NCPC ao processo administrativo tributário 74
3. Observância dos precedentes judiciais na esfera administrativa federal 76
4. Considerações finais 82

Intervenção do poder judiciário no processo administrativo tributário federal 85
Catarina Rodrigues

Atribuição da responsabilidade a terceiros no processo administrativo tributário 93

Luiza Lacerda

1. Introdução 93
2. Aspectos fundamentais do procedimento de imputação da responsabilidade tributária 96
3. IN RFB n. 1.862/2018 102
4. Considerações finais 104

Multas qualificadas e conduta dolosa 107

Roberta de Lima Romano

1. Introdução 107
2. Tipicidade cerrada e necessidade de comprovação da conduta dolosa .. 108
3. Liberdade para o contribuinte se organizar e direito constitucional à livre economia 111
4. Casos concretos de aplicação reiterada da multa qualificada 113
5. Considerações finais 116

Vícios na constituição definitiva do crédito tributário: necessidade de observância da paridade e voto de qualidade 117

Bruna Dias Miguel

1. Introdução 117
2. Paridade nos julgamentos colegiados dos órgãos administrativos ... 118
3. Voto de qualidade como garantidor do devido processo legal administrativo 122
4. Considerações finais 124

Portaria PGFN n. 33/2018: nova fase no contencioso tributário 129

Christiane Alves Alvarenga

1. Introdução 129
2. Procedimentos instituídos pela Portaria PGFN n. 33/2018 130
3. Inconstitucionalidades do art. 20-B, § 3º, inciso II, da Lei n. 10.522/2002, bem como dos dispositivos da Portaria PGFN n. 33/2018 135
4. Considerações finais 137

PARTE II
PROCESSO JUDICIAL TRIBUTÁRIO

Desafios e impactos decorrentes da constituição definitiva do crédito na esfera administrativa 141
Rafael Balanin

1. Introdução 141
2. Constituição definitiva do crédito tributário e tentativa de responsabilização posterior de sócios ou administradores 142
3. Defesa do terceiro incluído como responsável na CDA: necessidade de oferecimento de garantia e oposição de embargos à execução 148
4. Considerações finais 151

Impactos do NCPC em procedimentos previstos em legislação específica: execução fiscal, medida cautelar fiscal e mandado de segurança 153
Marcelo Salles Annunziata

1. Introdução 153
2. Aplicação subsidiária do NCPC 154
3. Impactos na execução fiscal (Lei n. 6.830/1980) 155
4. Impactos na medida cautelar fiscal (Lei n. 8.397/1992) 160
5. Impactos no mandado de segurança (Lei n. 12.016/2009) 162
6. Considerações finais 163

Jurisprudência defensiva e o NCPC 165
Luiz Roberto Peroba

1. Introdução 165
2. Mudanças implementadas pelo NCPC e posicionamento dos tribunais superiores 168
3. Considerações finais 173

Tutela de evidência e direito à compensação: conciliação do entendimento manifestado em recurso repetitivo com o art. 170-A do CTN 175
Maria Eugênia Doin Vieira

1. Introdução 175
2. Tutela de evidência e precedentes vinculantes no CPC 176
3. Compensação e o art. 170-A do CTN 178
4. Composição da tutela de evidência com o art. 170-A do CTN 181
5. Considerações finais 183

Inaplicabilidade da ação rescisória prevista no § 8º do art. 535 do NCPC às decisões declaratórias não executadas judicialmente 185
Glaucia Maria Lauletta Frascino
1. Introdução 185
2. Interpretação restritiva de dispositivos que tratam da coisa julgada 186
3. Ação rescisória prevista no § 8º do art. 535 do NCPC 189
4. Considerações finais 195

Recursos extraordinário e especial repetitivos: seleção de caso representativo da controvérsia 197
Mariana Neves de Vito
1. Introdução 197
2. Aspectos processuais dos recursos extraordinário e especial repetitivos 199
3. Seleção das demandas representativas de controvérsia 200
4. Considerações finais 203

STF e STJ: a efetividade dos precedentes "vinculantes" na era do NCPC 205
Lígia Regini
1. Introdução 205
2. STF em RG sobre matéria tributária 208
3. STJ em recursos repetitivos sobre matéria tributária 214
4. Considerações finais 217

Sistema de precedentes e art. 489, § 1º, do NCPC 219
Daniella Zagari
1. Evolução do sistema de precedentes no Brasil 219

2. O sistema de precedentes à luz do NCPC 221
3. A relevância da fundamentação no contexto do sistema de precedentes..... 222
4. Considerações finais... 225

Eficácia dos julgamentos nos tribunais superiores 229
Gabriela Silva de Lemos
1. Introdução... 229
2. Segurança jurídica e princípio da confiança 229
3. Novo Código de Processo Civil... 231
4. Situações concretas 232
5. Considerações finais... 236

Revisão de jurisprudência consolidada e modulação da eficácia das decisões 239
Vinicius Jucá Alves
1. Introdução... 239
2. Proteção ao patrimônio e limitações ao direito de tributar na Constituição Federal 240
3. Força das decisões dos tribunais superiores... 242
4. Histórico de modulação no STF.. 246
5. Regime jurídico da modulação dos efeitos após a edição do NCPC 249
6. Considerações finais... 253

PARTE I
PROCESSO ADMINISTRATIVO TRIBUTÁRIO

PROCESSO ADMINISTRATIVO TRIBUTÁRIO: ANÁLISE MAIS TÉCNICA?

Carlos Eduardo Marino Orsolon

1. INTRODUÇÃO

Ao longo da presente obra, trataremos do processo tributário em suas duas grandes vertentes: administrativa e judicial. E não poderíamos fazê-lo de forma diferente, uma vez que a própria Constituição Federal de 1988, ao elencar os direitos e as garantias fundamentais,[1] assegurou aos litigantes as mesmas prerrogativas em ambas as fases contenciosas.

Contudo, por estar mais próximo do ato de lançamento tributário, o processo administrativo é o tema de início de nosso estudo, o qual tem como ponto de partida um questionamento de difícil resolução: **a análise realizada no âmbito do processo administrativo tributário é mais técnica que aquela efetuada na esfera judicial**? Já antecipamos que não há uma resposta comprovadamente certa para tal questionamento, mas tentaremos demonstrar a seguir as razões pelas quais suspeitamos ser **afirmativa** a resposta a ele.

---

[1] "Art. 5º. Todos são iguais perante a lei, sem distinção de qualquer natureza, garantindo-se aos brasileiros e aos estrangeiros residentes no País a inviolabilidade do direito à vida, à liberdade, à igualdade, à segurança e à propriedade, nos termos seguintes: [...] LV – aos litigantes, **em processo judicial ou administrativo**, e aos acusados em geral são assegurados o contraditório e ampla defesa, com os meios e recursos a ela inerentes" (grifos nossos).

2. INTERESSES EM DISCUSSÃO NO PROCESSO ADMINISTRATIVO TRIBUTÁRIO

De acordo com o art. 142 da Lei n. 5.172, de 25 de outubro de 1966 (Código Tributário Nacional – CTN), o lançamento tributário é assim definido: "procedimento administrativo tendente a verificar a ocorrência do fato gerador da obrigação correspondente, determinar a matéria tributável, calcular o montante do tributo devido, identificar o sujeito passivo e, sendo caso, propor a aplicação da penalidade cabível". Nota-se que o lançamento tributário é um procedimento altamente complexo, que envolve diversas etapas que devem ser rigorosamente seguidas pela administração tributária: (i) verificar o fato gerador; (ii) determinar a matéria tributável; (iii) calcular o tributo devido; (iv) identificar a sujeição passiva da obrigação; e (v) aplicar a multa cabível são apenas alguns dos atos listados no referido art. 142.

Mas o que fazer quando ocorre alguma falha nesse complexo procedimento que resulta no lançamento tributário? O próprio CTN traz a resposta a essa questão em seu art. 145:[2] pode o contribuinte impugná-lo ou pode a administração tributária rever de ofício o lançamento realizado, observadas, nesse último caso, as diretrizes contidas no art. 149 do mesmo *codex*. Tem-se claro, portanto, que uma vez existindo falhas no lançamento tributário, passa a ser de interesse de ambas as partes envolvidas na obrigação tributária – contribuinte de um lado e administração tributária de outro – agir para suprimir tais falhas, evitando-se, assim, eventual nulidade do ato administrativo que culmine em exação em desconformidade com os contornos legais.

A partir dessa constatação, corporifica-se o interesse maior do processo administrativo tributário: **proceder à revisão do ato de lançamento**, a fim de gerar segurança **a ambas as partes interessadas** de que todas as suas etapas foram corretamente realizadas, as constatações e as verificações necessárias foram devidamente feitas, e o valor final da exigência tributária é de fato devido pelo contribuinte, nos exatos limites da legislação aplicável. O processo administrativo revela-se, pois, como um **instrumento de interesse comum** tanto do contribuinte quanto da administração tributária, porquanto ambos compartilham de um mesmo desejo: a busca pelo estrito cumprimento da lei tributária.

---

[2] "Art. 145. O lançamento regularmente notificado ao sujeito passivo só pode ser alterado em virtude de: *I – impugnação do sujeito passivo*; II – recurso de ofício; III – iniciativa de ofício da autoridade administrativa, nos casos previstos no artigo 149."

Diversas são as situações que poderiam ser elencadas para demonstrar a importância do processo administrativo tributário no dia a dia da relação fisco *versus* contribuinte. Todavia, tomando apenas uma como exemplo, imaginemos um caso em que um agente fiscal, ao concluir a lavratura de um auto de infração, comete um equívoco de cálculo, multiplicando por dois um determinado valor quando a legislação determina que o correto seria dividi-lo por tal numeral, culminando esse simples erro na cobrança de um tributo quatro vezes maior que o devido.

Na situação exemplificada, não é interesse apenas de o contribuinte obter a correção do valor do tributo lançado de ofício, mas também da administração tributária exigir o tributo devido nos exatos termos da lei. Portanto, com a impugnação administrativa do lançamento, não se instaurará propriamente uma lide, com oposição de partes com interesses diversos, mas um verdadeiro processo de revisão do lançamento realizado, no qual será interesse comum das partes sanar os atos indevidamente praticados.

É por isso que no processo administrativo – em oposição ao processo judicial – há, como regra, a prevalência da verdade material sobre a verdade processual. Não adentraremos neste momento na discussão que envolve a aplicação da verdade material no processo administrativo, pois isso será feito em detalhes em capítulo próprio da presente obra, mas registramos desde já que o princípio da verdade material é a essência do processo administrativo tributário, pois ele é o elemento perseguido, ao final, por ambos os litigantes.

3. ANÁLISE REALIZADA NO ÂMBITO DO PROCESSO ADMINISTRATIVO

Vistos os conceitos básicos do processo administrativo, cabe agora comentar a metodologia de análise aplicada em seu âmbito. Para tanto, tomaremos o **processo administrativo fiscal federal** como referência, uma vez que suas normas são comuns a todo e qualquer contribuinte situado em território nacional.

Não obstante essa escolha metodológica, fazemos o registro da enorme importância dos processos administrativos estaduais e municipais, conduzidos perante os tribunais dos estados (a exemplo do Tribunal de Impostos e Taxas do estado de São Paulo) e dos municípios (a exemplo do Conselho Municipal de Tributos da cidade de São Paulo). Junto com o Conselho Administrativo de Recursos Fiscais (CARF) no âmbito federal, esses tribunais são os responsáveis pela consolidação do processo administrativo como uma via técnica e efetiva de resolução de conflitos tributários.

Feito esse registro, retornemos à referência paradigmática do processo administrativo fiscal federal, para analisar em maiores detalhes as regras contidas em sua legislação de regência no tocante à forma como é feita a análise dos temas tributários federais. Depois dos princípios constitucionais definidos na Constituição Federal de 1988, o Decreto n. 70.235/1972 é a norma maior a regular o processo administrativo fiscal em âmbito federal.[3] Embora antigo, esse decreto veio sendo aperfeiçoado ao longo das últimas décadas, com as últimas modificações implementadas em 2015.[4]

De acordo com a sistemática processual estabelecida pelo Decreto n. 70.235/1972, o processo administrativo tem início com a impugnação do lançamento tributário pelo contribuinte. A partir desse momento, a exigência fiscal tem a sua exigibilidade suspensa nos termos do art. 151, inciso III, do CTN, e o julgamento da matéria segue um rito que pode ser assim sumarizado:

i. **Julgamento em primeira instância:** realizado pelas Delegacias da Receita Federal de Julgamento (DRJ), órgãos de deliberação interna e natureza colegiada da Secretaria da Receita Federal.

ii. **Julgamento em segunda instância:** realizado pelo CARF, órgão colegiado e paritário, integrante da estrutura do Ministério da Fazenda (atual Ministério da Economia).

iii. **Julgamento em instância especial (equivalente a uma terceira instância):** realizado pela Câmara Superior de Recursos Fiscais (CSRF), composta pelos presidentes e pelos vice-presidentes das câmaras do CARF.

Partindo-se do exposto, constata-se inicialmente que, desde a primeira instância, o julgamento administrativo ocorre **de forma colegiada**, ou seja, com a participação de mais de um julgador deliberando sobre o lançamento tributário. Neste momento, todos os três julgadores administrativos ainda são membros integrantes dos quadros da Secretaria da Receita Federal. Contudo, na segunda instância, essa colegialidade passa a ser **paritária**, constituída por igual número de representantes da administração tributária e dos contribuintes. Essa mesma sistemática de

---

3 Em 29 de setembro de 2011 foi editado o Decreto n. 7.475, o qual veio regulamentar, dentre outras matérias, o processo de determinação e exigência de créditos tributários da União. Para tanto, esse Decreto reproduz – de forma sistematizada – diversas regras do Decreto n. 70.235/1972 ao tratar do processo administrativo tributário federal.

4 O Decreto n. 70.235/1972 foi alterado pelas seguintes normas: (i) Lei n. 11.119/2005; (ii) Decreto n. 6.103/2007; (iii) Decreto n. 7.574/2011; (iv) Lei n. 12.715/2012; e (v) Lei n. 13.140/2015.

julgamento (colegialidade paritária) repete-se nos julgamentos realizados em instância especial pela CSRF.

Destacamos anteriormente que o maior interesse em discussão no processo administrativo tributário é o desejo comum às partes (fisco e contribuinte) de proceder à revisão do lançamento, visando adequar a exigência tributária aos exatos contornos delimitados pela lei. Para tanto, vale-se essa modalidade processual, desde o seu início, do instituto da **colegialidade**, sendo essa a sua primeira grande diferença em relação ao processo judicial, no qual compete ao juiz de primeira instância, individualmente, resolver a lide.

Dando sequência no estudo de seus mecanismos de análise, inova também o processo administrativo ao trazer o conceito da **paridade** para os julgamentos em segunda instância e instância especial. Ela permite que entrem em cena julgadores representando ambos os lados do litígio, de forma a que cada etapa do lançamento possa ser revista sob a ótica tanto da administração tributária quanto do contribuinte. Diferentemente da colegialidade – que vem a surgir no processo judicial a partir dos julgamentos em segunda instância –, a paridade não está presente no âmbito judicial, sendo essa uma das maiores diferenças entre as duas modalidades processuais.

Assim, se é certo que, por um lado, a imparcialidade é elemento intrínseco à função jurisdicional que permeia o processo judicial, é igualmente certo que, por outro, um julgamento feito por órgão colegiado paritário, em comparação com um órgão colegiado "imparcial", resultará em análises materialmente distintas. Isso porque, ao ser julgado por agentes fiscais e representantes dos contribuintes ao mesmo tempo, o lançamento tributário acaba por ser revisto na inteireza de seus detalhes, uma vez que os julgadores presentes geralmente já participaram ativamente da construção de um ato de lançamento – seja solicitando, seja provendo informações no âmbito de uma ação fiscal.

Tanto é assim que, não raras vezes, há a necessidade de produção de prova pericial no âmbito do processo judicial, a qual geralmente é analisada, avaliada e legitimada **por um terceiro** (perito judicial), confiando o juiz/desembargador nas conclusões do laudo pericial desse terceiro para decidir a lide em favor de uma das partes. Já no âmbito do processo administrativo grande parte da prova já é produzida antes mesmo do início da lide, ou seja, ainda no curso da ação fiscal. Posteriormente, sobrevindo o lançamento, abre-se o prazo de 30 dias para a apresentação da impugnação administrativa, a qual pode vir acompanhada de qualquer novo documento que o contribuinte entenda necessário para comprovar o seu direito.

Ademais, ainda que determinados documentos não sejam apresentados em sede de impugnação, é prevista no Decreto n. 70.235/1972 a possibilidade de realização de comprovação documental adicional, seja por meio da conversão do julgamento em diligência fiscal, seja por meio da juntada aos autos de novos documentos quando ocorrida uma das hipóteses previstas no seu art. 16, § 4º.[5]

Todo esse robusto conjunto probatório é analisado pessoalmente pelos julgadores administrativos de primeira instância, os quais, não raras vezes, consultam eles próprios os sistemas eletrônicos da Secretaria da Receita Federal para complementar as provas existentes, sempre tendo como norte a busca pela verdade material. Similarmente, na segunda instância administrativa os representantes da administração tributária e dos contribuintes – revestidos da função de julgadores – debruçam-se eles mesmos sobre as provas existentes para delas extrair os elementos necessários para a revisão do ato de lançamento, procurando confirmar se todas as etapas elencadas no art. 142 do CTN foram corretamente cumpridas.

Portanto, comparados os elementos do processo tributário administrativo com aqueles intrínsecos ao processo judicial (no qual não há paridade de representação e a colegialidade só tem início a partir da segunda instância), tende-se a ter, no processo administrativo, um julgamento muito mais técnico, posto que realizado por julgadores totalmente afeitos à matéria em análise e que compartilham de um interesse em comum: a busca pela verdade material.

4. CONSIDERAÇÕES FINAIS

Ao conceber o lançamento por homologação,[6] o CTN atribuiu ao contribuinte a prática da maior parte dos atos do lançamento tributário, competindo à administração tributária tão somente homologar o autolançamento realizado dentro

---

5 "A prova documental será apresentada na impugnação, precluindo o direito de o impugnante fazê-lo em outro momento processual, a menos que: a) fique demonstrada a impossibilidade de sua apresentação oportuna, por motivo de força maior; b) refira-se a fato ou a direito superveniente; c) destine-se a contrapor fatos ou razões posteriormente trazidas aos autos."

6 "Art. 150. O lançamento por homologação, que ocorre quanto aos tributos cuja legislação atribua ao sujeito passivo o dever de antecipar o pagamento sem prévio exame da autoridade administrativa, opera-se pelo ato em que a referida autoridade, tomando conhecimento da atividade assim exercida pelo obrigado, expressamente a homologa. § 1º O pagamento antecipado pelo obrigado nos termos deste artigo extingue o crédito, sob condição resolutória da ulterior homologação ao lançamento."

do prazo legal. Dada a praticidade dessa modalidade de lançamento (sob a ótica da administração tributária), praticamente a totalidade dos tributos é atualmente apurada e paga mediante a imposição dessa sistemática.

Ocorre, contudo, que tanto a realização do autolançamento quanto a sua homologação são operacionalizados por contribuintes e agentes fiscais, os quais, dada a sua natureza humana, são suscetíveis a erros. Um lançamento tributário eivado de vícios, por sua vez, não pode prevalecer, já que qualquer cobrança tributária que não observe os estritos termos da lei padecerá de vício de legalidade/constitucionalidade.

É nesse contexto que surge o processo administrativo, **um mecanismo de revisão do lançamento tributário mediante a adoção de procedimentos legalmente estabelecidos, os quais determinam a condução de uma análise técnica dos atos de lançamento por uma colegialidade de julgadores, representados paritariamente, todos visando a um mesmo interesse comum – a verdade material.**

Diante dessa definição, qual é a resposta objetiva para o questionamento que nos propusemos de início? Como comentamos, não vemos uma resposta que possa ser considerada como a mais acertada ou definitiva para essa questão. De toda forma, por todos os aspectos tratados no presente estudo – os quais caracterizam o processo tributário administrativo e, ao mesmo tempo, distinguem-no do processo tributário judicial –, tendemos a concluir que o produto final da aplicação do processo administrativo será sempre uma análise mais técnica e precisa dos fatos que permeiam a relação jurídico-tributária constituída entre fisco e contribuinte.

E a razão disso pode ser encontrada nos três grandes pilares de sustentação do processo tributário administrativo: (i) a substituição da (nem sempre verídica) verdade processual pela **verdade material**; (ii) a prevalência do julgamento participativo da **colegialidade** sobre o autocentrismo característico da individualidade; e (iii) a sobreposição da dialética construtiva resultante da **paridade** à solidão silenciosa da imparcialidade.

APLICAÇÃO DO CÓDIGO DE PROCESSO CIVIL NO PROCESSO ADMINISTRATIVO FISCAL FEDERAL

Rafael Gregorin

1. INTRODUÇÃO

A sociedade brasileira possui culturalmente um perfil litigioso. Tanto é assim que transbordam processos nos contenciosos administrativo e judicial. Embora o índice de conciliação e mediação em demandas judiciais esteja timidamente crescendo nos últimos anos,[1] nota-se que as pessoas (físicas e jurídicas) ainda continuam refratárias à resolução de conflitos no âmbito privado.

Nesse contexto, implementou-se no país um sistema de dupla jurisdição, sendo que foi atribuída atividade judicante[2] tanto ao poder executivo quanto ao poder judiciário. Dado que o processo apresenta missões distintas em cada um dos dois poderes, é natural que a dinâmica, a estrutura e os instrumentos correspondentes tenham atributos próprios destinados a levar a efeito seu propósito.

---

1 Segundo dados do relatório *Justiça em Números 2018*, do Conselho Nacional de Justiça (CNJ). Disponível em: <http://www.cnj.jus.br/files/conteudo/arquivo/2018/08/44b7368ec6f888b383f6c3de40c32167.pdf>. Acesso em: 27 abr. 2019. Ver também: BANDEIRA, Regina. *Conciliação*: mais de três milhões de processos solucionados por acordo. Disponível em: <http://www.cnj.jus.br/noticias/cnj/87537-conciliacao-mais-de-tres-milhoes-de-processos-solucionados-por-acordo>. Acesso em: 27 abr. 2019.
2 Conforme incisos XXXIV, alínea "a", e LV do art. 5º da Constituição Federal.

Assim, o processo judicial, notadamente o de natureza civil, ostenta um arcabouço mais complexo e robusto em comparação com o processo administrativo e constitui o pilar de sustentação do poder judiciário, ao passo que o processo na esfera do poder executivo desempenha um mecanismo de revisão do ato administrativo, este o cerne do domínio executor.

Nesse aspecto, o processo judicial de natureza civil é regulamentado pela Lei n. 13.105/2015 (Código de Processo Civil – CPC), que disciplina as normas processuais civis e sistematiza todas as condições necessárias para a devida efetivação do processo de conhecimento, cumprimento de sentença e execução, bem como dos elementos que gravitam em torno da sequência coordenada de atos estabelecida por tal diploma. O processo administrativo fiscal federal, por sua vez, é regulamentado pelo Decreto n. 70.235/1972, complementado com disposições do Regimento Interno do Conselho Administrativo de Recursos Fiscais (CARF), aprovado pela Portaria do Ministério da Fazenda (MF) n. 343/2015.

Para fins de comparação, vale assinalar que, enquanto o CPC possui 1.072 artigos, o Decreto n. 70.235/1972 apresenta apenas 68 artigos, incluindo-se ali disposições sobre o processo de consulta. Portanto, com base apenas nesta análise fria, pontual e preliminar a respeito das estruturas que alicerçam os dois tipos de processo, já se denota o contraste entre eles em termos de detalhamento e aprofundamento.

Não obstante, independentemente das diferentes circunstâncias que movem os processos em ambos os poderes, tem-se que, substancialmente, se sustentam em um eixo comum, afinal, em última instância, ambos têm por finalidade resolver conflitos da forma mais justa possível. Assim, a despeito das particularidades associadas aos processos, depreende-se que em muitos segmentos eles trilham o mesmo caminho.

Com efeito, revela-se plausível – e até desejável – que, naquelas hipóteses nas quais lacunas no regulamento processual prejudiquem o adequado andamento do processo administrativo ou provoquem danos quanto ao mérito dos casos, ao processo administrativo fiscal federal se apliquem determinadas regras previstas pelo CPC, desde que não conflitem com os preceitos definidos pelo diploma administrativo. O próprio CPC já determina sua aplicação supletiva e subsidiária aos processos administrativos em caso de lacunas, conforme teor de seu art. 15: "Na ausência de normas que regulem processos eleitorais, trabalhistas ou **administrativos**, as disposições deste Código lhes serão aplicadas supletiva e subsidiariamente" (grifo nosso).

Assim, de acordo com o conteúdo do preceito, o emprego das regras do CPC ao processo administrativo realiza-se de forma supletiva e subsidiária. Pelo termo "supletivo", em linha com a produção léxica pesquisada, extrai-se a noção de completar, ou seja, o objetivo aqui é suprir um vazio decorrente da ausência de norma. Já a acepção do vocábulo "subsidiário", no contexto da norma, parece enquadrar-se na concepção de acessório, isto é, visa auxiliar a evolução adequada do processo administrativo.

Portanto, segundo o teor do art. 15 do CPC, sua aplicação não se restringe a um papel coadjuvante no direcionamento do processo administrativo, mas inclui também uma postura ativa naquelas ocasiões de ausência de norma. Assim, a aplicação do CPC ao processo administrativo, quando oportuna e conveniente, revela-se medida imperativa diante de expressa previsão legal nesse sentido.

O CARF, em determinadas hipóteses, tem dado efetividade à regra em apreço, confirmando a aplicação subsidiária do CPC aos processos administrativos localizados nas três seções de julgamento do órgão, conforme, por exemplo, a ementa parcialmente transcrita:

INEXATIDÕES MATERIAIS DO JULGADO. AUSÊNCIA DE VOTO VENCEDOR E EQUÍVOCO QUANTO AO TEOR DA EMENTA EM FACE DO QUE FORA JULGADO. ERROS PASSÍVEIS DE COGNIÇÃO DE OFÍCIO PELO JULGADOR. APLICAÇÃO SUBSIDIÁRIA DO CPC.

Em se tratando de inexatidões materiais do julgado, pode o julgador, de ofício, reconhecê-las, nos termos do art. 494, inciso I do CPC, c.c. o art. 15 do mesmo *Codex*. (CARF, 2ª Turma Ordinária da 4ª Câmara da 3ª Seção de Julgamento, Acórdão n. 3402-006.236)

A Câmara Superior de Recursos Fiscais (CSRF) também corroborou a aplicação subsidiária do CPC no processo administrativo fiscal, conforme ementa parcialmente colacionada a seguir:

CRÉDITO PRESUMIDO DE IPI. ÔNUS DA PROVA.

Nos termos do art. 333 do CPC, que tem aplicação subsidiária ao processo administrativo fiscal, é ônus do postulante a incentivo fiscal a prova das alegações que faz. Não demonstrado nos autos que a exportação realizada por outro estabelecimento corresponde às mercadorias a ele remetidas na condição de depósito fechado, descabe a tomada de crédito sobre tais operações de exportação. (CSRF, Acórdão n. 933-002.619)

Portanto, nota-se que, em algumas situações específicas, o tribunal administrativo federal tem dado cumprimento ao comando do art. 15 do CPC, aplicando-o subsidiariamente ao processo administrativo.

2. APLICAÇÃO DO CPC EM CASOS ESPECÍFICOS

Superada a questão da conveniente aplicação do CPC no processo administrativo federal,[3] revela-se pertinente pontuar questões específicas sobre a matéria.

2.1 Fundamentação das decisões administrativas

A fundamentação representa atributo essencial e indispensável a qualquer decisão, posto que vincula o entendimento do julgador aos dispositivos legais de regência da matéria aplicáveis ao caso concreto. Embora o art. 31 do Decreto n. 70.235/1972 determine que a decisão administrativa deve apresentar os fundamentos legais, não há detalhamento sobre a amplitude e a extensão desse comando. Assim, o dispositivo dá margem para que decisões apresentem fundamentação falha, apenas parcial ou, ainda, exibam regras legais dissonantes dos fatos associados ao caso.

Com efeito, denota-se pertinente ao processo administrativo a aplicação do § 1º do art. 489 do CPC, que orienta a forma como uma decisão deve ser fundamentada, nos seguintes termos:

> Art. 489. São elementos essenciais da sentença: [...]
>
> § 1º Não se considera fundamentada qualquer decisão judicial, seja ela interlocutória, sentença ou acórdão, que:
>
> I – se limitar à indicação, à reprodução ou à paráfrase de ato normativo, sem explicar sua relação com a causa ou a questão decidida;
>
> II – empregar conceitos jurídicos indeterminados, sem explicar o motivo concreto de sua incidência no caso;
>
> III – invocar motivos que se prestariam a justificar qualquer outra decisão;
>
> IV – não enfrentar todos os argumentos deduzidos no processo capazes de, em tese, infirmar a conclusão adotada pelo julgador;

---

3   Embora o foco deste artigo constitua o processo administrativo fiscal federal, cumpre salientar que, regra geral, os argumentos expostos podem se estender aos processos administrativos estaduais e municipais, respeitadas suas particularidades.

V – se limitar a invocar precedente ou enunciado de súmula, sem identificar seus fundamentos determinantes nem demonstrar que o caso sob julgamento se ajusta àqueles fundamentos;

VI – deixar de seguir enunciado de súmula, jurisprudência ou precedente invocado pela parte, sem demonstrar a existência de distinção no caso em julgamento ou a superação do entendimento.

Vale consignar inicialmente que, nos termos do § 1º, os elementos da fundamentação estendem-se a qualquer decisão, e não apenas à sentença. Por conseguinte, a rigor, não há óbice para seu emprego às decisões administrativas.

Segundo o preceito em tela, dentre os componentes da decisão destinados à sua fundamentação, deve constar, além da citação a atos normativos, precedentes ou súmulas, a devida vinculação de tais figuras ao caso concreto. Ademais, a decisão deve confrontar todos os argumentos que possam impactar o deslinde do caso.

Destacam-se ainda dois relevantes fatores do dispositivo em apreço. O primeiro impõe a individualização do feito, devendo o órgão julgador projetar sua compreensão sobre os fatos relativos ao caso concreto à legislação de regência, interpretando-a da maneira que entender correta. Evitam-se, assim, decisões padronizadas. Não basta, por conseguinte, a mera citação de atos normativos ou precedentes jurisprudenciais sem demonstrar a relação com o caso em exame, para que tais atos ou precedentes não fiquem flutuando no conteúdo da decisão.

O segundo impede que a fundamentação enfrente apenas parcela dos argumentos apresentados pela parte. Não basta, portanto, que a decisão analise apenas o argumento principal sobre determinada tese, devendo debruçar-se também sobre alegações complementares, subsidiária e alternativas.

Em algumas ocasiões, contudo, verifica-se que o CARF se opõe à norma processual civil, reputando válida a decisão que enfrenta apenas parte dos argumentos do sujeito passivo, conforme ementa destacada a seguir:

> PRINCÍPIO DO LIVRE CONVENCIMENTO. INEXISTÊNCIA DE NULIDADE DA DECISÃO. DESNECESSIDADE DE REBATER TODAS AS ALEGAÇÕES.
>
> O livre convencimento do julgador permite que a decisão proferida seja fundamentada com base no argumento que entender cabível, não sendo necessário que se responda a todas as alegações das partes, quando já se tenha encontrado motivo suficiente para fundar a decisão, nem se é obrigado a ater-se aos fundamentos indicados por elas ou a responder um a um todos os

seus argumentos. (CARF, 2ª Turma da 3ª Câmara da 3ª Seção de Julgamento, Acórdão n. 3302-006.582)

No entanto, uma decisão não devidamente fundamentada acaba por afrontar não apenas o citado art. 489 do CPC, mas ainda diversos princípios que regem os processos tributários, como o da motivação, o da ampla defesa e o do contraditório. Nesse sentido, sempre com o devido respeito, entendemos que o CARF deveria aplicar o art. 489 do CPC em todas as suas decisões, buscando sempre a melhor resolução dos litígios instaurados.

2.2 Inovação na motivação e no fundamento da decisão

Há casos, ainda, em que a decisão administrativa apresenta fundamento ou motivação inéditos no curso do processo. Trata-se de justificativas baseadas em dispositivos legais ou entendimentos indicados pelo órgão julgador distintas daquelas apresentadas no lançamento fiscal, sobre o qual se sustenta a defesa ofertada pelo contribuinte.

Nessa circunstância, na medida em que os argumentos de defesa desenvolvidos pelo sujeito passivo destinam-se a rebater as alegações expostas pela fiscalização mediante a notificação de lançamento, revela-se salutar que, em face de uma nova razão ou de um novo fundamento exibido ao longo da discussão, tenha o contribuinte a oportunidade de se manifestar sobre tal inovação (assumindo que esta não implique na nulidade do lançamento fiscal, como normalmente deveria ocorrer).

O direito de o sujeito passivo se manifestar sobre o novo fundamento ou entendimento revela-se evidente dado que permite que sejam apresentados eventuais erros de fato, nulidades e pontos de vistas diversos. Trata-se de medida justa e consentânea visando assegurar a efetividade do contraditório e da ampla defesa, princípios consagrados não apenas pelo mencionado inciso LV do art. 5º da Constituição Federal, mas também pelos art. 9º e 10 do CPC.[4]

Não é incomum que decisões administrativas, tanto de primeiro quanto de segundo grau, apresentem fundamento legal ou razão de decidir diversos daqueles constantes no auto de infração ou lançamento fiscal, sem que seja concedida às

---

4 "Art. 9o. Não se proferirá decisão contra uma das partes sem que ela seja previamente ouvida. [...] Art. 10. O juiz não pode decidir, em grau algum de jurisdição, com base em fundamento a respeito do qual não se tenha dado às partes oportunidade de se manifestar, ainda que se trate de matéria sobre a qual deva decidir de ofício."

partes a oportunidade de manifestarem-se a respeito da inovação perpetrada. No entanto, como visto, além de contaminar o contraditório e a ampla defesa, essa prática se denota contrária às disposições do CPC.

Aqui também não se vislumbra antinomia alguma entre o comando de tais artigos do CPC e as regras do processo administrativo fiscal federal. Pelo contrário, constituem-se as aludidas regras em mecanismos fundamentais do processo administrativo, sobretudo em virtude do seu propósito final, no sentido de salvaguardar um julgamento justo, denotando-se tal medida, inclusive, integralmente consonante com a missão, a visão e os valores do CARF.[5]

Vale reforçar ainda, à luz da redação do art. 15 do CPC, o caráter cogente do emprego de seus dispositivos ao processo administrativo. Ou seja, não se trata de uma opção do julgador, mas de um dever. Portanto, impõe-se a aplicação dos art. 9º e 10 do CPC ao processo administrativo fiscal federal por corresponderem a medida consonante e complementar a tal esfera, bem como para assegurar o pleno cumprimento dos princípios do contraditório e da ampla defesa.

2.3 Sobrestamento de processos

Não há no Decreto n. 70.235/1972, tampouco no Regimento Interno do CARF, previsão determinando o sobrestamento de um processo nas hipóteses em que, embora independente e baseado em fatos próprios, o resultado de um processo dependa do julgamento de outro processo, seja ele administrativo ou judicial, notadamente em operações de natureza continuada.

Tal situação ocorre, por exemplo, em casos envolvendo o denominado "efeito cascata", relativos a compensações com utilização de saldo negativo de Imposto de Renda da Pessoa Jurídica (IRPJ). O que pode ocorrer nessas situações é a lavratura de auto de infração questionando a apuração do IRPJ de determinado período, que acaba refletindo no valor do saldo negativo eventualmente apurado naquele ano, saldo este que foi utilizado pelo contribuinte como crédito em compensações posteriores.

Uma vez que o resultado sobre o valor do saldo negativo impacta toda a apuração dos períodos seguintes, denota-se razoável que os processos sobre os períodos

---

[5] "Missão: Assegurar à sociedade imparcialidade e celeridade na solução dos litígios tributários. Visão: Ser reconhecido pela excelência no julgamento dos litígios tributários. Valores: Ética, transparência, prudência, impessoalidade e cortesia." Disponível em: <https://carf.fazenda.gov.br/sincon/public/pages/index.jsf>. Acesso em: 27 abr. 2019.

subsequentes (compensações) aguardem o julgamento do primeiro processo (auto de infração), já que a definição deste refletirá nos outros. Como, nesses casos, os resultados de todos os processos a partir do segundo período dependem do resultado do primeiro, revela-se apropriado o sobrestamento daqueles, sobretudo visando evitar decisões conflitantes.

O Regimento Interno do CARF disciplina de forma restritiva o sobrestamento apenas na hipótese de existência de processo principal e processos decorrentes e reflexos e, ainda, quando estão em seções diferentes do CARF, nos termos do art. 6º do seu Anexo II. Contudo, nos termos do art. 313, inciso V, alínea "a", do CPC, quando a sentença depender do julgamento de outra causa, o processo deve ser suspenso, conforme reprodução a seguir:

> Art. 313. Suspende-se o processo: [...]
>
> V – quando a sentença de mérito:
>
> a) depender do julgamento de outra causa ou da declaração de existência ou de inexistência de relação jurídica que constitua o objeto principal de outro processo pendente; [...].

O comando do dispositivo em tela revela-se absolutamente compatível com o processo administrativo fiscal. Além de evitar a indesejada proliferação de decisões divergentes em processos interdependentes, racionaliza a dinâmica processual, na medida em que a suspensão de processos interdependentes abre espaço para que novos processos sejam analisados pelos agentes julgadores.

Não há prejuízo processual algum no âmbito administrativo pela aplicação da aludida regra. Portanto, o fundamento para a aplicação do art. 313, inciso V, alínea "a", do CPC no processo administrativo fiscal repousa na lacuna presente no Regimento Interno do CARF com relação à suspensão ou sobrestamento de processos que dependam de decisão de outro processo, constituindo medida que se coaduna com tal esfera.

Nessa hipótese, a forma de aplicação do CPC manifesta-se pela modalidade supletiva, uma vez que objetiva suprir uma lacuna na legislação do processo administrativo fiscal federal.

2.4 Prova emprestada

Quanto ao campo das provas no processo administrativo fiscal, constata-se que a legislação de regência dispensa um tratamento geral sobre o tema, conforme art. 16 e

29 do Decreto n. 70.235/1972, havendo margem para a aplicação supletiva de regras sobre a matéria previstas pelo CPC. Uma dessas regras refere-se à prova emprestada. Apesar da omissão da legislação administrativa, verifica-se que o art. 372 do CPC dispõe sobre a possibilidade de utilização de prova emprestada, cuja autorização compete ao julgador, que deve avaliar o valor adequado e ouvir a parte contrária.

De forma similar, a utilização de prova emprestada no processo administrativo fiscal federal coaduna-se com sua natureza e sua sistematização, tendo em vista que fornece elementos comprobatórios adicionais ao caso, ampliando o volume de informações à disposição do julgador no exercício de formação de seu convencimento. Portanto, o aproveitamento de provas produzidas alhures, desde que pertinentes ao processo destinatário, revela-se prática construtiva na sua efetividade.

Convergindo com o entendimento ora defendido, o CARF reconheceu, em situações específicas, a viabilidade de utilização de prova emprestada no processo administrativo pela aplicação do art. 372 do CPC, conforme o fragmento de ementa a seguir:

> PROVA EMPRESTADA. NCPC. APLICAÇÃO SUBSIDIÁRIA AO PROCESSO ADMINISTRATIVO FISCAL. ADMISSIBILIDADE.
>
> Satisfeita a condição mais importante para que se dê validade e eficácia à prova emprestada, que é a sua sujeição às pessoas dos litigantes como obediência ao contraditório, admite-se que o laudo produzido para fazer prova do valor do imóvel em um dado processo administrativo seja utilizado como prova emprestada em outro que tenha por objeto a exigência de tributo incidente sobre este mesmo bem imóvel. (CARF, 2ª Turma Ordinária da 4ª Câmara da 2ª Seção de Julgamento, Acórdão n. 2402-006.916)

Em linha com o dispositivo processual, e apesar de tender a aceitar o uso da prova emprestada em situações específicas, seria importante que o Regimento Interno do CARF previsse taxativamente a possibilidade de utilização de prova nesses termos ou, ainda, que a jurisprudência do órgão se consolidasse nesse sentido, de forma que não remanescessem dúvidas sobre a possibilidade de utilização de provas emprestadas no processo administrativo fiscal.

3. CONSIDERAÇÕES FINAIS

Respeitadas a natureza, a estrutura, a amplitude e as particularidades de cada esfera, constata-se viável e necessária a aplicação de determinadas regras do

CPC ao processo administrativo fiscal federal, desde que não conflitantes entre si, uma vez que tal integração promove o aperfeiçoamento e a racionalização do processo administrativo.

Tal aperfeiçoamento torna-se evidente, por exemplo, nos casos de devida fundamentação de decisões e inovações apresentadas pelos órgãos julgadores, bem como, de forma pontual, na necessidade de sobrestamento de processos cujos resultados dependem de outros e de utilização de prova emprestada, todos estes fenômenos disciplinados pelo CPC, cujas normas revelam-se compatíveis com o processo administrativo fiscal federal.

Convém mencionar que o processo deve ser encarado como um instrumento de proteção e viabilização de resolução de conflitos à disposição da sociedade, não como um obstáculo a tal finalidade. Portanto, deveria ser admitida a aplicação de regras supletivas e subsidiárias ao processo administrativo sempre que contribuíssem para o resultado mais justo do caso.

Embora o CARF, em algumas hipóteses, apresente uma inclinação no sentido de aplicar subsidiariamente o CPC no processo administrativo, tal prática deveria ser explicitamente disseminada pelo órgão. Nesse aspecto, conviria, por exemplo, que ao seu Regimento Interno fosse incluída previsão expressa determinando a aplicação supletiva e subsidiária do CPC.

PROVAS NO PROCESSO ADMINISTRATIVO E VERDADE MATERIAL

Andréa Mascitto

1. INTRODUÇÃO

As provas no direito como um todo, bem como no processo tributário, são de extrema relevância para a devida representação dos fatos, a fim de possibilitar que a lei, uma vez interpretada, possa ser aplicada a esses fatos de forma adequada. Ocorre que a produção de provas em disputas tributárias entre fisco e contribuintes no âmbito administrativo é feita de forma distinta do processo judicial, o qual se reveste de maiores formalismos. E é disso que o presente artigo pretende tratar.

Inicialmente, serão rapidamente recapitulados os tipos de prova, destacando-se as mais usadas em disputas tributárias e, a partir daí, serão examinados a dinâmica das provas no processo administrativo tributário e o aparente dilema entre a amplitude da busca da verdade material e a restrição legal dos momentos probatórios e outras restrições de ordem pragmática jurisprudencial.

Na prática, observa-se por um lado uma maior flexibilidade para que o contribuinte traga provas ao processo administrativo, e também para que a administração não esteja restrita àquilo que as partes argumentam e demonstram dentro do processo, em acordo com o fundamento de que é um processo regido pela busca da verdade material, da qual trataremos mais adiante. Por outro lado, a análise dessas provas é, via de regra, feita pelo próprio órgão julgador ou até mesmo pela autoridade autuante, sendo rara a participação de terceiros, como peritos, que são costumeiramente chamados às disputas tributárias em juízo.

2. TIPOS DE PROVA NO PROCESSO TRIBUTÁRIO

A despeito das variadas teorias e classificações das provas no direito brasileiro, neste artigo parte-se da premissa de que, via de regra, as provas se distinguem basicamente quanto (i) ao conteúdo; (ii) à fonte; e (iii) à forma.

Quanto ao conteúdo, as provas podem ser classificadas como diretas, quando desde logo representem e retratem o fato objeto da aplicação do direito; ou indiretas, quando não representem diretamente de forma absolutamente clara, mas constituam indício para aferição do fato ou um fato secundário correlacionado. Quanto à fonte, tem-se provas pessoais, oriundas de um indivíduo; ou reais, oriundas de um objeto, de uma coisa. Finalmente, quanto à forma, temos as provas documentais, testemunhais, materiais e, mais recentemente, eletrônicas.

Todas essas provas podem ser utilizadas em um processo tributário, com maior ou menor força, combinadas ou não a outras, a depender das peculiaridades do caso. Todavia, em matéria tributária, a prova documental – especialmente contábil, aliada à exibição de documentos como notas e declarações fiscais, escriturações contábil e fiscal – é ainda hoje a mais comum e, ousaria dizer, mais eficiente, aliada a provas pessoais no caso de perícia retratada em laudo pericial.

Como afirma Ricardo Mariz de Oliveira:[1] "A importância da função normativa da Contabilidade é de tal magnitude que [...] a lei confere à Contabilidade em ordem, lastreado em documentos regulares, a condição de prova a favor da pessoa jurídica contra o próprio Fisco, a quem cabe provar a irregularidade ou inveracidade dos existirmos contábeis (Decreto-lei n. 1.598, de 26-12-*1977, art.* 9°)".

Isso não significa, porém, que elas não devam ser sopesadas em conjunto com outras provas, nem que elas devam inibir ou mesmo impedir a busca da verdade material. Essa é uma ressalva importante trazida por Maria Rita Ferragut em sua grande e completa obra sobre o tema objeto deste artigo:[2]

---

[1] OLIVEIRA, Ricardo Mariz de. *Fundamentos do imposto de renda*. São Paulo: Quartier Latin, 2009. p. 1015.
[2] FERRAGUT, Maria Rita. *As provas e o direito tributário*: teoria e prática como instrumentos para a construção da verdade jurídica. São Paulo: Saraiva, 2016. p. 95-96.

A Contabilidade é e sempre será um importante instrumento, mas a prova contábil, para fins fiscais, é e será útil somente quando não conflitar com normas legais que regem a construção dos fatos jurídicos tributários. Um fato relevante contabilmente será também relevante tributariamente, se, e somente se, a lei assim prescrever. Analogias e abuso de direito são tentativas ilegais de tipificação de fatos.

As ponderações da professora são absolutamente pertinentes. Primeiro, porque a prova contábil é em princípio elaborada de forma unilateral pela empresa e sua validade está sujeita às devidas verificações de regularidade e *compliance* com as normas de contabilidade. Depois, porque a contabilidade, por si só, não tem o condão de criar ou dispensar obrigações tributárias. A sua força e a sua influência para a configuração de fatos tributários relevantes dependem de previsão da norma tributária sobre fato tributável e subsunção.

Do breve apanhado que este artigo permite, extrai-se uma primeira consideração: as provas mais adequadas deverão ser ponderadas caso a caso pelas partes e serão examinandas pelo julgador delas destinatário de acordo com as previsões normativas conformadoras da obrigação jurídico-tributária e seu livre convencimento.

3. DIFERENCIAÇÃO DA PROVA: PROCESSO TRIBUTÁRIO JUDICIAL *VERSUS* PROCESSO TRIBUTÁRIO ADMINISTRATIVO

Embora sejam aceitos os mesmos tipos de prova nos processos tributários judicial e administrativo, sendo mais largamente utilizada em ambos os casos a prova documental, em especial a contábil, este capítulo busca tratar de uma "curiosidade" decorrente da prática jurídica: a ínfima utilização da prova pericial na via administrativa,[3] prova esta frequentemente utilizada na via judicial.

Isso se explica mais nos âmbitos estadual e municipal, dado que inexiste previsão de perícia, por exemplo, na Lei n. 13.457/2009, do estado de São Paulo, e

---

3 A única exceção à perícia em âmbito administrativo é aquela específica para identificação e quantificação de mercadoria importada e a exportar, prevista e devidamente regulamentada pela Instrução Normativa da Receita Federal do Brasil (RFB) n. 1.800/2018.

na Lei n. 14.107/2015, do município de São Paulo, ainda que haja aplicação subsidiária do Código de Processo Civil (CPC), que a prevê (art. 454 a 480). Porém, no âmbito federal, em que pese a previsão expressa nos art. 16, inciso IV, e 18 do Decreto n. 70.235/1972, pesquisas empíricas mostram que pouquíssimos pedidos de perícia são acolhidos nos tribunais administrativos e, nos casos em que surgem dúvidas fáticas, o mais comum é a conversão do julgamento em diligência prévia para que se possam assegurar e verificar questões aventadas geralmente pelo contribuinte demandado.

A principal e grande diferença entre perícia e diligência é quem a produz. Enquanto a perícia consiste em um exame documental feito por um terceiro não envolvido na disputa (que inclusive tem a liberdade de requerer provas adicionais) e acompanhado por assistentes técnicos, a diligência é uma análise das provas dos autos feita, via de regra, pelo próprio auditor fiscal que deu início à disputa administrativa mediante ato de lançamento. Porém, as diferenças não acabam por aí e podem ser resumidas no quadro a seguir.

Quadro 1 – Diferenças entre diligência e perícia

	DILIGÊNCIA	PERÍCIA
Objeto	Análise de provas que já estão nos autos	Constituição de nova prova com base em documentos que estão nos autos
Requisitos	Motivos/justificativa para embasá-la	Motivos/justificativa para embasá-la Formulação de quesitos Nome, endereço e qualificação profissional do perito próprio
Resultado	Parecer do auditor-fiscal Auditor-fiscal pode rever seu lançamento	Laudo pericial Laudo será submetido à análise dos julgadores
Quesitos	Elementos a serem analisados indicados pelo CARF	Quesitos discutidos conjuntamente com o contribuinte

Embora tenhamos decisões anuladas[4] por falta de apreciação de pedidos de perícia formulados pelos contribuintes, o que se observa é que ainda são poucos os casos com pedido de perícia formulado na defesa administrativa nos exatos moldes previstos no art. 16 do Decreto n. 70.235/1972 e com o cumprimento de

---

4 A título ilustrativo, confira-se precedentes do CARF: Acórdãos n. 2401-003-951, n. 2301-02.847, n. 1302-00.264 e n. 103-09.845.

todos os seus requisitos, o que por si só já justifica o indeferimento sumário de alguns dos pedidos. Contudo, mesmo os poucos formulados no tempo e na forma adequados vêm sendo indeferidos sob os seguintes fundamentos: (i) a perícia só se justifica se a prova não pode ou não cabe ser produzida por uma das partes (normalmente por uma questão de tecnicidade); (ii) a perícia deve ter objeto determinado, controverso e relevante para o processo, sem propósito de refazer a fiscalização; e (iii) a perícia demandaria o confronto entre dois ou mais elementos de prova dos autos. Mesmo nos casos em que há clara demonstração da tecnicidade da discussão, a perícia por vezes e indeferida ao fundamento de que a autoridade lançadora detém condições de supri-la.[5]

Já os poucos casos com perícia deferida costumam ser os que focam classificação fiscal,[6] normalmente voltados a questões de Imposto sobre Produtos Industrializados (IPI)[7] e Imposto de Importação (II).[8]

Deixadas as discussões acadêmicas de lado – especialmente sobre o cerceamento do direito de defesa caracterizado com o indeferimento das perícias (as quais não têm surtido efeitos práticos efetivos no desfecho dos processos administrativos) –, em benefício do propósito deste curto capítulo, optamos por abordar essa questão de forma bastante pragmática.

Embora perícias não sejam lugar-comum no processo administrativo tributário, pareceres apresentados pelos contribuintes têm grandes chances de serem examinados pelos tribunais administrativos que, não em raras vezes, oportunizam o pronunciamento da administração pública e a eventual contraprova antes de usá-los como fundamento para decidir. De todo modo, fato é que a contratação de pareceres e laudos técnicos privados pode ser (e a prática mostra que efetivamente é) uma boa alternativa para o contribuinte se defender de forma bastante eficiente na via administrativa, ainda que não tenha acolhido seu pedido de perícia. Evidentemente, quanto mais provas e evidências forem aliadas a esse laudo, maiores as chances de a argumentação jurídica prevalecer.

O grande problema dessa estratégia de defesa é o tempo. O contribuinte frui de um prazo de 30 dias para defesa contra exigências fiscais que lhe sejam impostas.

---

5 A exemplo do Acordão n. 2101-002.592, da 1ª Turma Ordinária da 1ª Câmara da 2ª Seção de Julgamento do CARF.
6 Como os Acórdãos n. 3401-001.373, n. 3301-000.357, n. 3301-001.263 e n. 3301-003.172.
7 Acórdão n. 3302-004.137.
8 Acórdão n. 9309-004.629.

Esse prazo, contudo, não costuma ser suficiente para a preparação de um laudo técnico pericial completo. Esse fato, aliado à disposição do art. 16, § 4º, do Decreto n. 70.235/1972[9] (reproduzido pelas legislações estadual e municipal), que exige a apresentação de toda a prova no momento da impugnação, cria dificuldades ao exercício pleno da defesa do contribuinte e evidencia também um dilema, que é justamente a contraposição entre a restrição temporal para produção de provas e o princípio da verdade material que deve nortear o processo administrativo fiscal.

4. VERDADE MATERIAL

Na teoria, ao se falar em "verdade material", busca-se distinguir entre as diversas categorias jurídicas de verdade: formal *versus* material, objetiva *versus* subjetiva, absoluta *versus* relativa, entre outras. Na prática, trata-se de autorização para a administração se valer de qualquer prova lícita de que venha a tomar conhecimento, ainda que não conste originalmente dos autos. Nesse caso, a administração pública estaria autorizada a trasladar a prova para o processo administrativo a fim de instruir a solução da disputa. Como afirma Hely Lopes Meirelles,[10] esse princípio também é denominado "liberdade da prova".

De acordo com Celso Antonio Bandeira de Melo,[11] o princípio da verdade material norteia a administração pública a não se restringir àquilo que as partes demonstrem no procedimento, podendo buscar aquilo que é realmente verdade independentemente de qualquer alegação nos autos. Essa forma "mais livre" de tratar a prova é bastante distinta nos processos administrativo e judicial, sendo que esse último demanda rito formal estanque e específico, sendo que as partes têm o momento oportuno para trazer aos autos tudo aquilo que desejam provar, sob pena de preclusão de seu direito.

5. CELEUMAS VERSUS BUSCA DA VERDADE MATERIAL

A verdade material parece, contudo, ser uma realidade contraditória. Nesse sentido, há dois exemplos ilustrativos. Primeiro, contradição com as disposições

---

9 "A prova documental será apresentada na impugnação, precluindo o direito de o impugnante fazê-lo em outro momento processual, a menos que: a) fique demonstrada a impossibilidade de sua apresentação oportuna, por motivo de força maior; b) refira-se a fato ou direito superveniente; c) destine-se a contrapor fatos ou razões posteriormente trazidas aos autos."

10 MEIRELLES, Hely Lopes. *Direito Administrativo Brasileiro*. 43. ed. São Paulo: Malheiros, 2018.

11 MELLO, Celso Antonio Bandeira de. *Curso de Direito Administrativo*. 32. ed. São Paulo: Malheiros, 2015.

legais que limitam o momento da prova no processo administrativo fiscal. Depois, contradição porque no caso de perícias, por exemplo, a jurisprudência exige que se debruce sobre elementos de prova já contidos nos autos. Portanto, que "liberdade de prova" seria essa com tais engessamentos?

Quanto ao primeiro ponto trazido para reflexão, vemos que, se de um lado oportuniza-se que a verdade (tida como a manifestação linguística do evento) seja buscada a qualquer momento no curso do processo administrativo, de outro se tolhe (por disposição normativa) a possibilidade de trazer essas manifestações pós--defesa inicial.

5.1 Excesso de formalismo e preclusão temporal do direito à produção de provas

> O sujeito passivo interpôs recurso voluntário em face do acórdão proferido pela Delegacia da Receita Federal e Julgamento em São Paulo I/SP. Após a interposição do apelo; a recorrente pretendeu, por meio da petição sob análise, endereçada ao Delegado da Receita Federal do Brasil de Administração Tributária em São Paulo – Derat/SP, a juntada de documentos aos autos, a saber: comprovante de rendimentos e respectivo imposto de renda retido na fonte, relativo ao p1ês de dezembro/2000. Isso para demonstrar o direito creditório por ela invocado.
>
> Tal pretensão, todavia, não merece prosperar, pois, nos termos do § 4° do art. 16 do Decreto n° 70.235172, toda *"prova documental será apresentada na impugnação, precluindo o direito de o impugnante fazê-lo em outro momento processual"*, salvo se : 1) ficar demonstrada a impossibilidade de sua apresentação oportuna, por motivo de força maior; 2) referir-se a fato ou a direito superveniente; e 3) destinar-se a contrapor fatos ou razões posteriormente trazidas aos autos.
>
> O § 5° desse artigo prevê a juntada extemporânea, desde que o requerente demonstre a ocorrência de uma das hipóteses acima enumeradas, o que não é o caso dos autos. [...]
>
> No caso em análise, a requerente não demonstrou a existência de qualquer das hipóteses que autorizariam a apresentação da prova documental em momento posterior ao apelo, sequer tentou fazê-lo.
>
> Com essas considerações, indefiro a juntada de documentos pretendida pelo sujeito passivo. (Processo Administrativo n. 11831.006033/2002-77, 3ª Seção do CARF)

PROCESSO ADMINISTRATIVO FISCAL. PROVAS.

A prova documental será apresentada na impugnação, precluindo o direito do impugnante fazê-lo em outro momento processual, ressalvadas as hipóteses previstas na norma legal. (Art. 16, § 4º do Decreto nº 70.235172). Preliminar rejeitada. (Acórdão n. 203-07885)

5.2 Razoabilidade e moderação na apresentação e na apreciação das provas

PROVAS. RECURSO VOLUNTÁRIO. APRESENTAÇÃO. POSSIBILIDADE. SEM INOVAÇÃO E DENTRO DO PRAZO LEGAL.

Da interpretação sistêmica da legislação relativa ao contencioso administrativo tributário, art. 5º, inciso LV da Lei Maior, art. 2º da Lei nº 9.784, de 1999, que regula o processo administrativo federal, e arts. 15 e 16 do PAF, evidencia-se que não há óbice para apresentação de provas em sede de recurso voluntário, desde que sejam documentos probatórios que estejam no contexto da discussão de matéria em litígio, sem trazer inovação, e dentro do prazo temporal de trinta dias a contar da data da ciência da decisão recorrida. (Acórdão n. 9101003.003, 1ª Turma da CSRF)

5.3 Prevalência da busca da verdade real independentemente do momento processual

VERDADE REAL E VERDADE FORMAL.

A não apreciação de documentos juntados aos autos depois da impugnação tempestiva e antes da decisão fere o princípio da verdade material com ofensa ao princípio constitucional da ampla defesa. No processo administrativo predomina o princípio da verdade material, no sentido de que aí se busca descobrir se realmente ocorreu ou não o fato gerador, pois o que está em jogo é a legalidade da tributação. O importante é saber se o fato gerador ocorreu e se a obrigação teve seu nascimento. (Acórdão n. 1301001.958, 1ª Turma Ordinária da 1ª Seção da 3ª Câmara do CARF)

RECURSO VOLUNTÁRIO. JUNTADA DE DOCUMENTOS. POSSIBILIDADE. DECRETO 70.235/1972, ART. 16, §4º. LEI 9.784/1999, ART. 38.

É possível a juntada de documentos posteriormente à apresentação de impugnação administrativa, em observância ao princípio da formalidade moderada e ao artigo 38, da Lei nº 9.784/1999. (Acórdão n. 9101002.781, 1ª Turma da CSRF)

6. CONSIDERAÇÕES FINAIS

Nos dias atuais, a busca da verdade material, aliada a um amplo respeito ao contraditório, tem flexibilizado (na maioria dos casos) a letra fria da lei/decreto que "engessa temporalmente" a possibilidade de trazer provas ao processo. A palavra-chave na atualidade é, portanto, razoabilidade.

Parece-nos ser essa compatibilização uma atitude virtuosa, sempre que, por óbvio, respeitado o contraditório. Isso porque se previne, muitas vezes, o acesso ao judiciário de forma desnecessária, abreviando-se a solução do tema que, em casos de provas evidentes, poupam tempo e dinheiro das partes e dos órgãos judicantes. O mesmo se diga quanto às limitações práticas que alguns precedentes impõem ao uso dos diferentes tipos de prova, como a perícia (limitando-a aos elementos dos autos). Essa limitação deve ser flexibilizada para propiciar a busca e o alcance efetivos da verdade material.

Isso seria um verdadeiro "ganha-ganha", porque propiciaria a abreviação da disputa tributária no tempo, o que preveniria custos de parte a parte e também que demandas que poderiam ser solucionadas na via administrativa chegassem ao judiciário, acentuando o congestionamento causado sobretudo por causas tributarias.

Na sociedade moderna, já e passada a hora de a comunidade jurídica repensar e ser mais razoável quanto à forma como lida com as provas e soluciona questões tributárias, porque, afinal, é do interesse comum que se defina com celeridade aquilo que é ou não devido pelo contribuinte ao erário.

ADMISSIBILIDADE DE RECURSOS (RECURSO ESPECIAL, EMBARGOS DE DECLARAÇÃO E AGRAVO) NOS TRIBUNAIS ADMINISTRATIVOS

Paulo Camargo Tedesco

1. INTRODUÇÃO

O Conselho Administrativo de Recursos Fiscais (CARF) é tribunal muito antigo: sua história remonta a 1924, quando o Decreto n. 16.580 institui Conselhos de Contribuintes nos estados e no Distrito Federal para julgar recursos referentes ao Imposto de Renda. Desde então, sua estrutura sofreu diversas alterações quanto ao número de câmaras, às atribuições e à constituição da turma julgadora, merecendo destaque (i) a criação da Câmara Superior de Recursos Fiscais (CSRF), em 1979, pelo Decreto n. 83.304, que assegurou a possibilidade de recurso especial dirigido ao Ministro da Fazenda contra as decisões dos Conselhos; e (ii) a edição da Medida Provisória (MP) n. 449/2008 (convertida na Lei n. 11.941/2009), que criou o CARF nos moldes que temos atualmente.

Nesse ínterim, ocorreu o advento da Constituição Federal de 1988. Na linha do que pontua Gilberto Bercovici,[1] a Constituição de 1988 é uma constituição dirigente, pois define, por meio das chamadas normas constitucionais programáticas, fins e programas de ação futura no sentido de melhoria das condições sociais e econômicas da população. Por sua vez, normas constitucionais

---

1 BERCOVICI, Gilberto. *A problemática da constituição dirigente*: algumas considerações sobre o caso brasileiro. Disponível em: <http://staticsp.atualidadesdodireito.com.br/marcelonovelino/files/2012/08/Constitui%C3%A7%C3%A3o-dirigente-e-garantia.pdf>. Acesso em: 30 abr. 2019.

programáticas são, nas palavras de José Afonso da Silva,[2] "normas constitucionais através das quais o constituinte, em vez de regular, direta e imediatamente, determinados interesses, **limitou-se a traçar-lhes os princípios para serem cumpridos pelos seus órgãos (legislativos, executivos, jurisdicionais e administrativos), como programas das respectivas atividades**, visando à realização dos fins sociais do Estado" (grifos nossos).

Tais características ganham relevância para fins do presente artigo ao se considerar que, na esteira das mencionadas normas constitucionais programáticas, pela primeira vez o texto constitucional debruçou-se detalhadamente quanto a princípios processuais e estendeu a sua aplicabilidade expressamente aos processos administrativos (a exemplo do disposto no art. 5º, inciso LV).

Conforme pontua Konrad Hesse,[3] a força normativa da Constituição não se limita à sua adaptação à realidade concreta. A Constituição impõe tarefas que devem ser efetivamente realizadas. No entanto, isso se dará somente se existir a por ele denominada "vontade de constituição" (*Wille zur Verfassung*). Tal "vontade de constituição" possui três vertentes: (i) a compreensão da necessidade de uma ordem normativa contra o arbítrio; (ii) a constatação de que essa ordem não é eficaz sem o concurso da vontade humana; e (iii) a atestação de que a ordem normativa adquire e mantém sua vigência sempre mediante atos de vontade.

Nessa esteira, quer parecer que, por vezes, a forma de atuação do CARF poderia ser mais enfática na caracterização da "vontade de constituição", de forma a conferir efetividade às diretrizes constitucionais aplicáveis aos processos administrativos. Dito de outro modo, ao restringir indevidamente a admissibilidade dos recursos administrativos, tema objeto do presente artigo, o CARF atua em sentido contrário a conferir força normativa aos princípios constitucionais.

Aqui, ao se debruçar sobre os processos judiciais, é fácil verificar que, em razão da maior recorrência de processos e de seu regramento mais detalhado no Código de Processo Civil (CPC), acabou-se por obter uma maior evolução quanto à "vontade de constituição" dos princípios constitucionais, garantindo-lhes um espaço de relevância no *ratio decidendi*. Aliás, da leitura da exposição de motivos do CPC não pairam dúvidas de que toda a sistemática processual foi concebida para assegurar

---

2 SILVA, José Afonso da. *Aplicabilidade das Normas Constitucionais*. 3. ed. São Paulo: Malheiros, 1998. p. 138.
3 HESSE, Konrad. *A Força Normativa da Constituição*. Porto Alegre: Sergio Antonio Fabris Editor, 1991.

os direitos fundamentais previstos na Carta Magna, como os tão caros princípios do devido processo legal e da ampla defesa.

Nesse sentido, a comissão de juristas consignou na exposição de motivos:

> Um sistema processual civil que não proporcione à sociedade o reconhecimento e a realização dos direitos, ameaçados ou violados, que têm cada um dos jurisdicionados, não se harmoniza com as garantias constitucionais de um Estado Democrático de Direito.
>
> Sendo ineficiente o sistema processual, todo o ordenamento jurídico passa a carecer de real efetividade. De fato, as normas de direito material se transformam em pura ilusão, sem a garantia de sua correlata realização, no mundo empírico, por meio do processo. [...]
>
> A necessidade de que fique evidente *a harmonia da lei ordinária em relação à* **Constituição Federal da República** fez com que se incluíssem no Código, expressamente, **princípios** constitucionais, na sua versão processual.

A partir disso, considerando-se ainda a disposição expressa de aplicação supletiva e subsidiária do CPC ao processo administrativo (art. 15 do CPC), cotejo analítico sugere a necessidade de o CARF rever seu posicionamento, adotando postura mais adequada ao sistema em que se insere, qual seja, de garantia dos princípios constitucionais. Trata-se de reflexão capital, sob pena de se prejudicarem frontalmente as finalidades a que o próprio CARF assume se prestar, quais sejam, "a oportunidade de comporem os litígios fiscais em duplo grau de jurisdição, em menor tempo e a menor custo que o Judiciário".[4]

Sintoma dessa necessidade de realinhamento institucional consiste na crescente judicialização de questões processuais relativas ao processo administrativo, buscando justamente assegurar a efetividade dos princípios constitucionais. O ponto de partida para a releitura da condução dos litígios administrativos parece ser a constatação de que se está diante de genuíno processo, e não mero procedimento, administrativo. Nessa linha, as ponderações de Odete Medauar:[5]

---

4 Origens do Conselho Administrativo de Recursos Fiscais: histórico dos Conselhos de Contribuintes do Ministério da Fazenda. Disponível em: <http://carf.fazenda.gov.br/sincon/public/pages/ConsultarInstitucional/Historico/HistoricoPopup.jsf>. Acesso em: 30 abr. 2019.

5 MEDAUAR, Odete. *A Processualidade no Direito Administrativo*. São Paulo: Revista dos Tribunais, 1993. p. 42.

No ordenamento pátrio, a CR/88 adotou a expressão 'processo administrativo' ou utilizou o termo 'processo', **o que significa não só escolha terminológica, mas sobretudo reconhecimento do processo nas atividades da Administração Pública**, como demonstram, de forma clara, quatro dispositivos, principalmente: o inc. LV do art. 52 [...]; o inc. LXXII do art. 52 [...]; o inc. XXI do art. 37 [...] e o § 12 do art. 41 [...]. (grifos nossos)

Especificamente sobre o tema, o próprio Supremo Tribunal Federal (STF) já manifestou que a administração pública também está sujeita aos princípios constitucionais, *in verbis*:

> ADMINISTRAÇÃO PÚBLICA E FISCALIZAÇÃO TRIBUTÁRIA. DEVER DE OBSERVÂNCIA, POR PARTE DE SEUS ÓRGÃOS E AGENTES, DOS LIMITES JURÍDICOS IMPOSTOS PELA CONSTITUIÇÃO E PELAS LEIS DA REPÚBLICA. [...] ADMINISTRAÇÃO TRIBUTÁRIA. FISCALIZAÇÃO. PODERES. NECESSÁRIO RESPEITO AOS DIREITOS E GARANTIAS INDIVIDUAIS DOS CONTRIBUINTES E DE TERCEIROS.
>
> – Não são absolutos os poderes de que se acham investidos os órgãos e agentes da administração tributária, pois o Estado, em tema de tributação, inclusive em matéria de fiscalização tributária, está sujeito à observância de um complexo de direitos e prerrogativas que assistem, constitucionalmente, aos contribuintes e aos cidadãos em geral. Na realidade, os poderes do Estado encontram, nos direitos e garantias individuais, limites intransponíveis, cujo desrespeito pode caracterizar ilícito constitucional. [...]
>
> – Os procedimentos dos agentes da administração tributária que contrariem os postulados consagrados pela Constituição da República revelam-se inaceitáveis e não podem ser corroborados pelo Supremo Tribunal Federal, sob pena de inadmissível subversão dos postulados constitucionais que definem, de modo estrito, os limites – inultrapassáveis – que restringem os poderes do Estado em suas relações com os contribuintes e com terceiros. (HC n. 82.788/RJ, Rel. Min. Celso de Mello, julgado em: 2 jun. 2006)

A constatação a que ora se alude, diga-se, vai muito além do reconhecimento da natureza processual dos litígios administrativos. O enfoque deve estar na consequência desse reconhecimento. Uma vez definida a característica processual, são inexoráveis os efeitos decorrentes dessa classificação, sob pena de se vivenciar procedimento com mera epígrafe de processo.

O presente trabalho abordará situações concretas em que orientações firmadas pelas cortes judiciais há décadas, que deveriam ter idêntica aplicação nos planos judicial e administrativo, são observadas apenas no âmbito do poder judiciário e desconsideradas no contencioso perante o poder público. Nessa seara, passa-se a explorar situações *in concreto* em que a efetividade dos princípios constitucionais foi mitigada ou até mesmo indevidamente afastada pelo CARF quando da admissibilidade dos recursos administrativos.

2. EMBARGOS DE DECLARAÇÃO

2.1 Rejeição monocrática

O primeiro ponto que merece atenção, quando da análise de admissibilidade de recursos na seara do processo administrativo, é justamente a rejeição dos embargos de declaração monocraticamente, com fundamento no art. 65, § 3º, do Regimento Interno do CARF.

A regra prevista no regimento deveria estar escorada clara e expressamente em lei em sentido material e formal, haja vista que o art. 22, inciso I, da Constituição outorga competência privativa à União para legislar sobre direito processual.

Trata-se de entendimento já manifestado pelo antigo Tribunal Federal de Recursos, no julgamento da Apelação em Mandado de Segurança (AMS) n. 106.747-DF. Na hipótese, o Ministro Ilmar Galvão, que, inclusive, posteriormente atuou como ministro do STF, consignou que "é reservado à lei federal toda a matéria de Direito Processual e de Direito Financeiro". Por conseguinte, o Regimento Interno do CARF, por se tratar de norma infralegal, não pode limitar a envergadura dos embargos de declaração de modo a se permitir o seu julgamento monocrático, haja vista que lei não prevê tal circunstância.

O vício se torna mais relevante ao se inferir que o STF tem orientação no sentido de que não pode haver limitação à submissão de recurso administrativo a órgão colegiado, *in verbis*:

> Agravo regimental em mandado de segurança. Concessão parcial da segurança. Vedação ao seguimento do recurso administrativo interposto perante o Conselho Nacional de Justiça. Violação da garantia do devido processo legal. Inobservância do art. 115, § 2º, do Regimento Interno do CNJ e do art. 61, § 2º, do Regulamento Geral da Corregedoria Nacional de Justiça. Prerrogativas indisponíveis do contraditório e da plenitude de defesa, com os meios e

recursos a elas inerentes, mesmo em procedimentos de índole administrativa. Artigos. 5°, incisos LIV e LV, da Constituição Federal. Precedente. Agravo regimental não provido. 1. A vedação, por decisão monocrática, ao prosseguimento de recurso interposto em face de decisão singular, com impedimento de submissão da insurgência ao colegiado do órgão, configura medida violadora do devido processo legal e desconforme com o art. 115, § 2°, do Regimento Interno do CNJ e com o art. 61, § 2°, do Regulamento Geral da Corregedoria Nacional de Justiça. 2. Assiste ao interessado, mesmo em procedimentos de índole administrativa, como direta emanação da própria garantia constitucional do *due process of law* (CF, art. 5°, LIV) – independentemente, portanto, de haver previsão normativa nos estatutos que regem a atuação dos órgãos do Estado –, as prerrogativas indisponíveis do contraditório e da plenitude de defesa, com os meios e recursos a elas inerentes (CF, art. 5°, LV). Precedente: MS n° 32.559-AgR/DF, Relator o Min. Celso de Mello, Segunda Turma, DJe de 9/4/15. 3. Agravo regimental não provido. (MS n. 32.937 ED, Rel. Min. Dias Toffoli, 2ª Turma, julgado em: 29 fev. 2016)

Além disso, a legislação processual civil, que conforme visto se aplica de forma subsidiária aos processos administrativos, não permite julgamento monocrático no âmbito dos tribunais sem que haja mecanismo de controle de tais decisões, fazendo com que a última palavra seja do órgão colegiado.

CONSTITUCIONAL. PROVIMENTO DO RECURSO PELO RELATOR. FGTS: SUCUMBÊNCIA RECÍPROCA.

I. – Legitimidade constitucional da atribuição conferida ao Relator para arquivar, negar seguimento a pedido ou recurso e a dar provimento a este – R.I./S.T.F., art. 21, § 1°; Lei 8.038/90, art. 38; C.P.C., art. 557, redação da Lei 9.756/98 – desde que, mediante recurso, possam as decisões ser submetidas ao controle do Colegiado.

II. – Agravo não provido. (RE n. 312.020 ED, Rel. Min. Carlos Velloso, 2ª Turma, julgado em: 26 fev. 2002)

De longa data, essa é a firme posição do STF quanto à questão. Tal se dá porque o devido processo legal tem como um de seus corolários o princípio da colegialidade. Logo, se o recurso é destinado ao tribunal, órgão que tem como propósito central a revisão colegiada de decisões de instâncias inferiores, as decisões singulares precisam estar sujeitas a revisão por órgão de composição plural.

A previsão de recurso a órgão colegiado, portanto, é pressuposto para admitirem-se decisões de natureza monocrática em tribunais. Assim, a vedação à decisão monocrática em embargos de declaração no CARF se justificaria justamente por ser expressamente proibida a interposição de novo recurso ao órgão colegiado (conforme disciplina do art. 65, § 3º, do Regimento Interno do CARF).

A previsão regimental, portanto, inova irregularmente no plano jurídico, já que, mediante ato legislativo subterrâneo à lei em sentido formal e material exigida para inovar em matéria processual, institui norma que conflita flagrantemente com a interpretação de princípios constitucionais já analisados pelo STF. Nessa medida, nem a lei poderia interditar o recurso ao órgão colegiado, quanto mais ato infralegal.

Essa norma irregular vem sendo aplicada de maneira generosa e expansiva pelas autoridades administrativas julgadoras, o que amplifica a relevância de sua inconstitucionalidade. Além de irregular no plano formal, a interpretação da regra extrapolou seu escopo, acentuando os vícios que decorrem de sua aplicação. É que o regimento interno do CARF autoriza que o presidente rejeite monocraticamente os embargos de declaração apenas quando o recurso for claramente incabível, o que restaria configurado em duas hipóteses: (i) embargos manifestamente improcedentes; ou (ii) vícios não objetivamente apontados.

Ocorre que a competência do presidente está limitada à admissibilidade do recurso: caso os embargos sejam incabíveis, a eles deve ser negado trânsito monocraticamente; se cabíveis, a competência para apreciá-los (quer para provê-los ou desprovê-los) é do órgão colegiado. Ou seja, a fronteira entre a admissibilidade e o julgamento do recurso, neste caso, deve ser claríssima. Não há espaço para inseguranças quanto ao ponto, na medida em que as competências outorgadas para admissibilidade e julgamento dos embargos são diversas.

Na prática, tem-se observado que os juízos de admissibilidade se mostram demasiadamente extensos, analíticos, com efetiva apreciação dos pontos suscitados em embargos de declaração, conduta que denota efetivo prejulgamento do recurso, desvirtuando-se o papel estreito e específico da admissibilidade da insurgência. Ora, quanto mais se avança do juízo de admissibilidade, mais se usurpa a função do órgão verdadeiramente competente, que é o colegiado, para a efetiva apreciação dos embargos de declaração. Compreende-se a intenção de dinamizar e impulsionar os processos administrativos, dando-lhes cabo o quanto antes, mas essa posição não pode vir em sacrifício de princípios constitucionais caros aos processos (administrativos ou judiciais), como o do juiz natural.

2.2 Cabimento de embargos de declaração

Outro ponto que merece atenção no presente estudo é a proibição de oposição de novos embargos de declaração contra decisão monocrática (art. 65, § 3º, do Regimento Interno do CARF).

De plano, tem-se que o art. 93, inciso IX, da Constituição prevê que as decisões devem, obrigatoriamente, ser fundamentadas. Tal previsão é autêntico corolário do devido processo legal, na medida em que a imposição de fundamentação assegura às partes a apreciação efetiva do caso concreto. Nessa linha, o próprio art. 50 da Lei n. 9.784/1999 impõe o dever de fundamentação para as decisões administrativas que neguem direitos e decidam recursos administrativos.

Vale aqui a lembrança da redação do art. 535 do CPC de 1973, que previa o cabimento de embargos de declaração apenas contra sentenças. Jurisprudência mansa e pacífica se formou desde então no sentido de que o dever de fundamentação das decisões judiciais impõe que os embargos sejam cabíveis contra qualquer pronunciamento judicial. Aqui, de forma ilustrativa, vale o entendimento do Superior Tribunal de Justiça (STJ):

> PROCESSUAL CIVIL. DECISÃO INTERLOCUTÓRIA. EMBARGOS DECLARATÓRIOS. CABIMENTO. INTERRUPÇÃO DO PRAZO RECURSAL. APRESENTAÇÃO POSTERIOR DO AGRAVO. VALIDADE. GARANTIA MAIOR DA FUNDAMENTAÇÃO DAS DECISÕES JUDICIAIS. DOUTRINA. PRECEDENTES. EMBARGOS DE DIVERGÊNCIA PROVIDOS.
>
> – Os embargos declaratórios são cabíveis contra qualquer decisão judicial e, uma vez interpostos, interrompem o prazo recursal. A interpretação meramente literal do art. 535 do Código de Processo Civil atrita com a sistemática que deriva do próprio ordenamento processual, notadamente após ter sido erigido a nível constitucional o princípio da motivação das decisões judiciais. (EREsp n. 159.317/DF, Rel. Min. Sálvio de Figueiredo Teixeira, julgado em: 7 out. 1998)

Se o poder judiciário, há cerca de meio século, consolidou entendimento de que o princípio de fundamentação das decisões pressupõe que o pronunciamento judicial seja atacável pela via dos embargos declaratórios, parece inoportuna e ineficiente a previsão de restrição do cabimento de tal recurso apenas a determinadas decisões no plano administrativo. Já se conhece a interpretação das cortes judiciais quanto à envergadura ampla dos embargos de declaração, o que torna limitações ao seu manejo questionáveis no plano da eficiência e do respeito a direitos constitucionais básicos do particular.

Além disso, na linha do exposto anteriormente, fato é que o Regimento Interno do CARF, por se tratar de norma infralegal, não pode limitar a envergadura dos embargos de declaração de modo a simplesmente restringir sua oposição. Nesse sentido, da leitura do CPC (que, como visto, é subsidiariamente aplicável) não é possível identificar de plano a existência de limitações à quantidade de embargos declaratórios que podem ser opostos pelas partes no processo. Tem-se apenas em seu art. 1.026, § 4º, a indicação de que, após a oposição de dois embargos de declaração sucessivos, ambos considerados protelatórios, a oposição de novos embargos não será admitida.

Ora, a proibição prevista ao processo judicial pressupõe que tenha havido dois juízos prévios quanto à impertinência dos embargos apresentados pela parte. Em outras palavras, a vedação aos embargos só ocorre quanto a ponto já decidido e redecidido como impertinente. O cenário disciplinado pelo CPC, portanto, coíbe o abuso da via recursal, e não o manejo da insurgência pertinente diante da constatação de vício no julgamento.

Nessa linha, a proibição de oposição de quaisquer embargos de declaração contra decisões monocráticas implicaria pressupor que o pronunciamento singular seria infenso a vícios e sempre adequadamente fundamentado, cenário obviamente impossível de se concretizar.

3. ADMISSIBILIDADE DO AGRAVO

A rejeição do agravo monocraticamente, com fundamento no art. 71, § 3º, do Regimento Interno do CARF, encontra os mesmos óbices já mencionados no tópico 2.1, quais sejam: (i) a orientação do STF no sentido de que não pode haver limitação à submissão de recurso administrativo a órgão colegiado; e (ii) o fato de a legislação processual civil, aplicável de forma subsidiária aos processos administrativos, não permitir julgamento monocrático no âmbito dos tribunais sem que haja um mecanismo de controle dessas decisões monocráticas, fazendo com que a última palavra seja do órgão colegiado. Ou seja, aqui também se está diante de situação em que no processo administrativo há desconsideração a princípios constitucionais.

4. RECURSO ESPECIAL

4.1 Admissão parcial e sujeição de toda a matéria, inclusive capítulos inadmitidos, a apreciação do órgão colegiado

Na hipótese de recursos especiais admitidos em parte, o entendimento hoje vigente no âmbito do CARF é no sentido de que a decisão quanto à parte inadmitida (uma vez superada a fase de agravo, se cabível) seria definitiva e, por isso, o débito estaria sujeito a imediata cobrança pelo fisco nessa extensão.

O encaminhamento para cobrança de débitos quando parte do recurso foi admitida, no entanto, viola o entendimento materializado nas Súmulas n. 292 e n. 508 do STF.

É que a devolutividade integral da matéria recursal, ainda nos casos de admissibilidade parcial, encontra respaldo no entendimento vigente há décadas no STF. Nessa linha, dispõe a Súmula n. 292 do STF que "Interposto o recurso extraordinário por mais de um dos fundamentos indicados no art. 101, III da Constituição, a admissão apenas por um deles não prejudica o seu conhecimento por qualquer dos outros".

Esse entendimento está amparado na competência atribuída ao órgão julgador do recurso para reexaminar a decisão de admissibilidade recursal. Nessa linha de entendimento, o juízo de admissibilidade feito na origem é provisório ou preliminar, já que, uma vez remetidos os autos ao tribunal competente para julgamento, o efeito devolutivo completo que deflui dos recursos lhe permitirá a revisão inclusive da parcela do recurso que foi reputada admissível pelo juízo de origem.

Inclusive, esse posicionamento foi reafirmado pelo STF na Súmula n. 528, a qual assim dispõe: "Se a decisão contiver partes autônomas, a admissão parcial, pelo Presidente do Tribunal a quo, de recurso extraordinário que, sobre qualquer delas se manifestar, não limitará a apreciação de todas pelo Supremo Tribunal Federal, independentemente de interposição de agravo de instrumento". Não à toa, sequer cabe agravo, no plano judicial, no caso de recursos especiais ou extraordinários admitidos em parte. Nessa hipótese, a parte admitida inaugura a competência do órgão *ad quem*, que, como juiz natural para a análise do recurso interposto, tem a prerrogativa de decidir a respeito do conhecimento e do provimento da insurgência.

Se a parte inadmitida nem mesmo pode ser desafiada por agravo e pode ser revista pelo órgão colegiado, é conclusão elementar que se trata de capítulo da controvérsia ainda não definitivo, já que igualmente sujeito a reforma pelo órgão colegiado. Em consequência, a cobrança dos valores se mostra prematura e indevida, pois ainda se está diante de contencioso administrativo pendente de decisão final, o que suspende a exigibilidade da dívida, na forma do inciso III do art. 151 do Código Tributário Nacional (CTN).

A inversão da hipótese aqui tratada torna ainda mais clara a inviabilidade da cobrança do capítulo inadmitido quando parte do recurso foi admitida. Figure-se o caso de recurso integralmente admitido em juízo provisório de admissibilidade. Nessa hipótese, naturalmente o órgão colegiado poderá revisitar esse juízo preliminar e entender de forma diversa, pelo não conhecimento do recurso. Ora, se o órgão colegiado pode não conhecer de capítulo admitido pelo juízo de admissibilidade, o inverso também se aplica: o colegiado pode conhecer de capítulo inadmitido.

Por isso, é inviável a remessa a cobrança de débitos objeto de capítulo de recurso inadmitido quando parte da insurgência superou o juízo individual de admissibilidade.

4.2 Ausência de demonstração da divergência jurisprudencial sobre as questões suscitadas

Conforme disposto no art. 67, *caput*, do Regimento Interno do CARF, cabe recurso especial "contra decisão que der à legislação tributária divergente da que lhe tenha dado outra câmara, turma de câmara, turma especial ou a própria CSRF".

Para o cabimento do recurso, o CARF tem exigido com frequência rigorosa identidade fática entre os acórdãos recorrido e paradigma. No entanto, é sabido que o requisito essencial para o processamento de recurso fundado em divergência jurisprudencial é que se esteja diante de contextos fáticos semelhantes, não propriamente iguais.

A razão para essa exigência decorre da própria finalidade dessa espécie recursal, que é de uniformizar os pronunciamentos jurisprudenciais sobre determinada circunstância fática tida por semelhante. Em outras palavras, "há necessidade da demonstração de que a decisão recorrida cuida de situação fático-jurídica semelhante ao acórdão oferecido como paradigma e que, entretanto, as decisões foram diametralmente opostas nos casos confrontados".[6]

---

6   BRUSCHI, Gilberto Gomes; DONOSO, Denis. Divergência jurisprudencial e recurso especial: cabimento e forma de interposição do recurso especial com fundamento no art. 105, III, alínea c, da Constituição. *Revista dialética de direito processual*, p. 44, fev. 2010.

A similitude fática exigida entre os pronunciamentos divergentes deve ser interpretada não como situações rigorosamente idênticas, mas como circunstâncias fáticas próximas a ponto de não justificarem a aplicação de solução jurídica distinta. Nem poderia ser diferente, pois casos iguais não geram dissídio, mas litispendência.

Impõe-se, no caso, a aplicação do princípio *ubi eadem ratio, ibi eadem legis,* segundo o qual onde existe a mesma razão, aplica-se o mesmo direito. Em outras palavras, tal similitude é necessária para que seja aplicável a orientação de um caso em outro. Nessa linha, não se pode exigir fatos absolutamente idênticos, mas fatos que, se confrontados entre si, não justificariam conclusões jurídicas distintas.

Não se justificaria a exigência de situações exatamente iguais para se aferir a presença da divergência jurisprudencial sobre a aplicação de determinada norma, simplesmente pelo fato de as normas, naturalmente, atingirem diversas situações da vida cotidiana que, embora não sejam rigorosamente idênticas, possuem núcleo elementar comum, para o qual se justifica a aplicação do mesmo tratamento jurídico. Dito de outro modo, a divergência jurisprudencial é inaugurada quando são encontradas soluções jurídicas díspares diante de contexto fático próximo a ponto de reclamar idêntica interpretação à luz do direito aplicável ao caso.

Confira-se excerto de recente julgado da Corte Especial do STJ que é claro nesse sentido:

> PROCESSUAL CIVIL. AGRAVOS REGIMENTAIS NOS EMBARGOS DE DIVERGÊNCIA EM RECURSO ESPECIAL. REGRA TÉCNICA. REVISÃO. IMPOSSIBILIDADE. SÚMULA 315/STJ. SIMILITUDE FÁTICA. AUSÊNCIA. DIVERGÊNCIA. AUSÊNCIA.
>
> 1. Revela-se inviável, na via dos embargos de divergência, revisar a aplicação de regra técnica de admissibilidade do recurso especial pelo órgão julgador, nos termos da Súmula 315/STJ.
>
> 2. Para o cabimento de embargos de divergência, ainda que a divergência a respeito da interpretação e aplicação de norma processual não reclame idêntico quadro fático, é necessário que sejam cotejadas situações similares a ponto de estar justificada a mesma solução jurídica.
>
> 3. Para o cabimento de embargos de divergência, é preciso que, diante de quadros similares, os acórdãos cotejados tenham adotado solução jurídica diversa.
>
> 4. Agravos regimentais não providos. (AgRg nos EREsp n. 1286704/SP, Rel. Min. Benedito Gonçalves, Corte Especial, julgado em: 2 mar. 2016)

Assim, é importante ter-se presente que o rigor na busca da similaridade fática entre os acórdãos paradigma e recorrido não pode extrapolar sua efetiva função, transformando-se em barreira intransponível para a análise da matéria pela CSRF.

4.3 Prequestionamento exigido apenas do contribuinte: violação a isonomia, devido processo legal, ampla defesa e direito de petição

Outro tema que merece atenção na seara do recurso especial diz respeito ao disposto no art. 67, § 5º, do Regimento Interno do CARF, *in verbis*: "recurso especial interposto pelo contribuinte somente terá seguimento quanto à matéria prequestionada, cabendo sua demonstração, com precisa indicação, nas peças processuais".

Tem-se aqui violação à isonomia (art. 5º, *caput*, da Constituição Federal): o texto constitucional estabelece como direito e garantia fundamental dos cidadãos contribuintes a igualdade de tratamento com a administração pública, ocorrendo a violação em razão da imposição de requisito adicional para acesso às instâncias extraordinárias do contencioso administrativo federal apenas ao contribuinte.

Seguindo no cotejo com o plano dos processos judiciais, lá o prequestionamento é exigido de maneira uniforme, igualitária e equitativa entre o contribuinte e o fisco. Não há semelhante privilégio, que carece de fundamento lógico ou jurídico. Nem poderia ser diferente, pois é noção elementar do direito processual o princípio da paridade de armas, segundo o qual cada parte terá de observar o mesmo procedimento processual para demonstrar seu direito, dispondo dos mesmos meios processuais para esse desiderato. Caso ignorado esse princípio fundamental, o processo não produziria sua finalidade última, que é a de construir uma solução justa e hígida para a lide.

Inclusive, nos termos do art. 927, inciso V, do CPC, todas as manifestações do poder público devem ser pautadas à luz do princípio da isonomia. Segue-se, portanto, que o contencioso administrativo federal, enquanto manifestação do poder público em sua faceta mais invasiva na esfera patrimonial do contribuinte, certamente deverá observar tal postulado.

Por fim, há ainda de se pontuar que o requisito sob análise também viola a própria legalidade, na medida em que veiculado por meio de ato de natureza infralegal (Regimento Interno do CARF), em franca contrariedade ao texto constitucional já que, conforme já abordado, direito processual é matéria reservada a lei em sentido formal e material.

4.4 Inconstitucional e ilegal limitação de apenas dois paradigmas

Segundo o disposto no art. 67, § 7º, do Regimento Interno do CARF, "Na hipótese de apresentação de mais de 2 (dois) paradigmas, serão considerados apenas os 2 (dois) primeiros indicados, descartando-se os demais."

A limitação à apresentação de dois acórdãos paradigmas não encontra respaldo legal, restringe direitos constitucionais, como o de petição, e manobra na contramão da função essencial do recurso especial, que é de uniformizar jurisprudência.

Nessa seara, vale novamente trazer à baila a questão da competência privativa da União para legislar sobre direito processual. Decorre disso que o Regimento Interno do CARF, por se tratar de norma infralegal, não pode restringir a envergadura do recurso especial delimitada por lei em sentido formal e material.

Em linha do cotejo analítico com o processo judiciário, a que se pretendeu também o presente artigo, cabe sobre o tópico observar que o STJ, com sua competência mais ampla que a do CARF, não limita a quantidade de acórdãos paradigmas que podem ser apresentados em seus recursos especiais.

5. CONSIDERAÇÕES FINAIS

O contencioso administrativo fiscal assume papel fundamental na orientação a respeito de temas tributários sofisticados e de enorme relevância para o país. De longa data, o papel do CARF (antigo Conselho de Contribuintes) é reconhecidamente determinante para a evolução do direito tributário no país. Nessa medida, é importante que os litígios administrativos sejam travados observando-se princípios constitucionais processuais de aplicação idêntica aos âmbitos do processo judicial e do contencioso perante o poder público.

A longa e intensa trajetória de reflexão e amadurecimento jurisprudencial quanto à aplicação desses princípios ao processo judicial se mostra servil e oportuna como referência aos processos administrativos. Intitular o contencioso como processo e até reconhecer tal característica têm efeitos práticos reduzidos se os atos que compõem a lide administrativa ainda são, individualmente, interpretados pela administração pública como meramente procedimentais. Cada novo ato deve ser concebido e interpretado consoante as diretrizes processuais. O devido processo legal, a ampla defesa, o contraditório, a colegialidade, o juiz natural, dentre outros princípios constitucionais inerentes ao processo devem ser ponderados e efetivamente aplicados a cada nova etapa na marcha processual.

Já se está hoje diante de casos concretos em que a evolução jurisprudencial quanto aos princípios constitucionais processuais vivenciada nos litígios judiciais tem sido desconsiderada no contencioso administrativo. Se as diretrizes constitucionais são as mesmas, a experiência quanto ao processo judicial deveria ser considerada no plano administrativo.

Os contextos examinados aqui servem a espelhar a necessidade de um novo olhar dos tribunais administrativos sobre as regras processuais. Se a orientação das cortes judiciais sobre diversos temas se deu pautada nas regras constitucionais que disciplinam o processo no Brasil e se o contencioso administrativo tem natureza de processo, sujeitando-se aos mesmos princípios constitucionais, não há motivos para que a orientação se aplique apenas a processos judiciais, deixando a salvo os administrativos.

A teoria processual foi mais experimentada no contexto dos processos judiciais, dada suas maiores amplitude e reiteração. A curva evolutiva jurisprudencial deveria ser aproveitada pelos tribunais administrativos. É inoportuno trilhar vereda de sacrifícios a direitos processuais dos particulares em função de regras claramente inconstitucionais que regem os processos administrativos, para se desaguar, ao fim e ao cabo, nas exatas conclusões que hoje norteiam os processos judiciais.

Discutir os mesmos temas processuais, quando as premissas são as mesmas, em sacrifício de contenciosos administrativos concretos, que se submeterão a regras em desconformidade com a Constituição até que se confirme que a orientação válida aos processos judiciais se aplica aos administrativos, implica perda de eficiência e desprestígio a direitos constitucionais dos cidadãos. Não parece, portanto, a melhor equação para essa situação.

Espera-se, assim, que o contencioso administrativo venha a privilegiar diretrizes sobre processo hoje já postas no âmbito judicial, o que seguramente viria a enriquecer e enaltecer o nobre e relevante papel das cortes administrativas para a interpretação da lei tributária no país.

_# APLICAÇÃO DA LINDB NO PROCESSO ADMINISTRATIVO TRIBUTÁRIO[1]

Tércio Chiavassa

1. INTRODUÇÃO

Os operadores do direito tributário são recorrentemente surpreendidos por reviravoltas jurisprudenciais do Conselho Administrativo de Recursos Fiscais (CARF) e da Câmara Superior de Recursos Fiscais (CSRF) no âmbito de processos administrativos tributários. Não são poucos os casos nos quais o CARF e a CSRF reinterpretam matérias já pacificadas e passam a adotar uma nova orientação ao examinar atos e negócios jurídicos já perfeitos e acabados.

Basta relembrar as constantes mudanças jurisprudenciais referentes à aplicação da trava de compensação de prejuízos fiscais e bases negativas da Contribuição Social sobre o Lucro Líquido (CSLL), à interpretação dos requisitos para a dedutibilidade de despesas de amortização de ágio e à definição de conceitos abstratos e incertos presentes na legislação tributária, como o polêmico conceito de "insumo" para fins de não cumulatividade da contribuição ao Programa de Integração Social (PIS) e da Contribuição para o Financiamento da Seguridade Social (Cofins).

Nesse cenário, o contribuinte se vê diante de um imbróglio kafkiano, pois: (i) observa as manifestações da própria administração pública sobre determinadas matérias e respalda suas práticas tributárias em conformidade com o entendimento

---

[1] O autor agradece a colaboração de Tatiana Bomfim na elaboração do artigo.

adotado pelas autoridades, mas, passados alguns anos, (ii) depara com a lavratura de autos de infração para a constituição e a exigência de créditos tributários, fundamentados em mudanças de orientações da própria administração pública.

Não fosse isso suficiente, as defesas apresentadas a esses autos de infração são diversas vezes analisadas de modo superficial, de forma que os contribuintes ainda têm de lidar com decisões que não analisam de modo preciso e específico a casuística envolvida em cada processo administrativo submetido à apreciação dos órgãos administrativos. Ou seja, os contribuintes deparam rotineiramente com práticas que geram uma enorme insegurança jurídica e comprometem a aplicação do direito tributário de forma eficaz.

Essas insegurança jurídica e ineficiência da administração pública foram objeto de estudo em projetos conduzidos pelos professores Carlos Ari Sundfeld e Floriano de Azevedo Marques Neto, pesquisadores da Sociedade Brasileira de Direito Público, em parceria com a Escola de Direito de São Paulo da Fundação Getúlio Vargas (FGV). Como resultado de suas pesquisas, os professores constatam que, apesar de a institucionalização do poder público ter propiciado a edição de ampla legislação administrativa para regular a atuação dos órgãos que compõem a administração pública, a verdade é que "quanto mais se avança na produção dessa legislação, mais se retrocede em termos de segurança jurídica".[2]

Essa conjuntura levou os professores a elaborar o Projeto de Lei (PL) n. 349/2015, que tinha por objetivo incluir, no Decreto-Lei n. 4.657/1942 (Lei de Introdução às Normas do Direito Brasileiro – LINBD), "disposições sobre segurança jurídica e eficiência na criação e aplicação do direito público". O PL n. 349/2015 foi aprovado por meio da Lei n. 13.655/2018, e a LINDB passou a contar com mais dez novos artigos (art. 20 a 30), que objetivam justamente conferir segurança jurídica aos administrados, bem como garantir que as normas de direito público sejam criadas e aplicadas de forma eficiente.

Feitas essas considerações, cumpre examinar de que forma esses novos artigos se aplicam à esfera tributária. A matéria se mostra especialmente relevante ao se considerar que a Procuradoria-Geral da Fazenda Nacional (PGFN) tem adotado o entendimento de que os órgãos julgadores do contencioso administrativo tributário (como CARF e CSRF) não estão sujeitos à observância das novas normas inseridas na LINDB. Pretendemos demonstrar que, pelo contrário, não há qualquer motivo para restringir a aplicação da LINDB ao CARF e à CSRF.

---

2 Conforme Justificativa do PL n. 349/2015.

Com isso, as ponderações a seguir terão o objetivo de analisar (i) a aplicação da LINDB ao processo administrativo tributário; (ii) as alegações utilizadas pela PGFN para afastar a aplicação da LINDB; e (iii) o entendimento que tem sido adotado pelo CARF e pela CSRF a respeito dessa matéria.

2. APLICAÇÃO DA LINDB AO PROCESSO ADMINISTRATIVO TRIBUTÁRIO

O fato de o legislador ter se preocupado em veicular a nova legislação por meio da LINDB já afasta quaisquer discussões quanto à restrição de aplicação das normas. A LINDB é uma *lex legum*, isto é, um conjunto de normas sobre as próprias normas que compõem o ordenamento jurídico brasileiro. Isso quer dizer que as previsões contidas na LINDB não se restringem a uma determinada área do direito. Ao contrário, todas as normas do ordenamento se submetem e se sujeitam à LINDB. É exatamente esse o entendimento da melhor doutrina:

> A Lei de Introdução é uma *lex legum*, ou seja, um conjunto de normas sobre normas, constituindo um direito sobre direito ("*ein Recht der Rechtsordenung*", "*Recht ueber Recht*" *Überrect*, "*surdroit*", "*jus supra jura*"), um superdireito, um direito coordenador de direito. **Não rege as relações de vida, mas sim as normas, uma vez que indica como interpretá-las ou aplicá-las**, determinando-lhes a vigência e eficácia, suas dimensões espácio-temporais, assinalando suas projeções nas situações conflitivas de elementos de conexão. Como se vê, engloba não só o direito civil, mas também **os diversos ramos do direito privado e público**, notadamente a seara do direito internacional privado.[3] (grifos nossos)

Não por outra razão, a LINDB, que era originalmente intitulada Lei de Introdução ao Código Civil, teve sua ementa alterada pela Lei n. 12.376/2010, pois as suas normas extrapolavam as disposições contidas no Código Civil. Veja-se a justificação do PL n. 6.303/2015, que alterou a ementa da LINDB:

> Art. 2º. Dê-se à Ementa do Decreto-Lei n.º 4.657, de 4 de setembro de 1942, a seguinte redação:

---

[3] DINIZ, Maria Helena. *Lei de introdução ao Código Civil brasileiro interpretada*. 14. ed. rev. e atual. São Paulo: Saraiva, 2009. p. 4.

"Lei de Introdução às Leis" [...]

É reconhecimento pela doutrina e pela jurisprudência que a Lei de Introdução ao Código Civil possui âmbito de aplicação mais amplo do que menciona em sua ementa. Para aperfeiçoar a legislação pátria, fazendo-a coincidir a letra da lei com sua interpretação, é que apresentados o presente projeto de lei, contanto com o apoio dos ilustres Pares.

O escopo da LINDB, por si só, já torna inegável o reconhecimento de que quaisquer normas veiculadas por meio deste diploma são aplicáveis a todos os ramos do direito público, inclusive o direito tributário. Caso o legislador quisesse restringir as áreas e as relações do direito público que seriam afetadas pela Lei n. 13.655/2018, por certo não teria se valido da LINDB para consolidá-las. Essa preocupação, inclusive, foi apresentada pelos próprios professores Carlos Ari Sundfeld e Floriano de Azevedo Marques Neto,[4] que editaram o PL n. 349/2015, em estudos realizados pelo Senado Federal a respeito do projeto:

O objetivo [do Projeto de Lei n. 349/2015] é melhorar a qualidade da atividade decisória pública no Brasil, exercida nos vários níveis da Federação (federal, estadual, distrital e municipal) e nos diferentes Poderes (Executivo, Legislativo e Judiciário) e órgãos autônomos de controle (Tribunais de Contas e Ministérios Públicos). [...]

São normas gerais sobre criação, interpretação e aplicação do direito público. Essas normas devem ser nacionais, valendo para autoridades federais, estaduais, distritais e municipais de quaisquer Poderes e órgãos. **Por essas duas razões, o diploma legal adequado para sua veiculação é a Lei de Introdução às Normas do Direito Brasileiro (antiga Lei de Introdução ao Código Civil).** Trata-se da lei surgida há várias décadas para criar normas gerais dessa espécie no campo do direito privado, e que afora tem de ser ampliada, em função da evolução jurídica, para abranger também o direito público, nela ainda não tratado adequadamente. (grifos nossos)

---

4 SUNFELD, Carlos Ari; MARQUES NETO, Floriano de Azevedo. Segurança jurídica e eficiência na Lei de Introdução ao Direito Brasileiro. In: PEREIRA, Flávio Henrique Unes (coord.). *Segurança jurídica e qualidade das decisões públicas*: Desafios de uma sociedade democrática. Brasília, 2015. p. 7-8. Disponível em: <https://antonioaugustoanastasia.com.br/wp-content/uploads/2015/09/segurancajuridica.pdf>. Acesso em: 22 abr. 2019.

Além disso, entendemos ser pertinente notar que o Senador Antônio Augusto Junho Anastasia,[5] que apresentou o PL n. 345/2015, nesse mesmo estudo fez considerações específicas às práticas adotadas pelas autoridades tributárias:

> Um problema atual do Brasil é a incapacidade de o Estado gerar confiança nas pessoas, nas empresas e no chamado Terceiro Setor. Ou melhoramos nosso ambiente institucional ou o Estado será um inimigo, jamais um parceiro.
>
> As pessoas não devem ser surpreendidas com a edição, pelo Fisco, de um novo regulamento com exigências tributárias que a opinião pública não teve a oportunidade de discutir. Regulações não devem mudar abruptamente, sem um regime adequado de transição. [...]
>
> Em um Estado de Direito, são normais e necessárias tantos as alterações nas regras como a atuação dos órgãos de controle público. Mas o ambiente institucional tem de ser capaz de conciliar as mudanças e controles com o valor da segurança jurídica, evitando que pessoas e organizações vivam em permanente risco e instabilidade. Em nossos País, temos falhado quanto a isso.

Ou seja, não há margem para discutir se a LINDB, com as alterações introduzidas pela Lei n. 13.655/2018, é ou não aplicável ao direito tributário. Obviamente ela é. Resta ainda examinar como cada um dos dispositivos pode ser aplicado nos processos administrativos tributários. A esse respeito, entendemos ser pertinente destacar que a aplicação efetiva de cada dispositivo está intrinsecamente relacionada à casuística de cada processo administrativo. Apesar disso, em linhas gerais, entendemos que os norteadores para a aplicação dos novos artigos da LINDB podem ser compreendidos conforme as explicitações a seguir.

2.1 Art. 20 e 21 – motivações e consequências

Os art. 20 e 21 da LINDB estabelecem que todas as decisões, em todas as esferas (administrativa, controladora ou judicial), deverão (i) considerar suas consequências práticas, caso baseada em valores jurídicos abstratos, sendo necessário

---

5 ANATASIA, Antonio Augusto Junho. Apresentação. In: PEREIRA, Flávio Henrique Unes (coord.). *Segurança jurídica e qualidade das decisões públicas*: Desafios de uma sociedade democrática. Brasília, 2015. p. 5. Disponível em: <https://antonioaugustoanastasia.com.br/wp-content/uploads/2015/09/segurancajuridica.pdf>. Acesso em: 22 abr. 2019.

demonstrar a necessidade e a adequação da medida imposta ou a invalidação de ato, contrato, ajuste, processo ou norma administrativa (inclusive em face de possíveis alternativas); e (ii) indicar, de modo expresso, as consequências jurídicas e administrativas decorrentes da invalidação de ato, contrato, ajuste, processo ou norma administrativa e, sendo caso, indicar ainda as condições para que a regularização ocorra de modo proporcional, equânime e sem prejuízo aos interesses gerais, não podendo impor, aos sujeitos atingidos, ônus ou perdas que, em função das peculiaridades do caso, sejam anormais ou excessivos.

A nosso ver, as novas diretrizes decisórias previstas nesses dispositivos devem alterar a prática do processo administrativo em matéria tributária. Isso porque é bastante comum que contribuintes enfrentem inúmeras discussões com as autoridades tributárias baseadas em valores e conceitos abstratos, sem que sejam apresentados, de maneira objetiva, os dispositivos supostamente desrespeitados. Muitas dessas discussões não levam em conta (i) as consequências jurídicas e administrativas de determinada decisão; (ii) a necessidade de adequação em face de possíveis alternativas; e (iii) a proporcionalidade, a equidade e a ausência de prejuízo aos interesses gerais.

Por exemplo, admitindo-se a hipótese de um agente fiscal lavrar um auto de infração que imponha uma penalidade demasiadamente onerosa alegando dano ao erário por importação ou exportação, com o potencial de atingir a saúde financeira da empresa, é certo que a LINDB exige que essa decisão, além de ser detalhadamente motivada – indicando por que houve fraude na operação e por que se verificou dano ao erário –, também identifique as consequências dela decorrentes e os reais motivos que levaram ao lançamento, inclusive a pertinência e a proporcionalidade.

2.2 Art. 23 e 24 – práticas reiteradas e mudanças de entendimento

Os art. 23 e 24 da LINDB baseiam-se em princípios e direitos fundamentais do ordenamento jurídico nem sempre observados: segurança jurídica, ato jurídico perfeito e direito adquirido. De acordo com esses dispositivos, a decisão administrativa, controladora ou judicial que estabelecer nova interpretação ou orientação sobre norma de conteúdo indeterminado, impondo novo dever ou condicionamento de direito, deverá prever regime de transição quando indispensável para que o novo dever ou condicionamento de direito seja cumprido de modo proporcional, equânime e eficiente, sem prejuízo aos interesses gerais.

Além disso, quando houver revisão da validade de um ato, contrato, ajuste, processo ou norma administrativa, cuja produção já se houver completado, deverão ser levadas em conta as orientações gerais da época, sendo vedada a declaração de invalidade de situações plenamente constituídas com base em mudança posterior de "orientação geral". Consideram-se orientações gerais, por sua vez, as interpretações e as especificações contidas em atos públicos de caráter geral ou em jurisprudência judicial ou administrativa majoritária, e as adotadas por prática administrativa reiterada e de amplo conhecimento público.

Essas previsões encontram grande semelhança com o teor do art. 100, parágrafo único, e art. 146 do Código Tributário Nacional (CTN), os quais determinam que modificações trazidas nos critérios jurídicos não podem retroagir e que contribuintes que observaram práticas reiteradas das autoridades não podem ser penalizados.

Conforme mencionamos, é muito comum, no CARF e na CSRF, que um novo entendimento jurisprudencial seja adotado para interpretar atos e contratos que já haviam sido formalizados e executados! Tome-se como exemplo os diversos casos de ágio nos quais o CARF interpreta contratos de compra e venda de participação societária com base em jurisprudência formalizada muitos anos após sua conclusão – sendo que, à época da formalização dos instrumentos contratuais, o posicionamento do CARF era favorável ao contribuinte e, por tal motivo, o contribuinte assim agiu.

Essas discricionariedades devem ser corrigidas pela aplicação dos novos dispositivos da LINDB, cabendo aos contribuintes reforçar a importância de cumprimento da LINDB também em matéria tributária.

2.3 Art. 30 – Segurança jurídica

O art. 30 da LINDB estabelece que as autoridades públicas devem atuar para aumentar a segurança jurídica na aplicação das normas, inclusive por meio de regulamentos, súmulas administrativas e respostas a consultas com caráter vinculante. Em vista das alterações trazidas, é evidente que o legislador pretendeu exigir que as autoridades sejam responsáveis ao aplicar as normas e que, tratando-se de normas obscuras, desempenhem o papel de esclarecer as dúvidas dos contribuintes, trazendo critérios e parâmetros objetivos a serem seguidos.

Nesse contexto, as autoridades tributárias têm o dever de editar Instruções Normativas, Decretos, Portarias, Respostas a Soluções de Consulta e "Perguntas e Respostas" que efetivamente ajudem os contribuintes, e não que tragam ainda mais dúvidas. É uma responsabilidade da qual não se podem escusar e cujo exercício deve ser cobrado pelos contribuintes.

3. ALEGAÇÕES DA PGFN SOBRE A INAPLICABILIDADE DA LINDB AO PROCESSO ADMINISTRATIVO TRIBUTÁRIO

Apesar de ser evidente que a LINDB é aplicável a todas as esferas do direito público, inclusive o direito tributário, a PGFN tem se manifestado pela inaplicabilidade de tais dispositivos ao processo administrativo tributário. De modo objetivo, os principais argumentos aduzidos pela PGFN são os seguintes:

- O pano de fundo do PL n. 349/2015 eram processos de controle das contratações públicas, em especial aqueles das instâncias dos gastos públicos, como o Tribunal de Contas da União (TCU) e a Controladoria-Geral da União (CGU). Esse contexto estaria evidenciado pelo fato de a Justificativa do PL mencionar expressamente que os estudos dos professores Carlos Ari Sundfeld e Floriano Marques Neto levaram à publicação da obra *Contratações públicas e seu controle*.
- Caso os dispositivos fossem aplicáveis à esfera tributária, deveriam ter sido veiculados por meio de lei complementar, por conta da previsão contida no art. 146, inciso III, alínea "b", da Constituição Federal.
- Em relação ao art. 24 da LINDB, a PGFN alega que o dispositivo não seria aplicável ao CARF e à CSRF, pois (i) o lançamento de créditos tributários não configura "revisão" de ato, contrato, ajuste, processo ou norma administrativa; e (ii) a jurisprudência administrativa não é considerada norma complementar em matéria tributária (conforme art. 100 do CTN). A PGFN entende que esse dispositivo apenas seria aplicável nos casos em que a administração pública pretendesse alterar a validade de um ato, contrato, ajuste, processo ou norma praticado pela própria administração pública em relações firmadas com particulares.

O que se vê é que a interpretação enviesada da PGFN deturpa a análise dos dispositivos acrescidos à LINDB. De fato, ao considerar que a LINDB será aplicável apenas para relações jurídicas nas quais a administração pública contrata um particular, a PGFN não apenas (i) cria uma restrição inexistente na redação dos dispositivos, mas também (ii) acaba por interpretar de forma equivocada todos os dispositivos, pois a sua premissa interpretativa está inadequada.

Por todas as razões que apresentamos, entendemos ser inquestionável que a LINDB se aplica ao processo administrativo tributário – seja porque o legislador optou por inserir os novos dispositivos na LINDB justamente para que as normas fossem aplicadas a todo o ordenamento jurídico, seja pelo fato de os próprios professores e senador que propuseram a lei terem se manifestado pela aplicação das normas. Nesse contexto, cabe notar que os professores Carlos Ari Sundfeld e

Floriano Marques Neto já se manifestaram publicamente pela aplicação dos novos dispositivos da LINDB ao processo administrativo tributário.

De fato, o professor Carlos Ari Sundfeld[6] afirma categoricamente que o "Direto Tributário está sujeito à Lei de Introdução reformada". Em artigo específico sobre a matéria, o professor afirmou o seguinte, ao tratar de entendimento do CARF pela inaplicabilidade da LINDB ao processo administrativo tributário:

> A resposta quanto ao âmbito de incidência dos novos arts. 20 a 30 da Lei de Introdução é bem clara, a começar da emenda da lei que a alterou. Trata-se de "disposições sobre segurança jurídica e eficiência na criação e aplicação do direito público". Os dispositivos da lei 13.655 não são de direito administrativo em sentido estrito (isto é, sobre contratos administrativos, servidores públicos, serviços públicos e outros temas a cargo dos professores deste ramo), tampouco sobre controle da administração; a lei é geral de direito público. [...]
>
> Eis então o âmbito objetivo de incidência da lei: situações de criação e aplicação do direito público sob tutela primária da administração pública como um todo. Ela impacta diretamente a aplicação dos direitos constitucional, tributário, administrativo (em sentido estrito), financeiro, ambiental, sanitário, concorrencial, previdenciário, de trânsito, enfim, os ramos do direito público. [...]
>
> A interpretação tributária feita pelo juiz tem de estar sujeita às mesmas diretrizes que vinculam o administrador tributário. Por identidade de razão, autoridades administrativas judicantes (como o CARF) não podem para decidir casos, usar conjunto próprio e autônomo de referências jurídicas, diversas das que estão a vincular o administrador tributário ativo e o Poder Judiciário. Convém não esquecer que, ao menos nesse sentido, o Direito é uno, e que a autoridade judicante administrativa em matéria tributária nada mais faz do que aplicar o Direito, e não outra coisa qualquer.

O professor Floriano de Azevedo Marques Neto[7] retira quaisquer dúvidas quanto à aplicabilidade da LINDB ao processo administrativo tributário:

---

6   SUNFELD, Carlos Ari. *LINDB*: Direito Tributário está sujeito à Lei de Introdução reformada. Disponível em: https://www.jota.info/opiniao-e-analise/artigos/lindb-direito-tributario-esta-sujeito-a-lei-de--introducao-reformada-10082018. Acesso em: 17 jun. 2019.
7   MENDES, Guilherme. Carf deve aplicar artigo 24 da LINDB, afirma autor da nova redação da norma: Floriano de Azevedo Marques, que reformulou as alterações na lei, afirma que Carf não está imune à sua aplicação. Disponível em: https://www.jota.info/paywall?redirect_to=//www.jota.info/tributos-e-empresas/tributario/lindb-floriano-entrevista-carf-06082019. Acesso em: 17 set. 2019.

O Carf já negou acolher a aplicação da Lei, entendendo que a redação seria válida apenas para a administração pública, e não aos processos. Como o senhor analisa este entendimento? O artigo 24 vale para o Carf?

Este entendimento [do Carf] é a coisa mais despropositada que eu já ouvi em relação à Lei. Te digo o porquê: se não se aplica ali, ela se aplica onde? O Carf é um tribunal administrativo. Se essa norma se aplica ao processo administrativo, porque a imunidade?

Ou ele é uma instância administrativa ou jurisdicional, ou controladora de contas. Não existe possibilidade constitucional de situar o Carf fora disso. A esfera em que ele atua é esta.

E há outro ponto: a Lei de Introdução às Normas do Direito Brasileira trata da aplicação da norma por todo o órgão que o faça no exercício de competência estatal. Me surpreende que este argumento tenha sido utilizado para gerar uma imunidade à Lei de Introdução – ou por acaso o Carf *não utiliza a regra da Lei de Introdução sobre a vigência? Aplicar a LINDB na contratação ou exoneração de servidor público? Esta é uma interpretação contra legis.*

Dessa forma, devem ser superadas todas as alegações apresentadas pela PGFN para tentar afastar a aplicação da LINDB a processos administrativos em matéria tributária.

4. POSICIONAMENTO DO CARF E DA CSRF SOBRE A MATÉRIA

Apesar das inconsistências na argumentação de que a LINDB não seria aplicável ao CARF e à CSRF, esses mesmos órgãos têm se manifestado por sua inaplicabilidade, conforme se pode observar nos Acórdãos (i) n. 1402-003.823, de 8 de abril de 2019; (ii) n. 1401-003.184, de 19 de março de 2019; (iii) n. 3302-006.536, de 25 de fevereiro de 2019; (iv) n. 9101-004.009, de 12 de fevereiro de 2019; (v) n. 1301-003.656, de 22 de janeiro de 2019; (vi) n. 1302-003.214, de 20 de novembro de 2018; (vii) n. 9101-003.734, de 11 de setembro de 2018, dentre outros.

Entretanto, é relevante notar que alguns votos proferidos pelo CARF indicam que a LINDB é aplicável a processos administrativos tributários, não tendo sido aplicada especificamente no caso examinado. Nesse contexto, vale mencionar o voto a seguir:

Não se vislumbra também neste dispositivo qualquer restrição à atuação do Conselheiro do CARF para a revisão do processo, na hipótese de fatos novos ou circunstâncias relevantes suscetíveis de justificar a inadequação da sanção aplicada.

Assim, entendo que a segurança jurídica prestigiada pelo artigo 24, da LINDB tem por finalidade assegurar ao contribuinte que os atos – praticados com apoio em orientação administrativa – poderiam ser resguardados de revisão no processo administrativo tributário. (Acórdão n. 9101-003.807, de 2 de outubro de 2018, voto da Conselheira Cristiane Silva Costa)

Por fim, vale ainda mencionar a Medida Provisória (MP) n. 881, de 30 de abril de 2019, que institui a Declaração de Direitos de Liberdade Econômica, em que o governo federal indica claramente diretrizes que poderão auxiliar o Brasil a tornar o livre mercado uma realidade. Nesse sentido, prevê o art. 3º, inciso IV, da MP n. 881/2019 que é direito da pessoa jurídica, sendo essencial para o desenvolvimento e o crescimento econômico do país, "receber tratamento isonômico de órgãos e de entidades da administração pública quanto ao exercício de atos de liberação da atividade econômica, hipótese em que o ato de liberação estará vinculado aos mesmos critérios de interpretação adotados em decisões administrativas análogas anteriores".

Ao dispor sobre o significado do art. 3º, inciso IV, da MP n. 881/2019, afirma o próprio Ministério da Economia que esse dispositivo representa a concretização da isonomia, buscando que a administração aplique os seus precedentes a todos. A palavra, portanto, é credibilidade! É mais uma forma de o Brasil mostrar ao investidor que este pode confiar nas instituições do país e que há instrumentos para essa salvaguarda, o que poderá ajudar o país a alcançar um novo patamar, aumentando ainda mais o tamanho de sua economia, gerando mais oportunidades e, assim, quem sabe, melhorando a vida de muitos brasileiros.

Acreditamos que medidas como a LINB e a MP n. 881/2019 são instrumentos para que tal efetividade seja alcançada e ninguém poderá deixar de reconhecer sua importância e sua aplicabilidade, sob pena de tornar tais garantias letra morta.

5. CONSIDERAÇÕES FINAIS

Com base nessas considerações, entendemos que os dispositivos introduzidos na LINDB pela Lei n. 13.655/2018 são plenamente aplicáveis ao processo administrativo tributário, sendo necessário avaliar, caso a caso, a respectiva repercussão e o modo de aplicação.

As novas previsões reforçam o dever de técnicos, fiscais e julgadores da administração pública de garantir que a segurança jurídica não seja apenas um princípio constitucional teórico, mas realidade – de modo que todos os atos da administração pública sejam devidamente justificados.

Nesse contexto, os contribuintes também têm o papel relevante de questionar e defender a aplicação da LINDB em todas as esferas do direito público, notadamente o direito tributário em processos administrativos.

NOVO CÓDIGO DE PROCESSO CIVIL E A APLICAÇÃO DOS RECURSOS REPETITIVOS NO PROCESSO ADMINISTRATIVO TRIBUTÁRIO

Letícia Pelisson

1. INTRODUÇÃO

O Brasil, como se sabe, observa o sistema do *civil law*, no qual o precedente tem o papel de orientar a interpretação da lei, não sendo de observância obrigatória pelos órgãos jurisdicionais. Contudo, desde a Emenda Constitucional (EC) n. 45, de 30 de dezembro de 2004, o legislador tem buscado criar mecanismos de uniformização da jurisprudência, tudo para garantir a isonomia e a segurança jurídica, além de imprimir celeridade e economia processual, princípios também consagrados pela Carta Magna. Os primeiros instrumentos introduzidos no ordenamento pela referida EC foram a súmula vinculante (art. 103-A da Constituição)[1] e a repercussão geral para o cabimento do recurso extraordinário (art. 102, inciso III, § 3º, da Constituição).

---

1 "Art. 103-A. O Supremo Tribunal Federal poderá, de ofício ou por provocação, mediante decisão de dois terços dos seus membros, após reiteradas decisões sobre matéria constitucional, aprovar súmula que, a partir de sua publicação na imprensa oficial, terá efeito vinculante em relação aos demais órgãos do Poder Judiciário e à administração pública direta e indireta, nas esferas federal, estadual e municipal, bem como proceder à sua revisão ou cancelamento, na forma estabelecida em lei. § 1º A súmula terá por objetivo a validade, a interpretação e a eficácia de normas determinadas, acerca das quais haja controvérsia atual entre órgãos judiciários ou entre esses e a administração pública que acarrete grave insegurança jurídica e relevante multiplicação de processos sobre questão idêntica."

Essa diretriz de uniformização da jurisprudência está delineada no próprio texto constitucional, no art. 103-A, ao prever que, após reiteradas decisões sobre matéria constitucional, o Supremo Tribunal Federal (STF) poderá aprovar súmula com *efeito vinculante* em relação aos demais órgãos do poder judiciário e da administração pública (direta e indireta), nos âmbitos federal, estadual e municipal. O objetivo maior desse mecanismo de uniformização da jurisprudência é evitar "grave insegurança jurídica e relevante multiplicação de processos sobre questão idêntica" (art. 103-A, § 1º, da Constituição).

Nos anos de 2006 e 2008, foram promulgadas as Leis n. 11.418 (de 19 de dezembro de 2006) e n. 11.672 (de 8 de maio de 2008), que acrescentaram os art. 543-A, 543-B e 543-C ao texto do antigo Código de Processo Civil (CPC), Lei n. 5.869/1973, trazendo dois mecanismos que igualmente visam à construção de uma jurisprudência uniforme: a repercussão geral e o recurso repetitivo. A ideia foi permitir ao STF e ao Superior Tribunal de Justiça (STJ) a análise de matérias relevantes para a ordem constitucional e legal, cuja solução extrapola o interesse subjetivo das partes, sendo dispensado seu pronunciamento em processos de matéria idêntica.

Na linha da teoria dos precedentes,[2] o antigo CPC normatizou, portanto, a relevância e a observância do precedente ao positivar que a decisão paradigmática – **repercussão geral** e **recurso repetitivo** –, tomada à luz de um caso concreto, se presta como diretriz para o julgamento posterior de casos similares.[3] Criou-se no ordenamento um processo de construção de precedente diverso daquele dos sistemas de *common law*, no qual o precedente decorre de um processo histórico, que reconhece na qualidade e na eficácia de uma decisão elementos que legitimam sua aplicação para casos análogos. No sistema jurídico nacional, há um procedimento específico de escolha de demanda, cujo julgamento pelos tribunais superiores aparelha o entendimento exarado com força vinculante.

O Novo Código de Processo Civil (NCPC), Lei n. 13.105/2015, fincou de vez a teoria dos precedentes no ordenamento jurídico ao atribuir aos tribunais o **dever** de manter a jurisprudência estável, íntegra e coerente. Como bem

---

2 A teoria dos precedentes tem o condão de evitar a coexistência de decisões conflitantes em casos semelhantes, preservando, assim, a segurança jurídica e a isonomia
3 DIDIER JR., Fredie; BRAGA, Paula Sarno; OLIVEIRA, Rafael. *Curso de Direito Processual Civil*. Editora Juspodvim. 14. ed. 2019.

destacou o professor Cássio Scarpinella Bueno,[4] a estabilidade, a integridade e a coerência da jurisprudência representam "técnicas de realização da segurança jurídica, inclusive na perspectiva da previsibilidade e da isonomia, vedando alterações bruscas e imotivadas".

E justamente para se manter a uniformização e a estabilização da jurisprudência, o art. 927 do NCPC determina a juízes e tribunais – ou seja, a todo o poder judiciário – a **observância** das decisões oriundas de julgamento de "recursos extraordinário e especial repetitivos" (inciso III). O julgador não tem escolha entre adotar ou deixar de seguir o precedente, cabendo-lhe aplicar a respectiva decisão aos casos análogos, atentando-se às técnicas hermenêuticas do *distinguishing* e do *overruling*.

Os precedentes passam, dessa forma, a orientar o desenvolvimento da motivação das decisões no exercício da jurisdição. É o que se pode verificar da dicção do art. 311, inciso II, do NCPC, que trata da tutela de evidência, medida que será concedida quando houver tese firmada em julgamento de casos repetitivos ou em súmula vinculante. O art. 489, inciso VI, determina a observância do precedente quando da prolação de sentença. O NPCP assegura ainda à parte apontar, por meio de embargos de declaração, omissão na sentença que deixar de aplicar paradigma (art. 1.022).

Não se pode ignorar, portanto, a mudança sofrida em nosso ordenamento com a valorização dos precedentes. As iniciativas legislativas convergem para a uniformização da jurisprudência, o que garante a isonomia e a segurança jurídica. Como bem destacou o Ministro Luiz Fux,[5] do STF:

> A jurisprudência, para ter força, precisa ser estável, de forma a não gerar insegurança. Então, a jurisprudência que vai informar todo o sistema jurídico e que vai ter essa posição hierárquica é aquela pacífica, estável, dominante, que está sumulada ou foi decidida num caso com repercussão geral ou é oriunda do incidente de resolução de demandas repetitivas ou de recursos repetitivos, não é a jurisprudência aplicada por membro isolado através de decisões monocráticas. Essa não serve para a finalidade do Novo CPC.

---

4 BUENO, Cassio Scarpinella. *Novo Código de Processo Civil Anotado*. p. 735.
5 RODAS, Sérgio. *Juiz só deve seguir jurisprudência pacificada de tribunais superiores, diz Fux*. 17 abr. 2015. Disponível em: <www.conjur.com.br/2015-abr-17/fux-juiz-seguir-jurisprudencia-cortes-superiores>. Acesso em: 17 jun. 2019.

E justamente para se preservarem a estabilização e a uniformização da jurisprudência, repelindo as decisões conflitantes – **segurança jurídica** e **isonomia** –, os paradigmas formados pelos tribunais superiores devem repercutir também na esfera administrativa, especialmente no processo administrativo tributário.

2. APLICAÇÃO SUPLETIVA E SUBSIDIÁRIA DO NCPC AO PROCESSO ADMINISTRATIVO TRIBUTÁRIO

O art. 15 do NCPC estabelece que, "na ausência de normas que regulem processos eleitorais, trabalhistas ou administrativos, as disposições deste Código lhes serão aplicadas supletiva e subsidiariamente". Como se vê, esse dispositivo buscou acentuar o caráter supletivo e subsidiário do NCPC aos demais processos jurisdicionais e aos processos administrativos. A aplicação supletiva ocorre quando o ditame legal existente não é completo, permitindo a aplicação da regra processual de forma complementar. Já a aplicação subsidiária ocorre quando há lacunas ou antinomias.

Especificamente para o processo administrativo tributário, o atual debate é sobre a aplicação subsidiária e supletiva da regra da observância dos precedentes – **em repercussão geral e recurso repetitivo** –, disposta nos art. 926 e 927. Grande parte das leis processuais dos estados[6] e dos municípios[7] não trata da observância dos precedentes judiciais formados com efeito de uniformização da jurisprudência. No âmbito federal,[8] apenas o Regimento Interno do Conselho Administrativo de Recursos Fiscais (CARF) prevê a observância dos julgamentos em demandas repetitivas. Fato é que, sendo silente a lei processual administrativa,

---

6 O estado de São Paulo aplica apenas decisões tomadas pelo STF em sede de ação direta de inconstitucionalidade ou decisão definitiva "em via incidental, desde que o Senado Federal tenha suspendido a execução do ato normativo". É o que se verifica do art. 28 da Lei Estadual n. 13.457/2009.

7 A Lei Paulistana n. 14.107, de 12 de dezembro de 2005, prevê, em seu art. 49, § 9º, que "O Chefe da Representação Fiscal deverá solicitar autorização ao Secretário Municipal de Finanças e Desenvolvimento Econômico para a não interposição de recurso de revisão com fundamento em decisões definitivas de mérito, proferidas pelo Supremo Tribunal Federal em matéria constitucional ou pelo Superior Tribunal de Justiça em matéria infraconstitucional, em consonância com a sistemática prevista nos arts. 543-B e 543-C do Código de Processo Civil".

8 A Lei n. 9.784/1999 também é silente quanto à necessária observância das decisões tomadas em repercussão geral e recurso repetitivo.

é de rigor a aplicação supletiva do NCPC e, ainda que haja previsão em tal sentido, ele poderá ser aplicado de forma subsidiária.

O art. 24, inciso XI, da Constituição Federal autoriza a União, os estados e os municípios a legislar, de forma concorrente, sobre procedimentos em matéria processual. Na hipótese de inexistir lei federal sobre normas gerais, os estados e os municípios poderão exercer a competência legislativa de forma plena (art. 24, § 3º, da Constituição). Nesse cenário, considerando que o NCPC é lei nacional de matéria processual, os estados e os municípios apenas poderão exercer sua competência legislativa de forma suplementar (art. 24, § 2º, e art. 30, inciso II, da Constituição). Portanto, sendo silente ou incompleta a lei processual local quanto à observância dos precedentes judiciais em demandas repetitivas, é imperiosa a aplicação dos art. 926 e 927 do NCPC quando da motivação das decisões administrativas.

Ainda, na hipótese de a lei local expressamente negar a aplicação supletiva e subsidiária do CPC, há claras violação à Constituição Federal e usurpação de competência legislativa. A inobservância dos precedentes judiciais na esfera administrativa cria a absurda e inconstitucional situação de se manter a cobrança de tributo sabidamente ilegal/inconstitucional pela administração pública, o que vai na contramão da nova lógica de uniformização da jurisprudência.

O estado do Rio de Janeiro ajuizou a Ação Direta de Inconstitucionalidade (ADI) n. 5.492 para questionar determinados dispositivos do NCPC, inclusive o art. 15,[9] sob o argumento de existir violação à autonomia dos estados. No entanto, não há afronta apontada pelo estado fluminense, na medida em que, como visto, os estados não têm capacidade legislativa plena para regulamentar matéria processual.

A postura da administração pública de negar a aplicação dos precedentes judiciais viola os princípios constitucionais da moralidade, da finalidade, do interesse público e da eficiência. Pela Lei n. 9.784, de 29 de janeiro de 1999, a administração pública tem o dever de obediência a esses princípios. Mas não é só isso: há afronta também à segurança jurídica e à isonomia, uma vez que será permitida a existência de decisões conflitantes entre as esferas judicial e administrativa.

A conduta de não observar os precedentes judiciais poderá esvaziar a esfera administrativa, obrigando o contribuinte a se socorrer do poder judiciário, abarrotando ainda mais a máquina judiciária e, certamente, submetendo a Fazenda

---

9   A ADI tem como objeto os art. 9º, parágrafo único, inciso II; 15; 46, § 5º; 52, parágrafo único; 242, § 3º; 311, parágrafo único; 535, § 3º, inciso II; 840, inciso I; 985, § 2º; 1.035, § 3º, inciso III; e 1.040, inciso IV, todos da Lei n. 13.105/2015, que institui o NCPC.

Nacional ao pagamento de vultuosas verbas sucumbenciais. Não haverá, nesse cenário, eficiência, tampouco celeridade processual.

3. OBSERVÂNCIA DOS PRECEDENTES JUDICIAIS NA ESFERA ADMINISTRATIVA FEDERAL

Estabelecida a aplicação subsidiária e supletiva do NCPC ao processo administrativo tributário, cabe-nos, então, analisar a observância dos precedentes judiciais pelos órgãos administrativos julgadores.[10] Dada a extensão do tema, a presente análise se concentrará na verificação da aplicação das demandas repetitivas pelo CARF.

O art. 62, inciso II, § 2º, do Regimento Interno do CARF, veiculado pela Portaria do Ministério da Fazenda (MF) n. 343, de 9 de junho de 2015, determina a aplicação e a observância de decisão definitiva do STF ou do STJ tomada em sede de julgamento de repercussão geral e recurso repetitivo. O art. 45 do Regimento impõe o dever de observância dos precedentes judiciais, sob pena de perda de mandato para o conselheiro que agir de forma contrária.

A análise isolada do Regimento Interno do CARF mostra o seu alinhamento à nova lógica processual de uniformização da jurisprudência. Contudo, na prática, não é o que se tem verificado. Em temas controversos e de grande impacto para os cofres da União, tem-se visto a adoção de critérios diversos para aplicar ou afastar os precedentes judiciais. O ponto central para a definição da (in)aplicabilidade dos paradigmas judiciais é a existência de "decisão definitiva" sobre a matéria, na linha do quanto determinado pelo art. 62, inciso II, § 2º, do Regimento Interno do CARF.

Há aparente dúvida dos conselheiros quanto ao que é "decisão definitiva". Da análise dos acórdãos do CARF, é possível constatar a existência de duas correntes interpretativas do art. 62, inciso II, § 2º:

- a corrente que considera decisão definitiva aquela tomada em sede de repercussão geral ou recurso repetitivo, cujo acórdão foi publicado e **não transitado** em julgado;

---

10 Apenas a título exemplificativo, mesmo após o advento do NCPC, o Tribunal de Impostos e Taxas do estado de São Paulo não é unânime quanto à aplicação do Recurso Repetitivo n. 1.125.133, que afastou a incidência do Imposto sobre Circulação de Mercadorias e Serviços (ICMS) no deslocamento de bens e mercadorias entre estabelecimentos de uma mesma empresa. Esse entendimento já era objeto da Súmula STJ n. 166 – "Não constitui fato gerador do ICMS o simples deslocamento de mercadoria de um para outro estabelecimento do mesmo contribuinte" – desde agosto de 1996.

- a corrente que considera decisão definitiva aquela tomada em sede de repercussão geral ou recurso repetitivo, cujo acórdão foi publicado e **transitado em julgado**.

A fim de que fique claro o atual cenário de divergência na aplicação do referido art. 62, vale trazer o panorama das decisões proferidas em dois importantes temas: (i) a exclusão do Imposto sobre Circulação de Mercadorias e Serviços (ICMS) da base de cálculo da contribuição ao Programa de Integração Social (PIS) e da Contribuição para o Financiamento da Seguridade social (Cofins); e (ii) a caracterização de insumo para a tomada de crédito de PIS e Cofins.

3.1 Exclusão do ICMS da base de cálculo do PIS e da Cofins

Após longo debate, o STF declarou a inconstitucionalidade da exigência do PIS e da Cofins referente ao ICMS.[11] Essa orientação foi firmada em repercussão geral, sendo fixada a tese: "o ICMS não compõe a base de cálculo para a incidência do PIS e da Cofins" (Tema n. 69 da Repercussão Geral). A publicação do respectivo acórdão ocorreu em 2 de outubro de 2017 e, até o momento, aguarda-se o julgamento dos embargos de declaração fazendários.

Apesar de o acórdão ter sido publicado há mais de um ano, a maioria dos conselheiros não observa a tese fixada pela corte suprema, sob o argumento de inexistir decisão defintiva sobre a matéria. As poucas e raras decisões que entendem corretamente pela aplicação da repercussão geral consideram a plena efetividade da orientação firmada pelo STF, a despeito da pendência do trânsito em julgado.

Quadro 1 – Panorama da jurisprudência

Acórdão do CARF	Aplicou a repercussão geral?	Justificativa pela aplicação ou não	Trechos do voto vencedor
n. 3301-005.069, 29 ago. 2018, 1ª Turma da 3ª Câmara da 3ª Seção	Não	Inexistência de trânsito em julgado da decisão definitiva – pendentes de julgamento os embargos de declaração fazendários.	"A decisão do STF, em sentido contrário, em recurso extraordinário de repercussão geral, mas de caráter não definitivo, não tem o mesmo efeito."

(continua)

---

11 Recurso Extraordinário n. 574.706.

Quadro 1 – Panorama da jurisprudência (*continuação*)

Acórdão do CARF	Aplicou a repercussão geral?	Justificativa pela aplicação ou não	Trechos do voto vencedor
n. 3402005.301, 20 jun. 2017, 2ª Turma da 4ª Câmara da 3ª Seção	Não	Pendência de julgamento dos embargos de declaração fazendários e ausência de trânsito em julgado da decisão do STF.	"Uma vez que o julgado em sede de repercussão geral ainda não transitou em julgado, observei que por exigência regimental deve ser aplicado o entendimento vinculante veiculado pelo STJ no repetitivo acima transcrito, devendo ser negado provimento ao Recurso Voluntário nesse ponto."
n. 3301004.973, 29 jul. 2018, 1ª Turma da 3ª Câmara da 3ª Seção	Não	Pendência de julgamento dos embargos de declaração fazendários e ausência de trânsito em julgado da decisão do STF.	"A decisão do STF, em sentido contrário, em recurso extraordinário de repercussão geral, mas de caráter não definitivo, não tem o mesmo efeito."
n. 3302004.631, 27 jul. 2017, 2ª Turma da 3ª Câmara da 3ª Seção	Não	Pendência de julgamento dos embargos de declaração fazendários e ausência de trânsito em julgado da decisão do STF.	"A tese, de repercussão geral e ainda sem decisão transitada em julgado no STF, é majoritariamente rejeitada administrativamente uma vez que as exclusões permitidas na base de cálculo são aquelas contidas na legislação ao tempo dos fatos geradores."
n. 3201-004.139 3 out. 2018, 1ª Turma da 2ª Câmara da 3ª Seção	Sim	Aplicação da repercussão geral, em observância ao art. 47 do Regimento Interno.	"O julgamento deste processo segue a sistemática dos recursos repetitivos, regulamentada pelo art. 47, §§ 1º e 2º, do Anexo II do Regimento Interno do CARF (RICARF), aprovado pela Portaria MF 343, de 9 de junho de 2015, aplicando-se, portanto, ao presente litígio o decidido no Acórdão 3201004.124, de 25/07/2018, proferido no julgamento do processo nº 10880.674237/201188, paradigma ao qual o presente processo foi vinculado."

(*continua*)

Quadro 1 – Panorama da jurisprudência (*continuação*)

Acórdão do CARF	Aplicou a repercussão geral?	Justificativa pela aplicação ou não	Trechos do voto vencedor
n. 3201004.124, 25 jul. 2018, 1ª Turma da 2ª Câmara da 3ª Seção	Sim	Aplicação da repercussão geral pelo fato de o próprio STJ, que tinha entendimento contrário, vir aplicando o quando decidido pelo STF.	"[...] não há como negar plena efetividade ao decidido pelo Supremo Tribunal Federal STF, já que o próprio Superior Tribunal de Justiça não mais aplica o entendimento firmado no REsp 1.144.469/PR [...]. Um órgão administrativo de julgamento não aplicar o decidido em sede de repercussão geral pelo Supremo Tribunal Federal STF quando até mesmo o Superior Tribunal de Justiça STJ já não mais aplica o seu entendimento em sentido diverso é verdadeira afronta ao julgado pela mais Alta Corte do país."

A exigência de trânsito em julgado para a observância dos precedentes judiciais não encontra amparo na legislação. O art. 927, inciso III, do NCPC diz que deverão ser observados os **acórdãos em julgamento de recursos extraordinário e especial repetitivos**. Já o art. 1.040 do NCPC expressamente define a publicação do acórdão como o ato para a observância obrigatória do paradigma pelos órgãos jurisdicionais. E faz sentido que a publicação do acórdão seja o ato, o marco temporal para a necessária aplicação do precedente, afinal, com a publicação se dá a ciência a alguém dos atos e dos termos do processo (art. 269 do NCPC).

É nesse sentido que dispõe a Portaria Conjunta da Procuradoria-Geral da Fazenda Nacional (PGFN) e da Receita Federal do Brasil (RFB) n. 1, de 12 de fevereiro de 2014, que trata das "comunicações decorrentes de julgamentos proferidos em controle concentrado de constitucionalidade (STF) ou sob o rito dos arts. 543-B e 543-C do CPC – recursos extraordinários com repercussão geral reconhecida (STF) e recursos especiais repetitivos (STJ)". Confira-se o art. 2º: "A PGFN cientificará a RFB acerca das decisões de interesse da Fazenda Nacional proferidas pelo STF e pelo STJ na sistemática de julgamento dos arts. 543-B e 543-C do CPC, no prazo de 10 (dez) dias, contado da **publicação do acórdão**" (grifos nossos).

Decisão definitiva é, portanto, aquela tomada pelos tribunais superiores em sede de repercussão geral e recurso repetitivo, objeto de acórdão **publicado** (e nada mais!). A pendência de julgamento de embargos declaratórios – **os quais não têm efeito suspensivo, mas apenas interruptivo para a fluência de prazos processuais** – ou a inexistência de trânsito julgado não têm o condão de afastar a orientação firmada pelos tribunais superiores. Fato é que, concluído o julgamento, fixada a tese e publicado o acórdão, é de rigor sua observância pela administração pública.

3.2 Conceito de insumo para creditamento de PIS e Cofins

Situação diametralmente oposta se verifica na discussão acerca da caracterização de determinadas despesas como insumo para fins de creditamento de PIS e Cofins. Em fevereiro de 2018, o STJ definiu, em sede de recurso repetitivo, o conceito de insumo previsto no art. 3º, inciso II, das Leis n. 10.637/2002 e n. 10.833/2003, quando do julgamento do Recurso Especial (REsp) n. 1.221.170/PR.[12] A publicação do acórdão ocorreu em 24 de abril de 2018, também sendo alvo de embargos declaratórios, posteriormente rejeitados pelo STJ. Ainda na pendência do trânsito em julgado do acórdão, o CARF já observava a conclusão adotada no referido recurso repetitivo.

Quadro 2 – Panorama da jurisprudência

Acórdão	Aplicou a repercussão geral?	Justificativa pela aplicação ou não	Trechos do voto vencedor
CARF, n. 3402-005.289, 24 maio 2018, 2ª Turma Ordinária da 4ª Câmara	Sim	Aplicação do recurso repetitivo antes do trânsito em julgado.	"Se faz necessário trazer a baila que esta matéria restou pacificada no STJ, com o julgamento no Recurso Repetitivo nº 1.221.170/PR, concluso, com a seguinte interpretação: 'O conceito de insumo deve ser aferido à luz dos critérios de essencialidade ou relevância, vale dizer, considerandose a imprescindibilidade ou a importância de determinado item, bem ou serviço para o desenvolvimento da atividade econômica desempenhada pelo contribuinte'."

(continua)

---

12 "[...] o conceito de insumo deve ser aferido à luz dos critérios de essencialidade ou relevância, ou seja, considerando-se a imprescindibilidade ou a importância de terminado item – bem ou serviço – para o desenvolvimento da atividade econômica desempenhada pelo Contribuinte".

Quadro 2 – Panorama da jurisprudência (*continuação*)

Acórdão	Aplicou a repercussão geral?	Justificativa pela aplicação ou não	Trechos do voto vencedor
CSRF, n. 9303-007.105, 11 jul. 2018, 3ª Turma	Sim	Aplicação do recurso repetitivo antes do trânsito em julgado.	"Ainda, no âmbito do Superior Tribunal de Justiça, o tema foi recentemente julgado pela sistemática dos recursos repetitivos nos autos do recurso especial nº 1.221.170PR, no sentido de reconhecer a ilegalidade das Instruções Normativas SRF nºs 247/2002 e 404/2004 e aplicação de critério da essencialidade ou relevância para o processo produtivo na conceituação de insumo para os créditos de PIS e COFINS no regime nãocumulativo. Até a presente data da sessão de julgamento desse **processo não houve o trânsito em julgado do acórdão do recurso especial nº 1.221.170PR pela sistemática dos recursos repetitivos, pois pendente de julgamento de embargos de declaração interpostos pela Fazenda Nacional**. Fazse a ressalva do entendimento desta Conselheira, que não é o da maioria do Colegiado, que conforme previsão contida no art. 62, §2º do RICARF aprovado pela Portaria MF nº 343/2015, os conselheiros já estão obrigados a reproduzir referida decisão" (grifos nossos).
CARF, n. 3201-004.052, 24 jul. 2018, 1ª Turma Ordinária da 2ª Câmara	Sim	Aplicação do recurso repetitivo antes do trânsito em julgado.	"Com efeito, os dispêndios essenciais à produção geram direito ao crédito, segundo o Resp 1.221.170/PR, decidido em regime de recursos repetitivos (art. 543C do CPC), que estabeleceu o conceito de insumos, no regime da não cumulatividade do Pis e da Cofins, como aqueles que se inserem no contexto da produção de fato, firmouse a representatividade da controvérsia 'com a finalidade de definir o conceito de insumo, tal como empregado nas Lei 10.637/2002 e 10.833/2003, para o efeito de reconhecer (ou não) o direito ao crédito de Pis e Cofins dos valores incorridos na aquisição coisas empregadas na elaboração de produtos, visando à sua aplicação, direta e indireta, no processo de produção respectivo'."

(*continua*)

Quadro 2 – Panorama da jurisprudência (*continuação*)

Acórdão	Aplicou a repercussão geral?	Justificativa pela aplicação ou não	Trechos do voto vencedor
CSRF, n. 9303-007.107, 11 jul. 2018, 3ª Turma	Sim	Aplicação do recurso repetitivo antes do trânsito em julgado.	"[...] em fevereiro de 2018 o STJ, em sede de recurso repetitivo, ao apreciar o REsp 1.221.170, definiu que o conceito de insumo, para fins de constituição de crédito de PIS e de Cofins, deve observar o critério da essencialidade e relevância – considerandose a imprescindibilidade do item para o desenvolvimento da atividade econômica desempenhada pelo sujeito passivo [...]. Nessa linha, o STJ, que apreciou, em sede de repetitivo, o Resp 1.221.170 trouxe, pelas discussões e votos proferidos, o mesmo entendimento já aplicável pelas suas turmas e pelo Conselho Administrativo de Recursos Fiscais. Privilegiando, assim, a segurança jurídica que tanto merece a Fazenda Nacional e o sujeito passivo. Em vista do exposto, em relação aos critérios a serem observados para fins de conceito de insumo, entendo que a Fazenda Nacional não assiste razão ao aplicar a IN 247/02 e a IN 404/02 – consideradas ilegais pelo STJ."

A postura que se espera do CARF é justamente essa: a observância dos precedentes judiciais logo após a publicação do respectivo acórdão. Como bem ponderou o Conselheiro Leonardo Vinícius Toledo de Andrade, "Um órgão administrativo de julgamento não aplicar o decidido em sede de repercussão geral pelo Supremo Tribunal Federal – STF, quando até mesmo o Superior Tribunal de Justiça – STJ já não mais aplica o seu entendimento em sentido diverso, **é verdadeira afronta ao julgado pela mais Alta Corte do país**[13]" (grifos nossos).

4. CONSIDERAÇÕES FINAIS

Está claro que o NCPC tem como um de seus pilares a construção e a manutenção de uma jurisprudência estável, íntegra e coerente. É dever dos órgãos

---

13 CARF. 1ª Turma da 2ª Câmara da 3ª Seção. PAF nº 10530.004513/200811. Acórdão nº 3201-003.725. Data de publicação: 03.07.2018.

jurisdicionais observar os precedentes dos tribunais superiores formados na sistemática de repercussão geral e recurso repetitivo.

Por regular a atuação jurisdicional, o NCPC transcende, pois, os limites do poder judiciário, alcançando a administração pública. E o art. 15 do NCPC não deixa qualquer margem de dúvida quanto à aplicação das regras processuais, dada a aplicação subsidiária e supletiva do NCPC ao processo administrativo tributário.

É dever, pois, da administração pública a uniformização e a estabilização da jurisprudência, observando os precedentes judiciais dos tribunais superiores quando da prolação de suas decisões. Do contrário, se permitirá a existência de decisões conflitantes entre as esferas judicial e administrativa, agravando a insegurança jurídica e colocando os contribuintes em situação de desigualdade, sem contar a enxurrada de novas demandas judiciais a congestionar ainda mais o poder judiciário, na contramão da celeridade e da economia processual, almejadas pela Constituição Federal.

Não se busca a automatização da atividade jurisdicional, mas o estabelecimento de diretrizes a serem observadas pelos julgadores para garantir a segurança jurídica em nosso ordenamento e a preservação da isonomia.

INTERVENÇÃO DO PODER JUDICIÁRIO NO PROCESSO ADMINISTRATIVO TRIBUTÁRIO FEDERAL

Catarina Rodrigues

A partir do lançamento do crédito tributário mediante lavratura de auto de infração, o contribuinte, caso pretenda insurgir-se contra a pretensão fiscal, possui duas vias para fazê-lo: apresentar defesa no âmbito do processo administrativo ou ingressar com medida judicial. Trata-se, conceitualmente, de vias alternativas.

Diante do princípio da inafastabilidade do acesso à justiça, o contribuinte pode, a seu critério, levar de imediato ao poder judiciário a sua insurgência contra o lançamento (podendo também fazê-lo em qualquer momento posterior). No entanto, uma vez feita essa opção, fica automaticamente afastado o exame da matéria na via administrativa, não sendo admissível a concomitância de análises administrativa e judicial sobre o mesmo mérito.

Por outro lado, apesar de haver a possibilidade de iniciar a discussão judicial a qualquer momento, como regra os contribuintes optam por discutir os autos de infração contra eles lavrados primeiramente na esfera administrativa, recorrendo à via judicial apenas quando definitivamente encerrado o processo administrativo com a manutenção do crédito tributário. Uma das principais razões para tal escolha é que, embora não impeça a continuação da incidência de juros, a apresentação de defesa na esfera administrativa por si só acarreta a imediata suspensão da exigibilidade do crédito tributário sem necessidade de realização de depósito ou apresentação de qualquer garantia, impedindo a execução e a cobrança judicial até que seja proferida decisão final no processo.

Além disso, também tem o contribuinte, na via administrativa, a possibilidade de ver o seu caso examinado por julgadores especialmente afeitos à matéria tributária, os quais muitas vezes inclusive atuam com exclusividade nesse campo do direito, aspecto que, para muitos, igualmente justifica a opção por primeiramente buscar uma revisão do tema na esfera administrativa.

A via administrativa enseja a possibilidade de a administração rever os seus próprios atos, confirmando-os ou infirmando-os, representando uma forma de controle de legalidade empreendida pelo próprio ente autuante. Nesse sentido, pode-se até mesmo afirmar que no processo administrativo não se instaura propriamente uma lide, com oposição de partes com interesses diversos; ao contrário, tem-se em tese, no processo administrativo, um interesse comum, compartilhado pelo contribuinte e pela administração, que consiste na busca do estrito cumprimento da lei.

Assim, por meio do processo administrativo a administração buscaria não impingir uma pena ou cobrança ao contribuinte, mas apurar se é efetivamente devido o tributo lançado. Não é por outro motivo que o processo administrativo é regido pelo princípio da verdade material, dentre outros que lhe são específicos. Muito mais que um direito do contribuinte, a aplicação da legislação de forma adequada representa uma obrigação das autoridades fiscais, sendo de interesse não apenas do particular, mas um verdadeiro interesse público.

Por conta dessas razões, os contribuintes usualmente preferem tentar cancelar o lançamento no curso do processo administrativo até o seu esgotamento, para somente então enfrentar a discussão do tributo na via judicial. Assim, ordinariamente, as vias administrativa e judicial costumam ser temporalmente sucessivas, sem existência concomitante.

Nada obstante, apesar de, como regra, o mérito em si do lançamento tributário ser objeto de análise exclusiva e sucessiva por cada uma dessas instâncias, o que se tem observado é uma intervenção cada vez mais frequente do poder judiciário na tramitação dos processos administrativos, especialmente na esfera federal. Em diversas circunstâncias, os contribuintes têm recorrido ao poder judiciário por conta de aspectos processuais, que terminam por impactar o resultado dos julgamentos proferidos nos processos administrativos tributários.

Na esfera federal, isso tem ocorrido especialmente no âmbito do Conselho Administrativo de Recursos Fiscais (CARF), mas o fenômeno também se verifica quando o processo ainda tramita em primeira instância. No mais das vezes, o que tem sido buscado pelos contribuintes junto ao poder judiciário é assegurar, de forma plena, o exercício do seu direito à ampla defesa e ao contraditório no âmbito do processo administrativo.

Ademais, tais contribuintes também têm pleiteado junto ao judiciário o respeito ao devido processo legal, o qual é – ou deveria ser – um dos princípios norteadores do processo administrativo. Brevemente, em uma de suas diversas dimensões, tal princípio estabelece que todos os atos realizados no curso do processo administrativo devem estar em consonância com a lei que os regula. Ora, o que ocorre é que, ao atuarem no processo administrativo, alguns agentes fiscais, bem como julgadores das Delegacias Regionais de Julgamento ou do CARF, agem com inobservância das regras legais, o que faz com que os contribuintes precisem recorrer ao poder judiciário para ver sanadas as eventuais irregularidades verificadas.

Nesse sentido, é importante relembrar que o processo administrativo fiscal federal é essencialmente regulado pelo Decreto n. 70.235, de 1972, o qual foi recepcionado com *status* de lei pela ordem instaurada com a Constituição Federal de 1988. Entretanto, muitas vezes normas de caráter infralegal, como Instruções Normativas ou Portarias, introduzem novas regras sem qualquer embasamento em lei, disciplinando atos a serem exercidos no âmbito do processo administrativo, o que suscita discussões acerca de sua validade, especialmente quando prejudicam os direitos de ampla defesa e contraditório.

Em relação a atos praticados em processos administrativos no âmbito das Delegacias Regionais de Fiscalização e mesmo das Delegacias Regionais de Julgamento, um dos temas mais comuns que tem sido levado à apreciação do poder judiciário é o da não aceitação de defesas e recursos, sob alegação de intempestividade, especialmente nos casos em que há intimação por edital. Muitas vezes, tal intimação é feita de modo irregular, e, quando finalmente toma ciência acerca do débito, o contribuinte vê-se impossibilitado de se defender na via administrativa, por conta da suposta intempestividade, sendo usualmente rechaçadas as demonstrações e as comprovações realizadas pelo autuado. Nestes casos, resta-lhe recorrer ao poder judiciário a fim de demonstrar a irregularidade da intimação, para que tenha então reconhecido o seu direito de apresentar defesa na esfera administrativa.

Igualmente, no âmbito das Delegacias Regionais de Julgamento, decisões que indeferem a realização de perícia solicitada pelo contribuinte, quando não estão adequadamente fundamentadas, também são passíveis de questionamento na via judicial, de forma incidental. Nesses casos, requer-se a intervenção pontual e cirúrgica do judiciário não quanto ao tema de mérito, mas apenas em relação ao específico aspecto instrumental, de forma a garantir o pleno exercício dos direitos de defesa e contraditório.

Ainda acerca de atos praticados no âmbito das Delegacias Regionais de Julgamento, durante muito tempo os contribuintes também buscaram, judicialmente, o reconhecimento do direito à realização de sustentação oral e acompanhamento presencial das sessões de julgamento, embasados nos já mencionados princípios da ampla defesa e do contraditório, bem como nos princípios da publicidade e da transparência. Até mesmo a Ordem dos Advogados do Brasil (OAB) buscou proteção nesse sentido, ingressando com Mandado de Segurança Coletivo no Rio de Janeiro e chegando a obter decisão favorável. Nada obstante, os pleitos dessa natureza têm sido menos frequentes e tido menor aceitação no poder judiciário.

Outro assunto examinado pelo poder judiciário, porém igualmente sem acolhida, foi a questão do recebimento do chamado bônus de eficiência e produtividade por agentes fiscais, de forma atrelada a lançamentos tributários. Segundo alegado pelos contribuintes, tal recebimento afetaria a imparcialidade dos integrantes do fisco ao atuarem como julgadores em processos administrativos tributários. No entanto, em julgamento de Incidente de Resolução de Demandas Repetitivas (IRDR) relativo à matéria, apreciado pelo Tribunal Regional Federal (TRF) da 1ª Região, tal alegação dos contribuintes não prevaleceu.

Outro aspecto também questionado judicialmente pelos contribuintes refere-se às situações em que há ausência, por parte do órgão julgador, de análise de alguma das alegações trazidas na defesa administrativamente apresentada. Em tais casos, o contribuinte busca assegurar o seu direito a ver enfrentados todos os argumentos de defesa suscitados que possam ocasionar o cancelamento ou redução da cobrança.

De todos os temas levados ao judiciário até o momento envolvendo aspectos do processo administrativo tributário, certamente aquele que suscitou maiores debates e mais veemente engajamento por parte dos contribuintes foi o questionamento acerca do voto de qualidade em julgamentos realizados no âmbito do CARF, resultantes na manutenção da autuação. Com base em diversos argumentos (princípio da presunção da inocência, desrespeito à imparcialidade e paridade, dentre outros), os contribuintes vinham pleiteando ao poder judiciário o cancelamento de débitos mantidos pelo CARF por voto de qualidade, ou a anulação dessas decisões, com novo julgamento. Em muitos casos, pedidos dessa natureza vinham sendo acolhidos pelo judiciário. Todavia, neste ano de 2019 o Ministro Luiz Fux, do Supremo Tribunal Federal (STF) proferiu liminar legitimando o resultado de decisões proferidas com base em voto de qualidade.

Um tema mais recente, mas extremamente relevante que vem sendo discutido pelos contribuintes junto ao poder judiciário é a questão da análise de admissibilidade de recursos especiais contra decisões proferidas pelas turmas do CARF, dirigidos à Câmara Superior de Recursos Fiscais (CSRF), interpostos tanto pelos contribuintes quanto pela Fazenda Nacional.

De acordo com o art. 37, § 2º, inciso II, do Decreto n. 70.235/1972, no processo administrativo tributário federal é possível interpor recurso especial contra "decisão que der à lei tributária interpretação divergente da que lhe tenha dado outra Câmara, turma de Câmara, turma especial ou a própria Câmara Superior de Recursos Fiscais", o que deve ser demonstrado por meio da apresentação de paradigmas, conforme regulação infralegal. Existem, contudo, amplas discussões nos casos concretos a respeito do que seria dar à lei tributária "interpretação divergente", e até mesmo acerca da aplicação da exigência relativa a "outra" Câmara, turma de Câmara ou turma especial.

Nesse sentido, um dos aspectos fundamentais da análise sobre haver ou não interpretação divergente acerca de uma determinada lei refere-se à questão da chamada similitude fática. Em geral, entende-se que somente é possível aventar se houve ou não interpretação divergente quando a mesma regra legal tiver sido aplicada a casos similares. Isso porque, em situações fáticas que sejam essencialmente distintas, não seria possível verificar se o resultado de um determinado julgamento realmente decorreu de uma interpretação divergente da lei, ou se derivou da circunstância de a situação fática ser diversa.

Assim, a verificação a respeito da similitude fática entre o caso submetido a recurso especial e o caso utilizado como paradigma tornou-se condição imprescindível na análise da existência ou não de intepretação divergente de lei e, consequentemente, na decisão acerca da admissibilidade do recurso apresentado.

Nesse mesmo contexto, a expressão "lei tributária" também tem suscitado debates. Discute-se desde a questão de tal termo englobar ou não outras normas que não sejam uma lei *stricto sensu* até outros aspectos mais complexos, por exemplo, se o acórdão utilizado como paradigma deve ter necessariamente analisado o mesmo diploma legal, ou se pode ser usado como paradigma acórdão que tenha examinado diploma legal diverso, mas que contenha dispositivo idêntico ou similar ao da lei questionada. Um debate clássico é aquele a respeito de um paradigma envolvendo o fato gerador de Contribuições de Intervenção no Domínio Econômico (CIDE) poder ser usado para um caso de Imposto de Renda Retido na Fonte (IRRF) sobre remessas ao exterior, ou vice-versa.

Ademais, também há discussões a respeito da legalidade de regras sobre admissibilidade de recurso especial instituídas pelo Regimento Interno do CARF – o qual é baixado por Portaria do Ministério da Fazenda (MF) – quando não tiverem correspondência em lei. Exemplificativamente, o art. 67 da Portaria MF n. 343/2015 estabeleceu, sem base legal, que, para efeito da verificação da referida admissibilidade, seria considerado que "todas as Turmas e Câmaras dos Conselhos de Contribuintes ou do CARF são distintas das Turmas e Câmaras instituídas a partir do presente Regimento Interno", suscitando divergências de entendimento a respeito de sua validade.

Diante de todos esses aspectos, o que se tem visto, de um lado, é que em diversas situações têm sido admitidos recursos especiais apresentados pela Fazenda Nacional sem que, no entender do contribuinte, tenham sido devidamente atendidos os requisitos legais aplicáveis. Por outro lado, também há casos em que são indevidamente inadmitidos recursos especiais apresentados pelo contribuinte, por suposta ausência de atendimento das condições legalmente previstas.

Em ambas as situações, os contribuintes têm recorrido ao poder judiciário, tanto a fim de ver reconhecido o seu direito à interposição de recurso especial, como a fim de ver reconhecido o seu direito à não interposição de recurso especial pela Fazenda Nacional, conforme o caso, sempre com base nos princípios do contraditório, da ampla defesa e, especialmente, do devido processo legal. Tem-se, nesses casos, uma situação bastante peculiar, pois, mesmo sem fazer um julgamento acerca do mérito em si, o órgão julgador integrante do poder judiciário tem de fazer uma análise que envolve certos elementos relativos ao conteúdo do lançamento, a fim de cotejar o caso concreto com o paradigma trazido aos autos do processo administrativo.

Com efeito, em situações dessa natureza não se tem uma análise apenas de aspectos formais do processo (tempestividade, possibilidade de realizar sustentação oral etc.), mas um exame de questão processual (admissibilidade ou não de determinado recurso), que muitas vezes envolve avaliação e interpretação sobre o próprio fato gerador tributário (a fim de verificar, por exemplo, se houve ou não similitude fática entre o caso apresentado e o paradigma), o que de certo modo subverte a lógica de estanque segregação entre via administrativa e via judicial.

Nos casos a respeito da admissibilidade de recursos especiais interpostos no âmbito do CARF levados ao poder judiciário, até o momento, há tanto decisões favoráveis ao contribuinte como decisões desfavoráveis. No Mandado de Segurança n. 1005439-62.2018.4.01.3400, por exemplo, após análise dos elementos referidos anteriormente, o juiz indeferiu o pedido de liminar, decidindo que nos arestos paradigmas discutiu-se situação que se identifica com a da ora impetrante, e é sempre bom lembrar que se busca a similitude entre os casos, não a identidade. Vejo, assim, justificativa plausível para a decisão administrativa, já que demonstrada a existência de manifestações divergentes no particular do próprio CARF, a ensejar o cabimento e apreciação pela instância especial das razões recursais.

Já no Mandado de Segurança n. 1016893-73.2017.4.01.3400, o juiz proferiu decisão favorável ao contribuinte, entendendo que as regras contidas no Regimento Interno do CARF a respeito de certos critérios para admissibilidade de recurso especial eram ilegais por extrapolar o Decreto n. 70.235/1972 e que, portanto, deveria ser proferida nova decisão acerca da admissão do recurso interposto pela Fazenda Nacional, com estrita observância do referido Decreto n. 70.235/1972. Da mesma forma, no Mandado de Segurança n. 1017987-56.2017.4.01. 3400 também foi proferida, em sede de liminar, decisão favorável ao contribuinte, no sentido de que deveria ser considerado inadmissível recurso especial interposto pela Fazenda Nacional por ausência de similitude entre o caso objeto do paradigma apresentado e a situação sob julgamento (porém, tal liminar veio a ser posteriormente suspensa).

Vale mencionar que, antes de ingressar com medida judicial, normalmente os contribuintes costumam esgotar todas as alternativas processuais de que dispõem para assegurar seus direitos na própria via administrativa, interpondo agravos ou embargos de declaração, sempre que cabíveis. No entanto, quando não mais restam opções dessa natureza, há então o apelo ao judiciário, pois os contribuintes não querem abrir mão do seu direito de continuar discutindo o débito lançado na via administrativa até a última instância, com os benefícios a ela inerentes (especialmente a suspensão do crédito tributário sem apresentação de garantia).

Com efeito, como se sabe, tem crescido de forma exponencial o número de autuações tendo por objeto débitos tributários em valores de altíssima monta, chegando, em algumas situações, a bilhões de reais. Nesses casos, a realização de depósito do valor integral do débito é vista como inviável pelas diversas empresas que atuam no país, e a apresentação de outras garantias também enseja um ônus excessivo. Nesse cenário, torna-se ainda mais precioso para o contribuinte o seu direito de discutir o débito na esfera administrativa, ainda com suspensão de sua exigibilidade, da forma mais ampla possível, devendo-lhe ser assegurado de forma plena e irrestrita o exercício do direito de defesa e do contraditório.

Em vista das restrições a esse direito, por vezes abusivas e mesmo ilegais, com que se defronta o contribuinte, apenas lhe resta recorrer ao poder judiciário. No entanto, essa judicialização da discussão administrativa, apesar de necessária no cenário atual, apenas aumenta ainda mais, e de modo totalmente desnecessário, o volume de processos no judiciário, acarretando gastos públicos dispensáveis.

Assim, deve ser reavaliada a forma de agir e decidir dos agentes públicos que atuam nas diversas instâncias do contencioso administrativo tributário, de modo a permitir o exercício da livre e ampla defesa por parte dos contribuintes, sem que, para tanto, seja necessário recorrer ao poder judiciário. Tal medida, que se faz premente, tornaria o processo administrativo mais célere e eficiente e geraria economia nos gastos públicos, sendo, portanto, de interesse geral.

ATRIBUIÇÃO DA RESPONSABILIDADE A TERCEIROS NO PROCESSO ADMINISTRATIVO TRIBUTÁRIO

Luiza Lacerda

1. INTRODUÇÃO

Em princípio, o sujeito passivo da obrigação tributária é o respectivo contribuinte, uma vez que ele é a parte (pessoa física ou jurídica) que tem relação pessoal e direta com a situação que dá origem ao fato gerador da obrigação tributária (art. 121, § 1º, inciso I, do Código Tributário Nacional – CTN).[1] No entanto, a lei pode atribuir a responsabilidade pelo crédito tributário a um terceiro vinculado ao fato gerador do tributo (art. 121, parágrafo único, inciso II,[2] e 128[3] do CTN).

---

1 "Art. 121. Sujeito passivo da obrigação principal é a pessoa obrigada ao pagamento de tributo ou penalidade pecuniária. Parágrafo único. O sujeito passivo da obrigação principal diz-se: I – contribuinte, quando tenha relação pessoal e direta com a situação que constitua o respectivo fato gerador [...]."

2 "Art. 121. Sujeito passivo da obrigação principal é a pessoa obrigada ao pagamento de tributo ou penalidade pecuniária. Parágrafo único. O sujeito passivo da obrigação principal diz-se: [...] II – responsável, quando, sem revestir a condição de contribuinte, sua obrigação decorra de disposição expressa de lei [...]."

3 "Art. 128. Sem prejuízo do disposto neste capítulo, a lei pode atribuir de modo expresso a responsabilidade pelo crédito tributário a terceira pessoa, vinculada ao fato gerador da respectiva obrigação, excluindo a responsabilidade do contribuinte ou atribuindo-a a este em caráter supletivo do cumprimento total ou parcial da referida obrigação."

O objetivo deste trabalho é a análise da atribuição de responsabilidade tributária a terceiros no curso do processo administrativo tributário. De fato, a responsabilidade tributária de terceiros vem sendo muito debatida, especialmente pelo incremento da utilização do instituto pelas autoridades administrativas.

O que vínhamos observando até meados de 2010 era a predominância da responsabilização de terceiros na fase de cobrança de débitos constituídos contra o devedor principal. Essa prática foi especialmente comum em relação às contribuições previdenciárias, cujas certidões de dívida ativa já incluíam os administradores como corresponsáveis pelo adimplemento dos débitos, com base na responsabilidade solidária então prevista no art. 13 da Lei n. 8.620/1993.[4] Nesses casos, as execuções fiscais eram propostas diretamente contra a pessoa jurídica e seus administradores, sem que estes tivessem participado do processo administrativo de constituição do crédito tributário.

Também se observava com frequência o redirecionamento de cobranças promovidas de forma unilateral pelo credor, mediante a mera substituição da certidão da dívida ativa com a inclusão de terceiros como codevedores. Em boa hora, práticas como essas, de redirecionamento unilateral da cobrança de tributos a terceiros que não figuravam como sujeitos passivos nos lançamentos dos débitos, foram afastadas pela jurisprudência.

Além da declaração da inconstitucionalidade do art. 13 da Lei n. 8.620/1993 pelo Supremo Tribunal Federal (STF),[5] o Superior Tribunal de Justiça (STJ) acabou por pacificar o entendimento de que não se pode incluir na certidão da dívida ativa partes que não figuraram como sujeitos passivos no processo administrativo de constituição do crédito tributário,[6] tampouco

---

4 "Art. 13. O titular da firma individual e os sócios das empresas por cotas de responsabilidade limitada respondem solidariamente, com seus bens pessoais, pelos débitos junto à Seguridade Social. Parágrafo único. Os acionistas controladores, os administradores, os gerentes e os diretores respondem solidariamente e subsidiariamente, com seus bens pessoais, quanto ao inadimplemento das obrigações para com a Seguridade Social, por dolo ou culpa."

5 RE n. 562276, Rel. Min. Ellen Gracie, Tribunal Pleno, julgado em: 3 nov. 2010.

6 "Independentemente de a lei contemplar mais de um responsável pelo adimplemento de uma mesma obrigação tributária, cabe ao fisco, no ato de lançamento, identificar contra qual(is) sujeito(s) passivo(s) ele promoverá a cobrança do tributo, nos termos do art. 121 combinado com o art. 142, ambos do CTN, garantindo-se, assim, ao(s) devedor(es) imputado(s) o direito à apresentação de defesa administrativa contra a constituição do crédito. Por essa razão, não é permitido substituir a CDA para alterar o polo passivo da execução contra quem não foi dada oportunidade de impugnar o lançamento, sob pena de violação aos princípios do devido processo legal, do contraditório e da

se substituir a certidão da dívida ativa unilateralmente para a inclusão de terceiros responsáveis.[7]

Também relevante para o tema é o acórdão proferido pela 2ª Turma do STF no julgamento do Agravo Regimental (AgRg) no Recuso Extraordinário (RE) n. 608.426-PR, de 4 de outubro de 2011, em que se reconhece a necessidade de observância dos princípios do contraditório e da ampla defesa na "constituição do crédito tributário em desfavor de qualquer espécie de sujeito passivo, irrelevante sua nomenclatura legal (contribuintes, responsáveis, substitutos, devedores solidários etc.)". Naquele caso, embora a corte tenha entendido pela validade da cobrança contra o terceiro, afirmou-se ser errado concluir pela possibilidade de "redirecionar ao responsável tributário a ação de execução fiscal, independentemente de ele ter figurado no processo administrativo ou da inserção de seu nome da certidão da dívida ativa".[8]

Esse entendimento vem sendo reforçado por acórdãos posteriores do STJ, que destacam que a certidão da dívida ativa deve refletir o ato de lançamento do crédito tributário. Segundo o entendimento que vem sendo manifestado pelo STJ em diversas oportunidades, cabe ao fisco, no ato do lançamento, identificar contra quais sujeitos passivos ele promoverá a cobrança do tributo, garantindo aos devedores imputados o direito de apresentação de defesa administrativa, participando do procedimento de constituição do crédito.[9]

Esses precedentes impõem ao fisco uma inegável dificuldade em imputar a responsabilidade de terceiro mediante o redirecionamento da cobrança na fase executiva.

Com efeito, seguindo-se os preceitos que vêm sendo reconhecidos pela jurisprudência, nos parece plausível que o redirecionamento da cobrança judicial deveria ser limitado às hipóteses em que a responsabilidade do terceiro decorre de fator posterior ao fato gerador do débito. Isso porque, caso a responsabilidade fosse

---

ampla defesa, também assegurados constitucionalmente perante a instância administrativa" (trecho da ementa do acórdão prolatado no EREsp n. 1115649/SP, 1ª Seção, julgado em: 8 nov. 2010).

7   Súmula n. 392, STJ, julgado em: 7 out. 2009: "A Fazenda Pública pode substituir a certidão de dívida ativa (CDA) até a prolação da sentença de embargos, quando se tratar de correção de erro material ou formal, vedada a modificação do sujeito passivo da execução".

8   RE n. 608426 AgR, Rel. Min. Joaquim Barbosa, 2ª Turma, julgado em: 4 out. 2011.

9   AgInt no REsp n. 1763912/PE, Rel. Min. Napoleão Nunes Maia Filho, 1ª Turma, julgado em: 12 fev. 2019; REsp n. 1682451/SP, Rel. Min. Og Fernandes, 2ª Turma, julgado em: 19 abr. 2018; AgInt no REsp n. 1671117/SP, Rel. Min. Og Fernandes, 2ª Turma, julgado em: 5 abr. 2018; REsp n. 1689791/SP, Rel. Min. Og Fernandes, 2ª Turma, julgado em: 3 abr. 2018; EREsp n. 1115649/SP, Rel. Min. Benedito Gonçalves, 1ª Seção, julgado em: 27 out. 2010.

concomitante ao fato gerador, caberia ao fisco identificar os sujeitos passivos por responsabilidade na ocasião do lançamento, em respeito ao disposto no art. 142 do CTN e aos princípios da ampla defesa e do contraditório.

E é justamente essa a tendência que temos verificado atualmente: o fisco buscando identificar eventuais responsáveis no curso do processo administrativo, de modo a viabilizar a inscrição do crédito tributário em dívida ativa em face da maior gama possível de sujeitos passivos. Exemplo disso é a recente Instrução Normativa (IN) da Receita Federal do Brasil (RFB) n. 1.862, de 27 de dezembro de 2018, editada para regular a atribuição de responsabilidade no âmbito do processo administrativo tributário federal.

Nesse contexto, cabe-nos avaliar as limitações à atribuição de responsabilidade a terceiros no processo administrativo, especialmente à luz da citada IN RFB n. 1.862/2018.

2. ASPECTOS FUNDAMENTAIS DO PROCEDIMENTO DE IMPUTAÇÃO DA RESPONSABILIDADE TRIBUTÁRIA

Como dito, a jurisprudência judicial vem reconhecendo o descabimento do redirecionamento da cobrança do crédito tributário a terceiros que não participaram do respectivo procedimento de constituição, tendo vista que a identificação do sujeito passivo é ato intrínseco ao lançamento. Tal entendimento está em conformidade com as seguintes premissas: (i) a identificação do sujeito passivo por responsabilidade é intrínseca ao lançamento do crédito tributário, (ii) o qual é perfectibilizado mediante a notificação do autuado, (iii) sendo passível de alteração apenas nas restritas hipóteses previstas na lei, (iv) assegurando-se sempre a participação do administrado no procedimento de constituição do crédito mediante o exercício do amplo direito de defesa na esfera administrativa.

Passaremos então a analisar detidamente os fundamentos das premissas citadas para delimitar o cabimento da imputação de responsabilidade a terceiros no processo administrativo tributário.

Segundo o art. 142 do CTN, o lançamento do crédito tributário é o ato pelo qual a autoridade administrativa verifica a ocorrência do fato gerador da obrigação, determina a matéria tributável, calcula o montante do tributo devido, **identifica o sujeito passivo** e, sendo o caso, propõe a aplicação de penalidade cabível. O referido artigo é claro e não deixa margem para dúvidas: cabe privativamente à autoridade administrativa, por ocasião do lançamento, identificar o sujeito passivo da obrigação tributária.

Por outro lado, conforme disposto no parágrafo único do art. 121 do CTN, o responsável é uma das espécies de sujeito passivo do crédito tributário. Assim, é dever da autoridade administrativa identificar o sujeito passivo do crédito tributário – isto é, aquele que responderá pelo adimplemento da obrigação pecuniária – no lançamento, qualquer que seja o enquadramento do autuado como tal (contribuinte ou responsável a qualquer título). A identificação do responsável como sujeito passivo do crédito tributário é uma atividade privativa da autoridade administrativa e intrínseca ao ato do lançamento.

Por sua vez, segundo o art. 145 do CTN, o lançamento é perfectibilizado pela notificação ao sujeito passivo, a partir de quando só pode ser alterado em virtude de impugnação, recurso de ofício ou revisão do ato pelas autoridades, exclusivamente nos casos previstos no art. 149 do CTN e desde que dentro do prazo decadencial.[10]

Dito isso, é possível concluir que, nas hipóteses em que as autoridades administrativas identificarem o cabimento da imputação de responsabilidade a terceiros, por circunstâncias contemporâneas ao fato gerador e/ou precedentes ao procedimento de lançamento, devem enquadrá-los como sujeito passivo no auto de infração e notificá-los do ato para o aperfeiçoamento do lançamento.

Há de se lembrar que, por ocasião da fiscalização, cabe à autoridade administrativa investigar a situação e comprovar a legitimidade do sujeito passivo para figurar como parte autuada. Lançado o crédito tributário, mediante a notificação do(s) sujeito(s) passivo(s) eleito(s) pela autoridade fiscal, não cabe a modificação do ato para a inclusão de outros potenciais responsáveis, exceto se configuradas as hipóteses de revisão do lançamento previstas na lei.

O art. 149 do CTN admite apenas duas hipóteses nas quais é cabível a revisão ou retificação de um lançamento já realizado. Embora tal dispositivo contemple nove incisos, apenas dois seriam aplicáveis à revisão de ofício do lançamento. Isso porque, como bem pontua o saudoso jurista Alberto Xavier,[11] o dispositivo "se refere simultaneamente a duas situações jurídicas distintas: a definição dos casos em que o ato primário de lançamento pode ser praticado de ofício e a definição

---

10 O respeito ao prazo decadência refere-se apenas aos casos em que a revisão importar no agravamento do lançamento, já que o prazo decadencial se refere ao exercício do direito potestativo do fisco de constituir o seu crédito. O prazo decadencial não se aplica, portanto, à revisão do lançamento para o cancelamento total ou parcial do crédito tributário.
11 XAVIER, Alberto. *Do Lançamento no Direito Tributário Brasileiro*. 3. ed. Rio de Janeiro: Forense, 2005. p. 241.

dos casos em que o ato primário de lançamento, uma vez praticado, pode ser revisto por um ato secundário da Administração, praticado no exercício do poder administrativo de lançar".

Essa conclusão decorre da expressão do *caput* do art. 149, segundo o qual "o lançamento é efetuado e revisto de ofício nos seguintes casos" (grifo nosso). Dentre as hipóteses previstas no art. 149 do CTN, apenas aquelas referidas nos incisos VIII e IX tratam da revisão ou retificação de um **lançamento anterior**.[12]

Em uma análise mais elástica, seria possível também admitir a revisão do lançamento "quando a lei assim o determine" (art. 149, inciso I, do CTN). Nesse caso, por tratar de norma geral sobre o lançamento do crédito tributário, a hipótese deveria ser veiculada em lei complementar. Na ausência de outra disposição em lei complementar sobre o tema, os casos de revisão do lançamento ficam limitados aos incisos VIII e IX do art. 149 do CTN.

A restrição às hipóteses de revisão de lançamento já foi analisada pela RFB no âmbito do Parecer Normativo (PN) da Coordenação Geral da Tributação (Cosit) n. 8, de 3 de setembro de 2014, no qual concluiu-se que "as hipóteses de revisão de ofício do lançamento são aquelas fixadas nos incisos I, VIII e IX do art. 149 do CTN". Desse modo, conjugando-se o disposto nos citados artigos do CTN, somente é admitida a revisão de um lançamento já realizado quando:

i. deva ser apreciado fato não conhecido ou não provado por ocasião do lançamento anterior; ou

ii. comprovada fraude ou falta funcional da autoridade que o efetuou, ou omissão, pela mesma autoridade, de ato ou formalidade especial.

Em outras palavras, caberia a revisão do lançamento nas hipóteses de fraude, vício formal ou erro de fato. Essa última é a mais sensível das hipóteses, quando se trata da possibilidade de revisão do lançamento para a atribuição de responsabilidade a um terceiro.

Cabe aqui analisar o que seria o fato não conhecido ou não provado a justificar o lançamento suplementar. Em observância aos princípios inerentes ao direito

---

12 "Art. 149. O lançamento é efetuado e revisto de ofício pela autoridade administrativa nos seguintes casos:
[...] VIII – quando deva ser apreciado fato não conhecido ou não provado por ocasião do **lançamento anterior**; IV – quando se comprove que, **no lançamento anterior**, ocorreu fraude ou falta funcional da autoridade que o efetuou, ou omissão, pela mesma autoridade, de ato ou formalidade especial" (grifos nossos).

tributário,[13] deve-se limitar a interpretação dessa hipótese às situações em que as autoridades administrativas não poderiam ter tido conhecimento dos fatos que justificavam a responsabilidade do terceiro por culpa do dever de colaboração do contribuinte, ou por inexistência de meios de prova à época.

Tendo a administração amplos poderes e deveres de investigação na atividade de fiscalização, nos parece inadmissível que as autoridades administrativas se valham da própria desídia na busca dos fatos para justificar a revisão de um lançamento em desfavor do administrado. Nesse sentido, Alberto Xavier[14] destaca com precisão que: "Relacionando-se o dever de investigação no procedimento administrativo de lançamento com os limites em que atua a abstração gerada pelo lançamento, conclui-se que esta é definida, não pela prova efetivamente produzida, mas pela **prova devida**" (grifos nossos). Em outras palavras, os limites objetivos da preclusão do ato administrativo de lançamento do crédito estão vinculados aos fatos sobre os quais a administração deveria ter (ou poderia ter tido) conhecimento em virtude do procedimento de fiscalização.

Se o fiscalizado forneceu todas as informações solicitadas, não tendo omitido voluntariamente fatos ou documentos solicitados, há de se concluir que as autoridades administrativas atribuíram às circunstâncias uma determinada valoração jurídica. Eventual falha na valoração jurídica das circunstâncias analisadas não autoriza a revisão do lançamento.

Portanto, nos parece que a leitura conjunta dos art. 121, 128, 142, 145 e 149 do CTN leva à conclusão de que, uma vez efetuado o lançamento, a inclusão de novo sujeito passivo está limitada às hipóteses em que é admitida a revisão do lançamento. Desse modo, o redirecionamento da cobrança do crédito lançado contra a pessoa jurídica a terceiro somente é possível em caso de constatação de fraude ou vício formal no lançamento, ou quando a responsabilidade decorrer de fato sobre o qual a autoridade administrativa não poderia ter tido conhecimento à época.

Descabe, pois, a revisão do lançamento para a imputação posterior de responsabilidade a terceiro com fundamento em fatos anteriores ao lançamento que poderiam ter sido verificados e investigados pelas autoridades administrativas à época.

Essa questão foi objeto de recente julgado da 1ª Turma do STJ, relatado pelo Ministro Gurgel de Faria, objeto do Recurso Especial (REsp) n. 1.775.269-PR.

---

13 Notadamente, os princípios da segurança jurídica e da proteção ao direito de propriedade do administrado.
14 XAVIER, Alberto. *Do Lançamento no Direito Tributário Brasileiro*. 3. ed. Rio de Janeiro: Forense, 2005. p. 283.

Naquela ocasião, o ministro relator destacou que a atribuição de responsabilidade solidária a outra empresa do grupo econômico com fundamento no suposto interesse comum no fato imponível deve ser realizada pelo fisco no lançamento do crédito tributário. Com isso, o ministro concluiu que não caberia o redirecionamento da cobrança do crédito com fundamento na responsabilidade solidária. Na ocasião, o ministro ressalvou que o redirecionamento do ato de cobrança com fundamento nas hipóteses de responsabilidade somente seria possível nas hipóteses dos art. 134 e 135 do CTN, na medida em que tais dispositivos permitiriam a cobrança do crédito tributário contra **terceiros**.

Com o devido respeito, considerando o disposto nos citados art. 121, 128 e 142 do CTN, segundo os quais o responsável é sujeito passivo e, como tal, deve ser identificado no lançamento, tais dispositivos (art. 134 e 135 do CTN) somente admitiriam o redirecionamento da cobrança do crédito já constituído contra terceiros em decorrência de fatos não conhecidos por ocasião do lançamento. Do contrário, tratando-se de circunstâncias fáticas anteriores, cabe à autoridade administrativa efetuar o lançamento do crédito tributário com a identificação dos terceiros responsáveis como sujeitos passivos autuados.

Em qualquer caso, o sujeito passivo autuado tem direito ao contraditório no procedimento de constituição do crédito tributário, o qual não se esgota no ato do lançamento. A regular constituição do crédito tributário é um procedimento que se inicia com o lançamento e termina após esgotados os recursos na esfera administrativa. Também nesse sentido, a revisão do lançamento que implica o seu agravamento, seja pela majoração do crédito tributário, seja pela inclusão de um novo sujeito passivo, corresponderá a um lançamento suplementar, devendo-se oportunizar às partes o contraditório e a ampla defesa, sob pena de frustrar-se a constituição regular do crédito tributário.

A aplicação dos princípios do contraditório e da ampla defesa ao processo administrativo é uma garantia constitucional do administrado (art. 5º, inciso LV, da Constituição).[15] E a participação do sujeito passivo no processo de formação do crédito tributário assume papel ainda mais relevante se considerarmos que, no

---

15 "Art. 5º. Todos são iguais perante a lei, sem distinção de qualquer natureza, garantindo-se aos brasileiros e aos estrangeiros residentes no País a inviolabilidade do direito à vida, à liberdade, à igualdade, à segurança e à propriedade, nos termos seguintes: [...] LV – aos litigantes, em processo judicial ou administrativo, e aos acusados em geral são assegurados o contraditório e ampla defesa, com os meios e recursos a ela inerentes [...]."

caso dos tributos, o credor tem o poder/dever de lançar unilateralmente seu crédito em face do devedor.

Com efeito, diversamente dos títulos executivos formados na esfera cível, as certidões da dívida ativa não decorrem de um acertamento prévio entre credor e devedor, mas do direito potestativo do credor de efetuar o lançamento do seu crédito. Assim, o exercício do direito de defesa na esfera administrativa mediante a impugnação do lançamento foi a forma encontrada pelo legislador para assegurar a participação do sujeito passivo no procedimento de constituição do crédito tributário.

O direito à defesa administrativa é pressuposto indispensável da validade do título executivo formado para a cobrança do crédito tributário lançado. Sem que seja oferecida a oportunidade de ampla defesa administrativa, tem-se por inválida a certidão da dívida ativa correspondente. Sobre o tema, Mizabel Derzi destaca que "a impugnação ao lançamento ou auto de infração em sede administrativa é suporte básico na formação do título executivo extrajudicial, uma vez que substitui o consenso inexistente entre as partes".[16]

Uma vez notificado do lançamento, o sujeito passivo deverá ter a oportunidade de apresentar todos os recursos cabíveis pelos responsáveis, não apenas quanto ao vínculo de responsabilidade, mas também em relação aos demais aspectos do lançamento. Com efeito, há muito o CARF já reconheceu que o terceiro incluído como sujeito passivo solidário no lançamento do crédito tributário "é chamado a integrar a lide administrativa e, nessa qualidade, tem direito de resistir à pretensão estatal nos próprios autos, por meio de interposição de impugnação, podendo impugnar tanto a imposição de coobrigação quanto a legalidade da imposição fiscal, como qualquer elemento de fato ou de direito constante do auto de infração" (Acórdão n. 1201-000.267, Rel. Regis Magalhaes Soares De Queiroz, julgado em: 20 maio 2010).

A questão é inclusive objeto da Súmula CARF n. 71, consolidada em sessão de 10 de dezembro de 2012: "Todos os arrolados como responsáveis tributários na autuação são parte legítima para impugnar e recorrer acerca da exigência do crédito tributário e do respectivo vínculo de responsabilidade". Tal súmula adquiriu efeito vinculante para toda a administração tributária federal a partir da edição da Portaria do Ministério da Fazenda (MF) n. 277, de 7 de junho de 2018.

---

16 Mizabel Derzi, capítulo "A Imprescindibilidade de prévio procedimento administrativo contencioso à inscrição em dívida ativa", *in* BALEEIRO, Aliomar; DERZI, Misabel. *Direito Tributário Brasileiro – CTN comentado*. 14. ed. Rio de Janeiro: Forense, 2018. p. 1480.

Vedar o exercício do amplo direito de defesa ao sujeito passivo – seja este contribuinte ou responsável – implica fulminar a validade do procedimento de constituição do crédito tributário, caso em que o respectivo título executivo seria absolutamente nulo. Portanto, voltando ao ponto de partida deste item, temos que:

i. o sujeito passivo pode ser o contribuinte ou o responsável pelo adimplemento da obrigação tributária;

ii. a identificação do sujeito passivo é intrínseca ao lançamento do crédito tributário e, como tal, ato privativo da autoridade administrativa;

iii. o lançamento é perfectibilizado mediante a notificação do autuado, a partir de quando é passível de complementação apenas nas restritas hipóteses previstas na lei, inclusive no que se refere à alteração do sujeito passivo eleito;

iv. o exercício do amplo direito de defesa do sujeito passivo na esfera administrativa é requisito de validade do procedimento de constituição do crédito tributário.

3. IN RFB N. 1.862/2018

A RFB acertou ao editar a citada IN RFB n. 1.862/2018 para regular o procedimento de imputação de responsabilidade tributária. A citada IN andou bem ao dispor que cabe ao auditor-fiscal formalizar a imputação de responsabilidade tributária no lançamento de ofício quando identificar a hipótese de pluralidade de sujeitos passivos durante o procedimento fiscal, devidamente fundamentada e comprovada, cabendo a cada autuado a apresentação de defesas próprias (art. 2º a 5º).

Também em consonância com o CTN, os art. 11 a 13 da IN RFB n. 1.862/2018 preveem a possibilidade de lavratura de imputação de responsabilidade após o lançamento caso a hipótese de pluralidade de sujeitos passivos decorra de "fatos novos ou subtraídos ao conhecimento" da autoridade fiscal, cabendo, nesse caso, o pleno exercício do direito de defesa pelo responsável autuado.

No entanto, a referida IN extrapolou a competência regulamentar ao trazer dispositivos que contrariam gravemente as regras gerais estabelecidas pelo CTN quando limitam o direito de defesa dos sujeitos passivos arrolados após a constituição definitiva do crédito tributário na esfera administrativa ou nos casos de confissão do débito pelo contribuinte.

Embora o § 2º do art. 15 seja positivo ao fazer referência cruzada ao art. 11 da mesma IN e restringir a possibilidade de imputação de novo sujeito passivo ao lançamento decorrente de procedimento fiscal nos casos de "fatos novos ou subtraídos ao conhecimento" da autoridade fiscal, nesses casos, o novo sujeito passivo tem seu direito de defesa gravemente reduzido.

Segundo os art. 16 e 17 da IN, o responsável incluído como sujeito passivo após a constituição definitiva do débito somente poderá recorrer do vínculo de responsabilidade, aplicando-se as regras gerais de recurso hierárquico, em que prazo e rito são reduzidos e simplificados. Nesses casos, se mantida a responsabilidade, caberia o aditamento da certidão da dívida ativa para a imputação da responsabilidade ao terceiro autuado.

Tais disposições mitigam o direito à ampla defesa do sujeito passivo por responsabilidade, fulminando a validade do procedimento de constituição do crédito tributário. Ora, se a revisão do lançamento para a inclusão de novo sujeito passivo corresponde a um **lançamento complementar**, a validade deste está indissociavelmente vinculada à observância do devido processo legal aplicável ao ato de lançamento.

O próprio CTN prevê o cabimento de impugnação ao lançamento do crédito tributário na forma da lei. Por sua vez, o Decreto n. 70.235/1972, que regulamenta o processo administrativo tributário federal, estabelece os ritos de exercício de defesa pelo sujeito passivo autuado ou notificado (art. 10 e11). E mais, nos casos em que são posteriormente verificados fatores que levem ao agravamento da imputação inicial, é assegurada ao sujeito passivo a devolução do prazo para a apresentação de sua defesa inicial (art. 18, § 3º).

Portanto, cabe ao sujeito passivo, seja este contribuinte ou responsável, o exercício do seu direito de defesa na forma da legislação tributária federal, devendo-lhe ser oportunizada a apresentação de impugnação a Delegacias Regionais de Julgamento e, se for o caso, recursos ao CARF. E foram exatamente esses fatores que levaram o CARF a editar a Súmula n. 71, que garante aos sujeitos passivos por solidariedade o direito de impugnar e recorrer acerca da exigência do crédito tributário e do respectivo vínculo de responsabilidade.

Deve-se concluir, assim, pela ilegalidade e inconstitucionalidade da IN RFB n. 1.862/2018 na parte em que prevê a possibilidade de atribuição de responsabilidade tributária mitigando o direito de defesa do sujeito passivo. E mais: cabe lembrar que a revisão do lançamento tendente à constituição do crédito tributário deve observar o prazo decadencial.

Segundo o parágrafo único do art. 149 do CTN, "a revisão do lançamento só pode ser iniciada enquanto não extinto o direito da Fazenda Nacional". Trata-se aqui da extinção do direito de constituição do crédito tributário pelo lançamento. A revisão só pode ser realizada enquanto não extinto o direito da Fazenda ao lançamento do seu crédito. Mais uma vez citando brilhante lição de Alberto Xavier,[17] "O prazo de decadência do poder de revisão do lançamento é, pois, o mesmo relativo ao poder de efetuar o lançamento revisado. Por outras palavras: o prazo do reexercício do poder é também o mesmo prazo fixado para o seu exercício originário".

Como já bem pontuado pelo STJ, "a revisão do lançamento tributário, como consectário do poder-dever de autotutela da Administração Tributária, somente pode ser exercido nas hipóteses do artigo 149, do CTN, observado o prazo decadencial para a constituição do crédito tributário" (REsp n. 1130545/RJ, Rel. Min. Luiz Fux, 1ª Seção, julgado em: 9 ago. 2010). Assim, além do limite material à revisão do lançamento para a imputação de responsabilidade a terceiros – o que restou ao menos parcialmente reconhecido na IN RFB n. 1.862/2018, na referência contida em seu art. 11 –, as autoridades devem observar também o limite temporal ao exercício desse ato, coincidente com o prazo decadencial aplicável ao próprio lançamento.

Decorrido o prazo decadencial, não é cabível a retificação do lançamento para a inclusão de terceiros como sujeitos passivos da autuação. Nesses casos, restará eventual direito ao redirecionamento da cobrança do crédito constituído na via judicial, mas não se terá um crédito tributário validamente constituído em face do terceiro, que não poderá figurar como parte legítima na certidão da dívida ativa.

4. CONSIDERAÇÕES FINAIS

Pelo exposto, conclui-se que:

i. O responsável é sujeito passivo da relação tributária e, como tal, deve ser identificado no ato do lançamento, por atividade vinculada exercida pela autoridade administrativa, cabendo-lhe o exercício do direito de ampla defesa, com todos os meios e recursos previstos na legislação que regula o processo administrativo tributário.

ii. Uma vez concretizado o lançamento do crédito tributário, este só pode ser alterado para a inclusão de novo sujeito passivo nas hipóteses de fraude da autoridade administrativa, vício formal ou em decorrência de fato novo que

---

[17] XAVIER, Alberto. Do Lançamento no Direito Tributário Brasileiro. 3. ed. Rio de Janeiro: Forense, 2005, p. 262-263.

não poderia ter sido verificado ou provado à época do lançamento, resguardando-se o direito de ampla defesa do autuado.

iii. Descabe a imputação posterior de responsabilidade a terceiro com fundamento em fatos anteriores ao lançamento que poderiam ter sido verificados e investigados pelas autoridades administrativas à época.

iv. A revisão do lançamento para a inclusão de terceiros só pode ser realizada enquanto não extinto o direito da Fazenda ao lançamento do seu crédito, observando-se o prazo decadencial aplicável.

v. Decorrido o prazo decadencial, não é cabível a inclusão de terceiros como sujeitos passivos da autuação, restando ao fisco eventual direito ao redirecionamento da cobrança do crédito constituído na via judicial, mas obstada a possibilidade de o terceiro figurar como parte legítima na certidão da dívida ativa.

MULTAS QUALIFICADAS E CONDUTA DOLOSA

Roberta de Lima Romano

1. INTRODUÇÃO

De acordo com o art. 44, § 1º, da Lei n. 9.430/1996, combinado com os art. 71, 72 e 73 da Lei n. 4.502/1964, a multa aplicada ao lançamento de ofício será duplicada, de 75% para 150%, nos casos em que for verificado sonegação, fraude ou conluio. Com efeito, a combinação dos artigos descritos aponta que a intenção do legislador é punir severamente o contribuinte que se utilizar de meios ilícitos na tentativa de ocultar a ocorrência do fato gerador ou de algum de seus elementos, resultando no desconhecimento deste por parte do fisco. Trata-se, portanto, de ato fraudulento, contrário à legislação tributária vigente e que, portanto, deve ser punido.

Por sua vez, caracterizar o ato praticado pelo contribuinte como fraudulento implica a necessidade da mais estrita observância à norma tributária, para assim verificar se houve a subsunção do fato à norma ou ainda, em outras palavras, aplicar a norma geral e abstrata de direito tributário ao caso concreto, verificada a hipótese de incidência da norma que aplica a penalidade, perfazendo-se, por sua vez, em norma individual e concreta.

Assim, uma vez identificados fatos que configuram em tese crime contra a ordem tributária, poderá o auditor-fiscal, no exercício de suas atribuições, fazer a representação fiscal para fins penais, nos moldes especificados na Portaria da Receita Federal do Brasil (RFB) n. 1.750, de 2018. A representação fiscal para fins penais será encaminhada ao Ministério Público Federal para promover a ação penal no prazo de 10 dias após a decisão administrativa definitiva.

Na realidade, embora se verifique clara vinculação entre a acusação fiscal de multa qualificada e a *notitia criminis* (por meio da representação fiscal para fins penais), os desdobramentos de cada uma das esferas (administrativa e criminal) são independentes. O Superior Tribunal de Justiça (STJ) tem entendido que, em obediência aos princípios da autonomia e da independência entre as instâncias, as decisões civis ou administrativas, via de regra, não vinculam o exercício da jurisdição penal.

O presente estudo tem como propósito avaliar a legalidade da aplicação da multa qualificada, nos termos do art. 44, § 1º, da Lei n. 9.430/1996, sob a perspectiva de motivação e comprovação da ocorrência de condutada dolosa do contribuinte no caso concreto por parte das autoridades fiscais.

2. TIPICIDADE CERRADA E NECESSIDADE DE COMPROVAÇÃO DA CONDUTA DOLOSA

Para que se possa falar na aplicação do art. 44, § 1º, da Lei n. 9.430/1996, a fiscalização deve comprovar a ocorrência da conduta dolosa. A prova da ocorrência de dolo não pode jamais pautar-se em mera presunção subjetiva, mediante a simples alegação do suposto conhecimento do contribuinte quanto à ilicitude de seus atos. Deve o fisco comprovar, mediante provas efetivas, a conduta dolosa imputada ao contribuinte

Nesse sentido, muito bem destaca Karen Jureidini Dias:[1]

> A prova é o meio de confirmar a relação de correspondência entre um enunciado e um acontecimento fático. **A prova de fraude deve constar de motivação distinta daquela do próprio lançamento**, não obstante poder com aquela relacionar. **Nas hipóteses em que a autoridade administrativa vislumbra a fraude, o termo de verificação fiscal deve conter a motivação do lançamento e, ainda, a motivação da**

---

[1] DIAS, Karen Jureidini. Capítulo IV – A Prova da Fraude In: NEDER, Marcos Vinicius; SANTI, Eurico Marcos Diniz di; FERRAGUT, Maria Rita (coord.). *A prova no processo tributário*. São Paulo: Dialética, 2010. p. 312.

imputação da multa qualificada, a qual tem por pressuposto a conduta fraudulenta.

De plano, nota-se que essa prática constantemente adotada na esfera administrativa encontra claro obstáculo no art. 489 do Código de Processo Civil (CPC), que considera "não fundamentada" qualquer decisão que "se limitar à indicação, à reprodução ou à paráfrase de ato normativo, **sem explicar sua relação com a causa ou a questão decidida**" (inciso I, grifos nossos) e **"empregar conceitos jurídicos indeterminados, sem explicar o motivo concreto de sua incidência no caso"** (inciso II, grifos nossos).

No âmbito do processo administrativo, a aplicação de multa agravada depende da prova inequívoca por parte da autoridade fiscal de existência de conduta dolosa nos atos praticados pelo contribuinte. Uma vez constatada tal prática dolosa, cabe ao fisco motivar a imputação da multa qualificada. Tanto isso é verdade que o Conselho Administrativo de Recursos Fiscais (CARF) editou duas súmulas no sentido de que não se pode falar em presunção quando a acusação tratar de um dos tipos previstos nos art. 71, 72 e 73 da Lei n. 4.502/1964:

> Súmula CARF nº 14: A simples apuração de omissão de receita ou de rendimentos, por si só, não autoriza a qualificação da multa de ofício, **sendo necessária a comprovação do evidente intuito de fraude do sujeito passivo**. (grifos nossos)

> Súmula CARF nº 25: A presunção legal de omissão de receita ou de rendimentos, por si só, não autoriza a qualificação da multa de ofício, sendo **necessária a comprovação de uma das hipóteses dos arts. 71, 72 e 73 da Lei nº 4.502/64**. (grifos nossos)

Além disso, manifestou-se recentemente a Câmara Superior de Recursos Fiscais (CSRF) no sentido de que a aplicação da multa agravada depende de prova inequívoca da conduta dolosa:

> RECURSO ESPECIAL. CONTRIBUINTE. CONHECIMENTO. DEMONSTRAÇÃO OBJETIVA DA LEGISLAÇÃO INTERPRETADA. RICARF, ART. 67, §1º.

Constando-se que o contribuinte não demonstrou a legislação interpretada de forma divergente pelo acórdão recorrido e paradigmas, constatando-se, inclusive, que analisaram normas distintas, não é conhecido o recurso especial.

RECURSO ESPECIAL. CONTRIBUINTE. CONHECIMENTO. SIMILITUDE FÁTICA.

A distinção fática, consistente na incontroversa prova do agenciamento pelo contribuinte nos acórdãos paradigmas, justifica as soluções jurídicas distintas adotadas pelo acórdão recorrido e acórdãos paradigmas.

RECURSO ESPECIAL. PROCURADORIA. CONHECIMENTO. DEMONSTRAÇÃO OBJETIVA DA LEGISLAÇÃO INTERPRETADA. RICARF. ART. 67, §1º.

Inaplicável a exigência de demonstração objetiva da legislação interpretada aos recursos especiais interpostos anteriormente à Portaria MF nº 343/2015 (RICARF). Recurso especial da Procuradoria conhecido.

RECURSO ESPECIAL. PROCURADORIA. CONHECIMENTO. SIMILITUDE FÁTICA. OMISSÃO SUBSTANCIAL. MULTA QUALIFICADA. LEI 9.430, ART. 44, §1º.

Diante da similitude entre acórdãos recorrido e paradigma, nos quais constatada omissão substancial da receita bruta, é conhecido o recurso especial para análise da imposição de multa qualificada.

MULTA DE OFÍCIO QUALIFICADA. INAPLICABILIDADE.

A qualificação da multa para o percentual de 150% depende da prova fiscal da ocorrência da fraude ou do evidente intuito desta, caracterizada pela prática de ação ou omissão dolosa com esse fim. Na situação versada nos autos não houve dolo por parte do contribuinte, logo incabível a aplicação da multa qualificada. (Acórdão n. 9101-003.623, 1ª Turma, julgado em: 20 set. 2018)

Portanto, a imposição da multa qualificada depende de prova pela fiscalização da ocorrência ou evidente intuito de fraude do contribuinte, resultante de ação ou omissão dolosa. E somente nesses casos, em que comprovada a conduta dolosa, será aplicada a multa qualificada.

3. LIBERDADE PARA O CONTRIBUINTE SE ORGANIZAR E DIREITO CONSTITUCIONAL À LIVRE ECONOMIA

É facultado ao contribuinte se organizar da forma que melhor lhe couber, dentro dos limites da legalidade, nos termos do art. 170 da Constituição Federal.[2] Portanto, é lícito que o contribuinte organize as suas atividades da maneira que lhe parecer mais vantajosa, seja por acarretar um melhor aproveitamento de sua estrutura operacional, seja, eventualmente, visando à redução da carga tributária, dentro dos limites previstos em lei.

Assim, só poderão ser considerados fraudulentos aqueles atos flagrantemente contrários à legislação vigente, ou ainda aqueles que visem ocultar a ocorrência dos fatos geradores de obrigações tributárias. No mesmo sentido é a opinião de Gabriel Lacerda Troianelli:[3]

> quando o contribuinte praticar negócio que, embora inoponível contra o Fisco, seja lícito e feito às claras, não poderá ser aplicada a multa qualificada prevista no parágrafo 1º do artigo 44, da Lei nº 9.430/1996, reservada às situações em que o sujeito passivo, mediante a prática de fraude ou sonegação, condutas ilícitas, busca ocultar do Fisco a ocorrência do fato gerador ou de algum de seus elementos, de forma a impedir que Administração Tributária tome conhecimento dos mesmos.

Ressalte-se que a mera escolha de uma forma jurídica tributariamente mais favorável ao contribuinte não pode ser considerada presunção da ocorrência de dolo. Isso porque, existindo duas ou mais formas legítimas de fazer o mesmo negócio jurídico, podem as partes optar por uma delas, sem que, contudo, tal escolha seja dolosa. Nessa hipótese, contudo, o contribuinte deve arcar com as consequências jurídicas e econômicas de sua escolha.

Esse entendimento, aliado aos preceitos constitucionais suscitados anteriormente, permite inferir que é possível a adoção de soluções empresariais variadas

---

2 "Art. 170. A ordem econômica, fundada na valorização do trabalho humano e na livre iniciativa, tem por fim assegurar a todos existência digna, conforme os ditames da justiça social [...] Parágrafo único. É assegurado a todos o livre exercício de qualquer atividade econômica, independentemente de autorização de órgãos públicos, salvo nos casos previstos em lei."

3 TROIANELLI, Gabriel Lacerda. Planejamento Tributário e Multa Qualificada. *Revista Dialética de Direito Tributário*, São Paulo, n. 179, p. 54, 2010.

pelos contribuintes, sendo vedado ao Estado obstaculizar atividade comprovadamente lícita, seja ela qual for. Nos casos em que o contribuinte organiza suas atividades estritamente de acordo com a lei, sem utilizar artifícios na tentativa de evitar ou esconder qualquer elemento da obrigação tributária, deve-se concluir que a aplicação da penalidade em dobro por suposta ocorrência de conduta dolosa não é cabível, mesmo que as autoridades fiscais divirjam quanto à forma de tributação de tais atividades.

Nesse sentido, cumpre mencionar os ensinamentos de Marco Aurélio Greco:[4]

> Se não houve intuito de enganar, esconder, iludir, mas se, pelo contrário, **o contribuinte agiu de forma clara, deixando explícitos seus atos e negócios**, de modo a permitir a ampla fiscalização pela autoridade fazendária, e se agiu na convicção e certeza de que seus atos tinham determinado perfil legalmente protegido – que levava ao enquadramento em regime ou previsão legal tributariamente mais favorável – não se trata de caso regulado pelo inciso II do artigo 44,[5] **mas sim de divergência de qualificação jurídica dos fatos; hipótese completamente distinta da fraude a que se refere o dispositivo.** (grifos nossos)

Por fim, em sintonia com o direito de o contribuinte organizar seus negócios da maneira que lhe for mais conveniente e benéfica, desde que em observância à lei, cabe neste ponto relembrar o princípio da legalidade e suas diferentes aplicações à administração pública e aos administrados. Enquanto é vedado à administração atuar em desacordo com a legislação vigente, aos contribuintes (administrados) é permitido agir livremente, desde que dentro dos limites da lei. Dessa forma, se o modelo adotado pelo contribuinte, a finalidade pretendida, a forma como os atos ocorreram e, ainda, o seu consequente resultado fiscal, todos se deram dentro dos limites legais, não há qualquer embasamento válido a justificar a aplicação de multa qualificada por suposta condutada dolosa.

---

4 GRECO, Marco Aurélio. *Planejamento Tributário*. São Paulo: Dialética, 2011. p. 263.
5 Refere-se à antiga redação do art. 44 da Lei n. 9.430/1996: "Nos casos de lançamento de ofício, serão aplicadas as seguintes multas, calculadas sobre a totalidade ou diferença de tributo ou contribuição: [...] II – cento e cinqüenta por cento, nos casos de **evidente intuito de fraude, definido nos arts. 71, 72 e 73 da Lei nº 4.502**, de 30 de novembro de 1964, independentemente de outras penalidades administrativas ou criminais cabíveis" (grifos nossos).

4. CASOS CONCRETOS DE APLICAÇÃO REITERADA DA MULTA QUALIFICADA

Com o presente estudo, verificou-se que alguns temas que são objeto de autuação pela RFB muitas vezes resultam na imposição direta da multa qualificada, em razão da suposta presença de fraude, simulação ou dolo, sem qualquer motivação no caso concreto que justifique eventual imputação.

Fato é que essa conduta adotada pelo fisco deve servir de alerta sempre que se observar que a comprovação do dolo é relativizada. Marco Aurélio Greco[6] muito bem define a situação vivida pelo contribuinte ao aduzir que "no Brasil, ainda estamos focados predominantemente nas patologias dos negócios jurídicos, mas de um modo inadequado, posto ser frequente utilizar o conceito de 'simulação' desatrelado de um significado preciso, o qual acaba sendo utilizado como um 'abre-te, Sésamo' para repelir qualquer operação".

É o que se observa, por exemplo, nas autuações fiscais referentes à glosa de despesas de amortização de ágio cujas operações societárias são realizadas entre empresas do mesmo grupo, o chamado ágio interno. São reiterados os julgamentos no âmbito do CARF que mantêm os lançamentos fiscais sob o entendimento de que "tanto a contabilidade, quanto a CVM, recusam o ágio criado internamente nos Grupos Econômicos, pois este não tem a independência necessária entre as partes envolvidas para que lhe seja atribuída confiabilidade [...] a criação de ágio nessas condições viola o artigo 177 da Lei 6.404, de 1976, pelo que, *não pode ser considerada lícita*".[7]

É esse entendimento que resulta na imposição direta da multa qualificada. Verifica-se que, muitas vezes, não há nenhuma análise dos aspectos fáticos relacionados ao caso concreto, supondo-se na maioria das vezes que o contribuinte "agiu com dolo e o fez para modificar as características essenciais do fato gerador, criando despesas e amortizando ágio criado artificialmente, o que caracteriza a fraude" (Acórdão n. 1302-002.386, 2.ª Turma da 3ª Câmara da 1ª Seção de Julgamento do CARF, julgado em: 17 out. 2017).

Especificamente nos casos de ágio interno, não havia vedação legal para o ágio gerado dentro de um mesmo grupo econômico. Os art. 385 e 386 do

---

6 GRECO, Marco Aurélio. *Planejamento Tributário*. 3. ed. São Paulo: Dialética, 2011. p. 11.
7 Acórdão n. 1302-002.386 – 2ª Turma, 3ª Câmara, 1ª Seção de Julgamento do CARF; julgamento realizado em 17 de outubro de 2017, Conselheiro Carlos Cesar Candal Moreira Filhos (Redator Designado). 69 f.

Regulamento do Imposto de Renda (RIR) de 1999 (reproduzindo os art. 7º e 8º da Lei n. 9.532/1997) não vedam a amortização de ágio reconhecido em operações envolvendo partes relacionadas, sendo que a restrição à amortização fiscal de ágio interno somente surgiu com a Medida Provisória (MP) n. 627/2013 (posteriormente convertida na Lei n. 12.973/2014).

Ademais, diversos casos oriundos de formação do ágio em operações realizadas por empresas do mesmo grupo econômico ocorreram à época em que a jurisprudência administrativa ratificava os atos praticados, ou seja, a jurisprudência do CARF não era desfavorável ao aproveitamento fiscal do ágio interno.[8] Em outras palavras, seguir o entendimento predominante à época dos fatos apenas confirma que não há intenção de ilicitude na conduta do contribuinte, vez que a formação e a amortização do ágio encontravam respaldo em interpretação legal e orientação jurisprudencial. Se não há de se falar em ilícito, não haveria dolo, fraude e, portanto, motivo que justificasse que a imposição de multa qualificada

Com efeito, a Lei n. 13.655/2018, que alterou o Decreto-Lei n. 4.657/1942 (Lei de Introdução às Normas do Direito Brasileiro – LINDB), trouxe em seus artigos a determinação de que a decisão administrativa deve necessariamente levar em conta as orientações e a jurisprudência vigentes à época dos fatos:

> Art. 1º. O Decreto-Lei nº 4.657, de 4 de setembro de 1942 (Lei de Introdução às Normas do Direito Brasileiro), passa a vigorar acrescido dos seguintes artigos: [...]
>
> Art. 23. A decisão administrativa, controladora ou judicial que estabelecer interpretação ou orientação nova sobre norma de conteúdo indeterminado, impondo novo dever ou novo condicionamento de direito, deverá prever regime de transição quando indispensável para que o novo dever ou condicionamento de direito seja cumprido de modo proporcional, equânime e eficiente e sem prejuízo aos interesses gerais. [...]
>
> Art. 24. A revisão, nas esferas administrativa, controladora ou judicial, quanto à validade de ato, contrato, ajuste, processo ou norma administrativa cuja produção já se houver completado levará em conta as orientações

---

8   Exemplos: Acórdãos n. 107-04.213, de 11 de junho de 1997; n. 107-05.875, de 22 de fevereiro de 2000; n. 101-94.340, de 9 de setembro de 2003; n. 101-94.771, de 11 de novembro de 2004; n. 101-95.141, de 11 de agosto de 2005; e n. 107-08.656, de 26 de julho de 2006.

gerais da época, sendo vedado que, com base em mudança posterior de orientação geral, se declarem inválidas situações plenamente constituídas.

Parágrafo único. Consideram-se orientações gerais as interpretações e especificações contidas em atos públicos de caráter geral ou em jurisprudência judicial ou administrativa majoritária, e ainda as adotadas por prática administrativa reiterada e de amplo conhecimento público.

Trata-se, sem dúvida, de norma que vai ao encontro do princípio da segurança jurídica, plenamente aplicável às questões de natureza tributária e, em especial, à imposição de multas qualificadas como aqui discutido.

Ao *contrario sensu*, o que se observa é que, nos casos de ágio decorrente de operações entre empresas não relacionadas, o CARF acaba analisando o caso a caso, muitas vezes entendendo que "a interpretação equivocada da legislação tributária não é suficiente para que seja atribuída ao contribuinte a conduta dolosa ou fraudulenta [...] É ônus do Fisco fazer prova da conduta dolosa, o que não ocorreu no caso sob exame" (Acórdão n. 1301-002.158, 1ª Turma Ordinária da 3ª Câmara da 1ª Seção, julgado em: 5 out. 2016). Nesse caso específico, o CARF afastou a multa qualificada "por entender não estar devidamente consubstanciado nos autos a atividade fraudulenta do contribuinte".

Comparando-se ambos os precedentes trazidos – de ágio interno e ágio entre empresas não relacionadas –, as autoridades fiscais deveriam igualmente analisar se as reorganizações societárias foram realizadas em estrita observância da legislação tributária, antes de automaticamente considerar, no caso do ágio interno, prática ilícita do contribuinte, ensejando a aplicação automática da multa qualificada.

Nos casos de acusação de omissão de receita, há também aplicação da multa qualificada independentemente da comprovação da intenção do sujeito passivo em não computar na base tributável dos períodos fiscalizados os valores que corresponderiam a receitas ou ganhos. É o que se observa no Acórdão n. 9101-003.789, em que o contribuinte foi excluído do Simples Federal e do Simples Nacional por ter deixado de oferecer à tributação parte dos valores movimentados em sua conta corrente, bem como por não ter escriturado contabilmente sua movimentação bancária e financeira, sobretudo de recursos que constituíam omissão de receitas objeto do lançamento. A conclusão da CSRF foi de que "houve substancial omissão pelo contribuinte (à época optante do Simples) e, assim, o dolo a sua conduta. Não há mero erro do contribuinte, mas conduta evidente de sonegação fiscal" (Acórdão n. 9101-003.789, 1ª Turma da CSRF, julgado em: 13 set. 2018).

Como se vê, o entendimento transcrito mais uma vez contraria a máxima de que a multa qualificada deve incidir apenas e tão somente nas hipóteses em que seja comprovada a intenção do sujeito passivo na prática da infração tributária. Inclusive, extrapola a diretriz prevista na Súmula n. 25 do CARF, que dispõe que a presunção legal de omissão de receita ou de rendimentos, por si só, não autorizaria a qualificação da multa de ofício, sendo necessária a comprovação de uma das hipóteses dos art. 71, 72 e 73 da Lei n. 4.502/1964.

5. CONSIDERAÇÕES FINAIS

Em resumo, parece-nos que a imposição da multa qualificada vem sendo aplicada indistintamente pela autoridade fiscal, sem as devidas motivação e comprovação do ato fraudulento e de dolo. Caberá ao contribuinte exigir do fisco a motivação da imposição da multa qualificada, com a indicação e a comprovação das provas ou indícios de dolo que configuram qualquer das circunstâncias qualitativas (sonegação, fraude ou conluio). É preciso afastar a alegação de ocorrência de dolo com base em mera presunção subjetiva, mediante o simples e infundado entendimento do suposto conhecimento do contribuinte quanto à ilicitude de seus atos.

Todos esses elementos demonstram a necessidade de relativização da imposição da multa qualificada aos contribuintes, as quais devem ser dosadas de acordo com o caso concreto, individualizando e comprovando a conduta dolosa praticada pelo contribuinte.

VÍCIOS NA CONSTITUIÇÃO DEFINITIVA DO CRÉDITO TRIBUTÁRIO: NECESSIDADE DE OBSERVÂNCIA DA PARIDADE E VOTO DE QUALIDADE

Bruna Dias Miguel

1. INTRODUÇÃO

Com a ocorrência do fato previsto hipoteticamente na norma, tem-se o nascimento da obrigação tributária, instaurando-se a relação jurídica tributária entre o ente tributante e o contribuinte, que tem por objeto o pagamento de determinada quantia a título de tributo. A exigência do recolhimento de tributo ao Estado é formalizada por meio do ato de lançamento pela autoridade competente, que, com a observância dos requisitos previstos no art. 142 do Código Tributário Nacional (CTN), constitui o crédito tributário.

O lançamento tributário, nos termos do mencionado dispositivo legal, é realizado para que seja (i) averiguada a ocorrência do fato gerador da obrigação tributária; (ii) determinada a matéria tributável; (iii) calculado o montante do tributo devido; (iv) identificado o sujeito passivo; e, ainda, se for o caso, (v) imposta a penalidade eventualmente cabível.

Tais elementos podem ser revistos (i) de ofício, pela própria Administração, nos termos do art. 145, inciso III, do CTN e nas hipóteses previstas no art. 149 do CTN; ou, ainda, (ii) por meio de um processo administrativo instaurado a partir da impugnação do contribuinte ao ato de lançamento tributário, nos termos do art. 145, inciso I, do CTN. Com a instauração do contencioso fiscal, será realizado o controle de legalidade do ato administrativo de lançamento. Essa última hipótese é a que nos interessa no presente estudo.

Em observância ao princípio do devido processo legal administrativo (art. 5º, inciso LIV, da Constituição Federal), que tem como corolário os princípios da ampla defesa e do contraditório (art. 5º, inciso LV, da Constituição), é assegurado ao contribuinte o direito de contestar os elementos formadores do crédito tributário em instâncias administrativas próprias. A defesa apresentada pelo contribuinte deverá observar os trâmites que estão previstos nas leis que tratam do processo administrativo tributário de cada ente tributante, e, quando a própria lei determinar, os julgamentos devem ser feitos por órgãos colegiados de formação paritária, em que a questão posta em discussão será analisada tanto por representantes dos contribuintes quanto por representantes do fisco, o que garante ao julgamento administrativo a imparcialidade.

A inobservância de quaisquer requisitos e princípios inerentes ao processo administrativo, como aqueles destacados anteriormente, implica o reconhecimento de vício na formação do crédito tributário. Trataremos no decorrer do presente estudo de dois desses requisitos inerentes ao devido processo legal administrativo e da sua compatibilidade com o nosso ordenamento jurídico vigente, quais sejam: (i) a necessidade de observância da paridade nos julgamentos realizados por órgãos da administração tributária prevista na legislação de cada ente tributante; e (ii) a impropriedade da previsão de desempate de divergências por meio do denominado "voto de qualidade".

2. PARIDADE NOS JULGAMENTOS COLEGIADOS DOS ÓRGÃOS ADMINISTRATIVOS

A existência de composição paritária é elemento fundamental para se assegurar o efetivo exercício do controle de legalidade dos atos administrativos de lançamento tributário, em alinhamento com o princípio da legalidade, que deve pautar a atuação administrativa (art. 37, *caput*, da Constituição), sobretudo em matéria tributária, em que os eventuais excessos do fisco podem comprometer fatalmente o patrimônio e a atividade econômica dos contribuintes.

O controle da legalidade exercido no âmbito do contencioso administrativo ocorre de forma distinta daquele exercido pelo poder judiciário. Isso porque, diversamente do que ocorre no poder judiciário, os tribunais administrativos estão vinculados ou subordinados ao Ministério da Fazenda, às secretarias dos estados e às secretarias de finanças dos municípios, inexistindo a denominada "independência orgânica" (estruturação autônoma, no contexto do art. 92 da Constituição). Além disso, não há garantias da magistratura: nenhum dos seus membros, sejam eles representantes do fisco ou dos contribuintes, possuem garantias tão imunizantes como aquelas contidas no art. 95 da Constituição (vitaliciedade, inamovibilidade e irredutibilidade de subsídio).

É por essa razão que a forma historicamente encontrada para se conferir imparcialidade a tais órgãos de contencioso administrativo, garantindo o efetivo controle de legalidade dos atos de lançamento tributário, **foi a criação dos denominados órgãos paritários**, em que ambos os polos do litígio estivessem representados, em paridade de condições. Para Natanael Martins,[1] "essa paridade busca, substancialmente, equilíbrio de forças, com vistas à existência de um Tribunal Administrativo imparcial, apto a exercer a relevante função do controle interno da legalidade de lançamentos tributários".

A regra da paridade possui um sentido semântico muito claro: metade dos integrantes dos órgãos de julgamento será constituída por representantes do fisco e a outra metade por representantes dos contribuintes. É a regra constante, normalmente, dos regimentos internos dos tribunais administrativos. Assim, o contencioso fiscal deve ser pautado na observância dos princípios do processo administrativo, bem como das regras previstas nos regimentos internos dos tribunais administrativos, como é o caso da paridade. Somente deverá ser julgado o caso, portanto, com metade dos presentes formada por representantes do fisco e metade por representantes do contribuinte, sendo que na ausência de qualquer um deles **deverá** ser convocado suplente.

Desse modo, pelas disposições legal e constitucional, bem como pelas próprias regras contidas nos regimentos internos dos tribunais administrativos, não há dúvidas quanto à necessidade de observância da regra de paridade, sem a qual restará comprometido o próprio controle de legalidade dos atos administrativos, resultando em vício no lançamento tributário, como se verá em tópico próprio do presente estudo.

---

1   MARTINS, Natanael. *O Voto de qualidade e a questão da multa qualificada*. XV Congresso Nacional de Estudos Tributários. 30 anos da Constituição Federal e o Sistema Tributário Brasileiro. São Paulo: Noeses, 2018. p. 915.

2.1 Paridade e princípios do devido processo legal e da isonomia

Conforme expusemos anteriormente, a paridade no contencioso administrativo é avaliada em função do número de representantes, em determinada turma de julgamento, da Fazenda e dos contribuintes, devendo ser necessariamente igualitária. Tratando-se de baliza obrigatória a pautar os julgamentos administrativos, a afronta às regras que tratam da composição paritária dos tribunais administrativos também representa violação, em última análise, ao princípio do devido processo legal, previsto no art. 5º, inciso LIV, da Constituição.[2]

De acordo com os ensinamentos Nelson Nery Júnior,[3] a cláusula do devido processo legal nada mais é que a possibilidade efetiva de a parte ter acesso à justiça, defendendo-se do modo mais amplo possível. O referido princípio tem como desdobramento os princípios do contraditório e da ampla defesa.

Nesse sentido, é importante ressaltar que o Novo Código de Processo Civil (NCPC), introduzido pela Lei n. 13.105/2015, incorporou alguns desses desdobramentos do devido processo legal em seu capítulo inaugural (art. 1º ao 12), que trata das normas fundamentais do processo civil. Os referidos princípios e normas processuais devem ser aplicados de forma supletiva e subsidiária aos processos administrativos, conforme determina o seu art. 15.[4]

As garantias elementares do processo administrativo tributário deverão ser observadas no âmbito do processo fiscal de União, estados e municípios, já que são implicações jurídicas das cláusulas constitucionais expressas do devido processo legal, do contraditório e ampla defesa. Qualquer inobservância aos referidos princípios poderá acarretar vício do processo administrativo tributário e sua consequente nulidade.

---

[2] Sobre o assunto, James Marins leciona: "No campo processual administrativo, além dos princípios gerais que governam a Administração Pública, projetam-se constitucionalmente normas valiosas e de incisivo alcance, que fazem expressas as garantias inerentes à 'autoridade julgadora competente', ao 'devido processo legal' e à 'ampla defesa', cláusulas constitucionais consagradas respectivamente no art. 5º, LIII, LIV e LV, da CF/1988 e que galvanizam os princípios fundamentais da liberdade e da propriedade, pilares fundamentais do Estado de Direito que estão profundamente permeados aos assuntos relativos à tributação" (MARINS, James. *Direito Processual Tributário Brasileiro* – Administrativo e Judicial. 9. ed. São Paulo: Revista dos Tribunais, 2018. p. 142).

[3] JUNIOR, Nelson Nery. *Princípios do Processo na Constituição Federal*. 13. ed. São Paulo: Revista dos Tribunais, 2017.

[4] "Art. 15. Na ausência de normas que regulem processos eleitorais, trabalhistas ou administrativos, as disposições deste Código lhes serão aplicadas supletiva e subsidiariamente."

O princípio do devido processo legal, no âmbito do poder judiciário, estabelece que as partes tenham um julgamento em que sejam assegurados todos os meios e os recursos para a realização da sua defesa e, principalmente, que o caso seja analisado por juiz imparcial. No contencioso administrativo, essa imparcialidade, característica do devido processo legal, é assegurada sobretudo pela paridade do julgamento (ou deveria ser). Assim, somos do entendimento que a não submissão dos recursos administrativos ao julgamento por órgão efetivamente paritário representa violação ao devido processo legal.[5]

Além disso, na hipótese de a composição paritária sofrer desequilíbrio, em prejuízo a qualquer das partes, também entendemos como violada **a igualdade de tratamento em relação ao exercício de direitos e faculdades processuais** no âmbito do contencioso administrativo. A referida "igualdade processual" não está prevista apenas no *caput* do art. 5º da Constituição, mas também precisamente inscrita no art. 7º do NCPC[6] (aplicado subsidiariamente ao contencioso administrativo, cf. art. 15 do NCPC), que estabelece expressamente que deverá ser assegurada às partes a paridade/igualdade de tratamento em relação a exercício de direitos, faculdades processuais, meios de defesa, ônus e deveres.

Desse modo, qualquer afronta à regra de paridade dos tribunais administrativos, no tocante à composição de suas turmas ou câmaras julgadoras, além de violar o princípio do devido processo legal, também representa, a nosso ver, afronta à igualdade de tratamento entre os litigantes. Por essa razão, somos do entendimento de que a regra de paridade também deverá ser observada na composição dos tribunais administrativos para garantir a observância aos mencionados princípios constitucionais.

---

5 "[...] havendo sempre uma decisão a ser tomada e podendo essa decisão ser favorável ou desfavorável a outro, é indispensável que o poder exercido pelo Estado se paute rigorosamente pelos ditames do devido processo legal, exigido constitucionalmente e de mais plena incidência sobre o processo administrativo. Em decorrência disso, as regras dos diversos procedimentos administrativos devem ser observadas, como penhores da segurança de todos, e aos participantes desses processos deve ser franqueado o direito à participação em contraditório, com a ampla defesa de seus interesses (art. 5º, inc. LV), bem como o tratamento igualitário inerente à garantia constitucional da isonomia (art, 5º, caput)" (CINTRA, Antônio Carlos de Araújo; GRINOVER, Ada Pellegrini; DINAMARCO, Cândido Rangel. *Teoria Geral do Processo*. 30. ed. São Paulo: Malheiros, 2014. p. 108).

6 "Art. 7º. É assegurada às partes paridade de tratamento em relação ao exercício de direitos e faculdades processuais, aos meios de defesa, aos ônus, aos deveres e à aplicação de sanções processuais, competindo ao juiz zelar pelo efetivo contraditório."

3. VOTO DE QUALIDADE COMO GARANTIDOR DO DEVIDO PROCESSO LEGAL ADMINISTRATIVO

O "voto de qualidade" tem sua origem na tradição grega,[7] sendo desde então utilizado como critério de desempate de um julgamento. Mais especificamente, nessa sistemática, o poder decisório era concedido de forma diferenciada a um dos julgadores – aqui denominado "julgador qualificado" – com o objetivo, em última análise, de dirimir eventual dúvida, mas sempre em prol do acusado, e não em seu desfavor. Por essa razão, é possível afirmar que o voto de qualidade e o princípio do *in dubio pro reo* (aqui, *in dubio pro contribuinte*), desde a Grécia antiga, estão intrinsecamente relacionados, partindo de um mesmo objetivo, qual seja, no caso de dúvida quanto à culpa imputada ao acusado, a sua absolvição.

Essa lógica está refletida no nosso sistema constitucional, que também foi idealizado pelo constituinte originário como forma de proteção dos contribuintes em face de eventuais excessos por parte do poder público. Exemplo disso é a previsão de princípios como limitadores do poder de tributar do Estado. E é justamente nesse contexto, por meio de análise sistemática dos diversos princípios e garantias constitucionais, que se verifica que o princípio do *in dubio pro contribuinte* está internalizado no sistema jurídico brasileiro (art. 112 do CTN).[8] Assim, em caso de dúvida quanto à infração imputada ao contribuinte quando da formação do crédito tributário, a solução dada deve significar um desfecho favorável ao contribuinte, em oposição à manutenção do lançamento tributário.

O princípio do *in dubio pro reo* (*contribuinte*) nada mais é que o corolário dos demais princípios e regras constitucionais que, especificamente no que diz respeito ao direito tributário, protegem os contribuintes contra eventuais excessos,

---

7 O primeiro registro da utilização dessa sistemática de votação foi narrado na tragédia de Ésquilo, na qual a deusa Atena, também chamada de Minerva pelos romanos, presidiu o julgamento de Orestes, acusado de cometer matricídio para vingar a morte do pai. Nesse julgamento, Atena esclareceu que seria a última a votar e, em caso de empate, somaria seu voto aos favoráveis a Orestes. A votação terminou empatada, incumbindo à Atena o voto de desempate em favor de Orestes, razão pela qual o voto de qualidade ficou também conhecido como "voto de Minerva".

8 "Art. 112. A lei tributária que define infrações, ou lhe comina penalidades, interpreta-se da maneira mais favorável ao acusado, em caso de dúvida quanto: I – à capitulação legal do fato; II – à natureza ou às circunstâncias materiais do fato, ou à natureza ou extensão dos seus efeitos; III – à autoria, imputabilidade, ou punibilidade; IV – à natureza da penalidade aplicável, ou à sua graduação."

arbítrios e abusos da administração pública, estando apto a ser utilizado – e assim deveria acontecer – no âmbito do processo administrativo tributário, já que é nesse ambiente em que serão analisadas, de um lado, as razões do fisco e, de outro, as razões do contribuinte para se concluir pela procedência ou não do lançamento.

É nessa oportunidade, principalmente considerando a paridade da composição dos órgãos de julgamento de que tratamos anteriormente, que poderão surgir posições antagônicas sustentadas por cada um dos julgadores administrativos. Em razão disso, a maioria dos órgãos administrativos de julgamento em matéria tributária, vinculados aos mais diversos entes tributantes, adotam a técnica de desempate materializada por meio do denominado "voto de qualidade", isto é, aquele que é dado pelo presidente de um órgão colegiado – ou por outro membro a quem a lei atribua este dever de "julgador qualificado" –, que tem a competência para revisar o lançamento tributário impugnado pelo contribuinte nos termos do art. 145, inciso I, do CTN quando uma questão sobre o cancelamento total ou parcial deste termina empatada após votação paritária.

Nesse caso, ao julgador qualificado do órgão colegiado é atribuído o poder de decidir a questão duvidosa, empatada pelos votos de todos os integrantes do colegiado, inclusive do próprio presidente. Na prática, portanto, o voto desse julgador qualificado, em situações de empate, acaba valendo por dois.

Essa situação, por si só, não seria um problema. Mecanismos para dirimir questões duvidosas no âmbito de um tribunal administrativo tributário são essenciais para o funcionamento do próprio órgão de julgamento. O que é importante considerar é que esse voto de qualidade deve, necessariamente, ser exercido como meio de legitimar a aplicação do princípio do *in dubio pro contribuinte* previsto pelo art. 112 do CTN.

Contudo, não é o que ocorre na prática. O que tem se verificado é que o julgador qualificado acaba votando da forma como entender correta, e não para beneficiar o acusado, conforme determina o art. 112 do CTN. E esse mecanismo de desempate implica diretamente na quebra da paridade do julgamento no âmbito do contencioso administrativo. Mais especificamente, quando o voto de qualidade não é exercido para proteger o contribuinte em caso de dúvidas, conforme determina o referido artigo do CTN, acaba por viciar o julgamento administrativo – pela quebra da paridade e da imparcialidade – e, consequentemente, o processo tributário, maculando o próprio crédito tributário em si.

Além de uma evidente quebra do devido processo legal administrativo em razão da não adoção das regras de desempate no julgamento determinadas pelo art. 112 do CTN, há, a nosso ver, a quebra da "igualdade processual", princípio corolário da isonomia (art. 5º, *caput* e inciso I, e 150, inciso II, da Constituição), que tem por finalidade equilibrar a tributação, não permitindo distorções, tampouco tratamento diferenciado em relação a pessoas que se encontram em situações idênticas.

O princípio da isonomia possui como destinatários não só aqueles que têm a competência para a criação das normas jurídicas, mas igualmente os que têm a competência para aplicar e revisar, administrativa ou judicialmente, os atos do poder público em geral (órgãos de julgamento administrativo em matéria tributária e poder judiciário). Assim, nos parece que o exercício do "voto de qualidade" só atenderá a igualdade se for conferido segundo a prescrição legal do art. 112 do CTN. Se, entretanto, o "voto de qualidade" for exercido como meio de escolha da melhor opção, à luz da convicção do julgador qualificado – sem a aplicação do referido dispositivo legal –, haverá um inegável descumprimento da igualdade, na medida em que esse julgador qualificado terá poder maior que aquele conferido aos demais julgadores (proferirá dois votos), o que, se em detrimento do contribuinte, acaba por extinguir a paridade no julgamento.

Ora, o princípio da isonomia impede que determinada norma institua fatores de discrímen entre seus destinatários que estejam na mesma situação. A igualdade é quebrada quando se atribui peso diferente ao voto de um determinado conselheiro (por exemplo, o presidente) em detrimento dos demais conselheiros, cujos votos acabam por ter um valor notoriamente menor. Desse modo, o que verificamos é que qualquer afronta à regra de paridade – o que acontecerá fatalmente se o voto de qualidade deixar de ser atribuído segundo os ditames do art. 112 do CTN – representará invariavelmente uma afronta também à igualdade de tratamento entre os litigantes no processo administrativo tributário, maculando, também por esse viés, o devido processo legal administrativo.

4. CONSIDERAÇÕES FINAIS

Como mencionamos anteriormente, a constituição do crédito tributário comporta dois importantes momentos: (i) o momento que antecede o lançamento tributário, em que são observados todos os requisitos formais para fins de confirmação de sua validade, bem como a atitude do agente fiscal, que deve estar pautada no preenchimento dos requisitos previstos no art. 142 do CTN; e (ii) o momento posterior ao lançamento – na fase de revisão –, em que o contribuinte poderá, por meio de apresentação da respectiva defesa, contestar o crédito tributário constituído pelo ente tributante, tendo assegurado o direito ao contraditório, à ampla defesa e ao devido processo legal.

O tema objeto do presente estudo está relacionado principalmente ao segundo momento da constituição do crédito tributário, isto é, posterior ao ato de lançamento, quando instaurado o processo de revisão por meio da defesa apresentada pelo contribuinte. Com base no disposto no art. 145, inciso I, do CTN, o contribuinte pode contestar eventuais premissas adotadas pela autoridade administrativa responsável pelo lançamento e, inclusive, eventual erro na aplicação do direito – erro na subsunção dos fatos à norma tributária. E, nesse momento, os procedimentos administrativos devem estar alinhados aos princípios básicos relativos ao devido processo legal, sendo assegurados todos os meios de recursos e provas previstos no ordenamento jurídico.

Além disso, conforme mencionamos, é necessário que as defesas elaboradas pelos contribuintes observem os trâmites previstos nas leis que tratam do processo administrativo tributário de cada ente tributante. E, quando a própria lei determinar, os julgamentos devem ser feitos por órgãos colegiados de formação paritária, em que a questão posta em discussão será analisada tanto por representantes dos contribuintes quanto por representantes do fisco, o que garante a imparcialidade ao julgamento administrativo.

A inobservância de qualquer requisito que esteja inserido no contexto do devido processo legal administrativo implica o reconhecimento de vício na formação do crédito tributário. E, nesse sentido, a paridade da composição das turmas julgadoras e o voto de qualidade acabam influenciando diretamente o processo de validação do lançamento tributário realizado pelo ente tributante e a existência ou não de algum vício na sua constituição, suficiente a conduzir à nulidade de todo o processo administrativo.

Como vimos, a paridade nos julgamentos realizados por órgãos da administração tributária é um requisito previsto na legislação do processo administrativo tributário de cada ente tributante para assegurar a imparcialidade no julgamento de determinado litígio administrativo e o consequente devido processo legal. A sua inobservância macula o processo administrativo tributário.

O mesmo ocorre com a impropriedade da previsão de desempate de divergências por meio do denominado "voto de qualidade", situação em que o presidente do órgão julgador, geralmente representante do fisco, tem o poder de desempatar um julgamento, o que obviamente só acontece nas hipóteses em que há, de fato, dúvidas quanto à legitimidade do crédito tributário. Há nítido desequilíbrio no julgamento que deveria ser realizado com observância da própria paridade, fazendo com que o fisco seja, não raras vezes, beneficiado, considerando que a tendência é desempatar a votação em favor da Fazenda, e não dos contribuintes.

Não há como afirmar, portanto, em nenhuma dessas duas situações – nas quais se tem um desequilíbrio na própria composição do órgão julgador e na forma de votação e solução de um litígio –, que há o efetivo controle de legalidade do ato administrativo. Conforme já expusemos no presente estudo, o controle de legalidade do lançamento tributário é realizado pelo órgão julgador, o qual, na qualidade de órgão administrativo com funções jurisdicionais contenciosas previstas em lei, **realiza a revisão do ato administrativo contestado e de sua consequente legalidade**, analisando-o frente às razões expostas e às provas apresentadas pelo contribuinte para, ao final, concluir por sua legitimidade ou não.[9]

Portanto, o controle de legalidade do ato administrativo é realizado, em um primeiro momento, pelas delegacias de julgamento de primeira instância, que são órgãos superiores à autoridade lançadora, e, posteriormente, pelos órgãos que também são superiores às delegacias de julgamento, quais sejam, os tribunais administrativos. E essa revisão realizada pelos tribunais administrativos deverá observar a paridade, isto é, ser composta em metade por representantes do fisco e metade por representantes dos contribuintes. Da mesma forma, sendo paritário, não se poderia conferir a um ente votante, normalmente representante do fisco, o poder de desempate nos julgamentos administrativos, por acabar beneficiando apenas uma das partes, não conferindo um julgamento igualitário e com a observância do devido processo legal, como determina e assegura a Constituição Federal.

---

9   Nas palavras de Paulo de Barros Carvalho: "Interessa-nos aludir a uma forma de procedimento administrativo, qual seja a do **procedimento administrativo tributário, quem tem como conteúdo a discussão do ato de lançamento ou do ato de imposição de penalidade**, ou, ainda, da própria notificação, como ato administrativo que é. Vale dizer que **tal procedimento apresenta-se como sistema de controle de legalidade dos atos administrativos**. A decisão de primeira instância **exerce o controle inicial**; o acórdão do tribunal administrativo visa, também, à verificação de validade do ato exarado pela autoridade recorrida; e, às vezes, câmaras superiores exercitam a análise da legalidade do próprio acórdão expedido pelo órgão colegial. [...] Desse modo, **sempre que pairar dúvida sobre o teor de juridicidade de um desses atos administrativos, caberá ao sujeito passivo impugnar o ato, suscitando aquele controle**. Desencadeará, assim, uma série de outros atos e termos, propiciando ensejo para a **decisão de primeira instância, que nada mais é que a manifestação acerca da validade do ato praticado**, manifestação essa emanada por um órgão superior à autoridade competente para realizar o ato de lançamento ou de aplicação da penalidade" (CARVALHO, Paulo de Barros. *Direito Tributário: Linguagem e Método*. 3. ed. *São Paulo*: Noeses, 2009. p. 929-930, grifos nossos).

Não ocorrendo dessa forma, isto é, havendo inobservância da paridade e utilização do voto de qualidade, não se tem a realização do controle de legalidade do ato administrativo. Não havendo a realização desse controle por parte do órgão julgador administrativo, é como se fosse conferida automaticamente ao ato administrativo a presunção absoluta de legitimidade. Ocorre que essa possibilidade é, a nosso ver, absurda, considerando o fato de o controle de legalidade do ato administrativo ter sido previsto em nosso ordenamento jurídico justamente para garantir ao contribuinte o direito à ampla defesa, questionando a legitimidade do crédito tributário constituído pelo ente tributante.

Justamente por essa razão, qual seja, a imprescindibilidade desse controle do ato administrativo, é tão relevante a preservação da paridade e o afastamento do voto de qualidade, sob pena de viciar a formação do crédito tributário e acarretar a sua nulidade. O vício na formação do crédito tributário culminará, ainda, na nulidade de eventual processo judicial que venha a ser instaurado, com a inscrição do débito na dívida ativa e o ajuizamento da respectiva execução fiscal. É o que asseguram os art. 783 e 803, inciso I, do NCPC; 3º, 203 e 204 do CTN; bem como as disposições da Lei n. 6.830/1980 (especialmente os arts. 2º e 3º), já que não se estará diante de título líquido, certo e exigível. Assim, além de o vício na constituição do crédito tributário acarretar a nulidade do próprio processo administrativo, é certo que essa nulidade acaba se perpetuando para atingir igualmente o processo judicial.

PORTARIA PGFN N. 33/2018: NOVA FASE NO CONTENCIOSO TRIBUTÁRIO

Christiane Alves Alvarenga

1. INTRODUÇÃO

Em 1º de outubro de 2018, entrou em vigor a Portaria da Procuradoria-Geral da Fazenda Nacional (PGFN) n. 33, que, objetivando regulamentar os art. 20-B e 20-C da Lei n. 10.522/2002, instituiu procedimentos específicos para fins de satisfação e garantia do débito tributário no âmbito da PGFN. Dentre os dispositivos da Portaria, destacam-se os que disciplinam (i) a possibilidade de averbação pré-executória da Certidão de Dívida Ativa (CDA) da União Federal nos órgãos de registro de bens e direitos sujeitos a arresto ou penhora, prevista, originalmente, no art. 20-B, § 3º, inciso II, da Lei n. 10.522/2002; (ii) a oferta antecipada de garantia; e (iii) o chamado Pedido de Revisão de Dívida Inscrita (PRDI).

Na prática, a Portaria PGFN n. 33/2018 criou uma nova etapa no contencioso tributário, dedicada à discussão do débito tributário perante tal órgão, a ocorrer no período entre a inscrição do débito em dívida ativa e o ajuizamento da execução fiscal. O presente artigo objetiva explorar os procedimentos instituídos pela Portaria, apontando as inconstitucionalidades existentes nos seus dispositivos e, em especial, aquelas previstas no art. 20-B, § 3º, inciso II, da Lei n. 10.522/2002.

2. PROCEDIMENTOS INSTITUÍDOS PELA PORTARIA PGFN N. 33/2018

De acordo com o art. 6º da Portaria PGFN n. 33/2018, inscrito o débito em dívida ativa da União, o devedor será notificado para: (i) em até 5 dias efetuar o pagamento ou o parcelamento do valor integral do débito atualizado; ou (ii) em até 30 dias (ii.a) ofertar antecipadamente garantia em execução fiscal, ou (ii.b) apresentar o PRDI. Esgotado o prazo e não adotada nenhuma dessas providências pelo contribuinte, a PGFN poderá tomar ao menos uma das medidas restritivas previstas no art. 7º da Portaria PGFN n. 33/2018, dentre as quais se destacam as medidas originalmente previstas no art. 20-B, § 3º, incisos I e II, da Lei n. 10.522/2002. São elas:

i. comunicar a inscrição em dívida ativa aos órgãos que operam bancos de dados e cadastros relativos a consumidores e aos serviços de proteção ao crédito e congêneres, mediante convênio firmado com as respectivas entidades; e

ii. averbar, inclusive por meio eletrônico, a CDA nos órgãos de registro de bens e direitos sujeitos a arresto ou penhora, para fins de averbação pré--executória.

A seguir, passa-se à análise dos dispositivos da Portaria PGFN n. 33/2018 que tratam especificamente: (i) da oferta antecipada de garantia; (ii) do PRDI; e (iii) da averbação pré-executória.

2.1 Oferta antecipada de garantia

A Portaria PGFN n. 33/2018 trata da oferta antecipada de garantia em execução por meio dos art. 8º a 14. O art. 9º da Portaria traz a lista dos bens que podem ser apresentados de forma antecipada: (i) depósito em dinheiro; (ii) apólice de seguro-garantia ou carta de fiança; e (iii) quaisquer outros bens ou direitos sujeitos a registro público, passíveis de arresto ou penhora, ainda que de terceiros, desde que expressamente autorizado por estes e aceitos pela PGFN.

Observe que essa lista de bens é mais restritiva que aquela prevista nos art. 9º e 11 da Lei n. 6.830/1980, que trata dos bens que podem ser oferecidos em garantia à execução fiscal. O art. 11 da referida lei traz um rol amplo de bens,[1] não se limitando àqueles que são objeto de registro.[2]

A Portaria PGFN n. 33/2018 ainda prevê em seu art. 10, § 1º, que, na hipótese de ser oferecido veículo ou outro bem móvel ou direito sujeito a registro público, tais bens ou direitos devem ser acompanhados de laudo de avaliação, elaborado por órgão oficial ou perito indicado pelo próprio órgão de registro, nos termos do § 2º do art. 64-A da Lei n. 9.532/1997. A exigência de um laudo de avaliação prévio é mais uma restrição não prevista na Lei n. 6.830/1980. Ela onera o contribuinte, que terá de arcar com altos custos em sua elaboração, sem ter a certeza de que o bem será aceito em garantia à futura execução fiscal.

Oferecido o bem, a PGFN terá o prazo de 30 dias, contados do primeiro dia útil após o protocolo do pedido de oferta antecipada, para aceitar ou rejeitar a garantia (art. 11 da Portaria PGFN n. 33/2018). Aceita a oferta antecipada de garantia, o procurador da Fazenda Nacional promoverá o ajuizamento da execução fiscal correspondente, no prazo máximo de 30 dias contados da data da aceitação, indicando à penhora o bem ou direito ofertado pelo devedor (art. 14 da Portaria).

A Portaria PGFN n. 33/2018 não trata especificamente do caso de rejeição dos bens ofertados em garantia. Nos termos do art. 4º da Lei n. 6.830/1980, inscrito o débito em dívida ativa, a PGFN poderá ajuizar a execução fiscal.[3] Assim, independentemente da aceitação ou não de garantia em fase prévia à execução fiscal, cabe à PGFN seguir com o trâmite regular para a cobrança do débito.

A oferta antecipada da garantia perante a PGFN não tem previsão legal. Ainda que de certa forma positiva, por possibilitar um canal de conversa com o órgão, a Portaria PGFN n. 33/2018 demonstra um posicionamento restritivo dos

---

1 "Art. 11. A penhora ou arresto de bens obedecerá à seguinte ordem: I – dinheiro; II – título da dívida pública, bem como título de crédito, que tenham cotação em bolsa; III – pedras e metais preciosos; IV – imóveis; V – navios e aeronaves; VI – veículos; VII – móveis ou semoventes; e VIII – direitos e ações. § 1º Excepcionalmente, a penhora poderá recair sobre estabelecimento comercial, industrial ou agrícola, bem como em plantações ou edifícios em construção."

2 A título exemplificativo, estão sujeitos a registro os bens imóveis (art. 1.245 do Código Civil – Lei n. 10.406/2002) e, dentre os bens móveis, os veículos (art. 120 do Código de Trânsito – Lei n. 9.503/1997).

3 De acordo com o art. 33. da Portaria PGFN n. 33/2018, antes de ajuizar a execução fiscal, caberá ao procurador fazer um juízo de recuperabilidade do crédito tributário, a fim de confirmar a existência de indícios de bens, direitos ou atividade econômica do devedor ou corresponsável, objetivando a satisfação integral ou parcial do débito a ser executado.

procuradores em relação aos bens que serão aceitos, além de prever um procedimento que não terá a visão imparcial do juiz.

2.2 PRDI

O PRDI é possivelmente a medida mais positiva da Portaria PGFN n. 33/2018. O pedido pode ser apresentado a qualquer tempo[4] e possibilita a reanálise pela PGFN dos requisitos de liquidez, certeza e exigibilidade dos débitos inscritos em dívida ativa da União, de natureza tributária ou não, sem a necessidade de apresentação de garantia. A Portaria trata do PRDI nos art. 15 a 20. De acordo com o art. 15, admite-se o PRDI para:

i. alegação de pagamento, parcelamento, suspensão de exigibilidade por decisão judicial, compensação, retificação da declaração, preenchimento da declaração com erro, vício formal na constituição do crédito, decadência ou prescrição, quando ocorridos em momento anterior à inscrição em dívida ativa da União;

ii. alegação de que o tema está inserido em ato declaratório do Procurador-Geral da Fazenda Nacional ou nas listas de dispensa de contestar e recorrer disponíveis no site da PGFN, ou, ainda, se a constituição do débito estiver fundada em matéria decidida de modo favorável ao contribuinte pelo Supremo Tribunal Federal (STF) ou pelo Superior Tribunal de Justiça (STJ), por meio de jurisprudência consolidada ou em sede de recurso repetitivo;[5] e

iii. alegação de qualquer causa de extinção ou suspensão do crédito tributário ou não tributário, ocorridas antes ou após a inscrição em dívida ativa da União.

O PRDI será analisado no prazo de 30 dias contados do primeiro dia útil após o seu protocolo no Centro Virtual de Atendimento ao Contribuinte (e-CAC), segundo o art. 17, § 1º, da Portaria PGFN n. 33/2018. Deferido o pedido de revisão, a inscrição será, conforme o caso, cancelada, retificada ou suspensa a exigibilidade do débito, sendo que, nesse último caso, serão sustadas, no que couber, as medidas descritas no art. 7º da Portaria PGFN n. 33/2018, enquanto perdurar

---

4 Mas, se apresentado no prazo de 30 dias da notificação da inscrição do débito em dívida ativa da União, suspenderá a prática dos atos descritos no art. 7º da Portaria PGFN n. 33/2018 (art. 15, § 2º).

5 Vide art. 5º, § 1º, da Portaria PGFN n. 33/2018 para a lista completa das matérias que podem ser alegadas.

a suspensão (art. 19, *caput*). Da decisão que indeferir o pedido de revisão, total ou parcialmente, caberá recurso, no prazo de 10 dias, sem efeito suspensivo (art. 20).

O PRDI, como a oferta antecipada da garantia, em que pese positivo, não possui amparo legal e tramitará na PGFN sem a mediação de um juiz. Em caso de propositura de qualquer ação ou exceção cujo objeto seja idêntico ao do PRDI, a PGFN declarará a renúncia ao direito de revisão administrativa do débito tributário (art. 17, § 5º, da Portaria PGFN n. 33/2018).

2.3 Averbação pré-executória

A chamada averbação pré-executória é o ato pelo qual a PGFN faz anotar nos órgãos de registros de bens e direitos sujeitos a arresto ou penhora, para o conhecimento de terceiros, a existência de débito inscrito em dívida ativa da União, tornando os bens e os direitos indisponíveis. O procedimento, previsto nos art. 21 a 32 da Portaria PGFN n. 33/2018, tem por objetivo regulamentar o disposto no art. 20-B, § 3º, inciso II, da Lei n. 10.522/2002.[6]

Vale lembrar que a averbação pré-executória apenas será efetivada se o contribuinte, após notificado da inscrição do débito em dívida ativa, nada fizer. Ou seja, não efetuar o pagamento ou o parcelamento do valor integral do débito atualizado, não ofertar antecipadamente garantia ou, ainda, não apresentar o PRDI. De acordo com o art. 22, § 2º, da Portaria PGFN n. 33/2018, a averbação pré-executória será realizada na seguinte ordem de prioridade: (i) bens imóveis não gravados; (ii) bens imóveis gravados; e (iii) demais bens e direitos passíveis de registro.

A averbação será efetuada por meio eletrônico, mediante acordo de cooperação ou outro instrumento firmado entre a PGFN e os respectivos órgãos de registro de bens e direitos (art. 24, § 1º, da Portaria n. 33/2018). Averbada a CDA nos órgãos de registro de bens e direitos, o devedor será notificado para apresentar impugnação, no prazo de 10 dias (art. 25 da Portaria), a fim de alegar a impenhorabilidade dos bens, o excesso de averbação, a mudança de titularidade, ou, ainda, indicar à averbação outros bens e direitos (art. 26 da Portaria), nos termos do art. 9 da Portaria (oferta antecipada de garantia).

---

[6] "Art. 20-B. Inscrito o crédito em dívida ativa da União, o devedor será notificado para, em até cinco dias, efetuar o pagamento do valor atualizado monetariamente, acrescido de juros, multa e demais encargos nela indicados. [...] § 3º Não pago o débito no prazo fixado no *caput* deste artigo, a Fazenda Pública poderá: [...] II – averbar, inclusive por meio eletrônico, a certidão de dívida ativa nos órgãos de registro de bens e direitos sujeitos a arresto ou penhora, tornando-os indisponíveis."

A impugnação será apreciada, no prazo de 30 dias, pela unidade da PGFN responsável pelo ajuizamento da execução fiscal correspondente à inscrição em dívida ativa averbada (art. 28 da Portaria PGFN n. 33/2018). Julgada procedente a impugnação, o procurador deverá determinar o cancelamento da averbação pré-executória nos órgãos de registro de bens ou direitos, quando for o caso, ou determinar a averbação pré-executória dos bens indicados em substituição pelo devedor ou corresponsável (art. 29 da Portaria).

Não apresentada ou rejeitada a impugnação, a PGFN deverá ajuizar a execução fiscal no prazo de até 30 dias contados, conforme o caso, do primeiro dia útil após esgotado o prazo para impugnação ou da data da ciência de sua rejeição (art. 30 da Portaria PGFN n. 33/2018), sob pena de levantamento da averbação pré-executória (art. 30, parágrafo único, da Portaria).

As regras que tratam da averbação pré-executória têm sido objeto de diversas críticas, em especial por permitir à PGFN o bloqueio de bens e direitos sem autorização do Poder Judiciário. Foram ajuizadas **seis** Ações Direta de Inconstitucionalidade (ADI) perante o STF,[7] a fim de que seja reconhecida a inconstitucionalidade do art. 20-B, § 3º, inciso II, da Lei n. 10.522/2002, bem como dos dispositivos da Portaria PGFN n. 33/2018 que tratam da averbação pré-executória. As ADI foram distribuídas ao Ministro Marco Aurélio e aguardam a inclusão em pauta pelo Plenário do STF para julgamento definitivo, nos termos do art. 12 da Lei n. 9.869/1999.[8]

De maneira geral, as ADI abordam as mesmas inconstitucionalidades dos dispositivos que tratam da averbação pré-executória. Tais inconstitucionalidades serão demonstradas a seguir.

---

7 ADI (i) n. 5.881 pelo Partido Socialista Brasileiro (PSB); (ii) n. 5.886 pela Associação Brasileira de Atacadistas e Distribuidores de Produtos Industrializados (Abad); (iii) n. 5.890 pela Confederação Nacional da Agricultura e Pecuária do Brasil (CNA); (iv) n. 5.925 pelo Conselho Federal da Ordem dos Advogados do Brasil (CFOAB); (v) n. 5.931 pela Confederação Nacional da Indústria (CNI); e (vi) n. 5.932 pela Confederação Nacional do Transporte (CNT).

8 "Art. 12. Havendo pedido de medida cautelar, o relator, em face da relevância da matéria e de seu especial significado para a ordem social e a segurança jurídica, poderá, após a prestação das informações, no prazo de dez dias, e a manifestação do Advogado-Geral da União e do Procurador-Geral da República, sucessivamente, no prazo de cinco dias, submeter o processo diretamente ao Tribunal, que terá a faculdade de julgar definitivamente a ação."

3. INCONSTITUCIONALIDADES DO ART. 20-B, § 3°, INCISO II, DA LEI N. 10.522/2002, BEM COMO DOS DISPOSITIVOS DA PORTARIA PGFN N. 33/2018

Inicialmente, vale lembrar que a Portaria PGFN n. 33/2018 tem origem nos art. 20-B e 20-C da Lei n. 10.522/2002, instituídos pelo art. 25 da Lei n. 13.606/2018. Enquanto o art. 20-B, § 3°, trata da comunicação da inscrição em dívida ativa aos órgãos que operam bancos de dados e cadastros relativos a consumidores e aos serviços de proteção ao crédito e congêneres (inciso I), bem como da averbação pré-executória (inciso II), o art. 20-C dispõe sobre o ajuizamento seletivo das execuções fiscais, a depender do grau de recuperabilidade do crédito tributário.[9]

Neste ponto, tem-se a primeira inconstitucionalidade do art. 25 da Lei n. 13.606/2018 e, mais precisamente, do art. 20-B, § 3°, inciso II, da Lei n. 10.522/2002. Isso porque o art. 20-B, § 3°, inciso II, introduzido pelo art. 25 da lei ordinária mencionada, trouxe regramento geral sobre crédito tributário, ao permitir à Fazenda Pública, administrativamente, tornar indisponíveis bens particulares, por meio da averbação pré-executória. Conforme disposto no art. 146, inciso III, alínea "b", da Constituição Federal, apenas lei complementar pode dispor sobre normas gerais do crédito tributário, o que abrange as formas de constituição e as modalidades de exclusão, extinção e suspensão, bem como as garantias e as preferências.[10]

A inconstitucionalidade formal do art. 20-B, § 3°, inciso II, da Lei n. 10.522/2002 foi reconhecida pela Procuradoria-Geral da República (PGR), em parecer apresentado nas ADI que questionam o dispositivo. A PGR ressaltou, com razão, que o dispositivo trouxe um novo atributo ao crédito tributário, pois permite a indisponibilidade dos bens do contribuinte de forma indiscriminada e sem a prévia intervenção do poder judiciário.

O Código Tributário Nacional (CTN), em seu Capítulo VI, dispõe sobre garantias e privilégios do crédito tributário e prevê, por meio do art. 185-A, a única hipótese em que o contribuinte poderá ver declarada a indisponibilidade dos seus

---

9   Esse dispositivo está regulamentado pelo art. 33 da Portaria PGFN n. 33/2018.
10 "Art. 146. Cabe à lei complementar: [...] III – estabelecer normas gerais em matéria de legislação tributária, especialmente sobre: [...] b) obrigação, lançamento, crédito, prescrição e decadência tributários;
    c) adequado tratamento tributário ao ato cooperativo praticado pelas sociedades cooperativas [...]."

bens.[11] Nessa hipótese, cabe ao juiz determinar a indisponibilidade dos bens, após a citação do devedor que não paga e não apresenta bens à penhora.

Aqui, tem-se a segunda inconstitucionalidade do art. 20-B, § 3º, inciso II, da Lei n. 10.522/2002: violação ao art. 5º, inciso XXXV, da Constituição Federal, que assegura a reserva de jurisdição para a apreciação de qualquer lesão ou ameaça a direito.[12] Isso porque, repita-se, somente o poder judiciário está autorizado a determinar a indisponibilidade de bens e direitos do contribuinte, a teor do que dispõe o art. 185-A do CTN. Assim, não poderia o art. 20-B, § 3º, inciso II, da Lei n. 10.522/2002 conceder esse poder à Fazenda Nacional.

Outro ponto, também abordado pela PGR em seu parecer, é que o art. 20-B, § 3º, inciso II, da Lei n. 10.522/2002 não é compatível com o princípio da proporcionalidade, porque restringe indevidamente o exercício do direito de propriedade e o livre exercício da atividade empresarial e profissional. Assim, recordando jurisprudência do STF, conclui a PGR que o dispositivo também está maculado de inconstitucionalidade material:

> 3. A jurisprudência do Supremo Tribunal Federal considera como sanções políticas, inadmissíveis na ordem constitucional, as medidas legais e administrativas que configuram meios de coerção estatal indireta com o objetivo de forçar o devedor a adimplir as dívidas tributárias, quando restrinjam indevidamente o exercício de direitos fundamentais e, portanto, sejam reprovados no teste da proporcionalidade. Precedentes.
>
> 4. **A possibilidade de a Fazenda Pública tornar indisponíveis bens do contribuinte por meio da averbação da CDA em registro de bens e direitos consubstancia sanção política, porquanto vulnera indevidamente o direito de propriedade e pode inviabilizar o livre exercício de atividade econômica ou profissional.** (Parecer n. 401/2018, SFCONST/PGR, apresentado em: 17 set. 2018, grifos nossos)

---

11 "Art. 185-A. Na hipótese de o devedor tributário, devidamente citado, não pagar nem apresentar bens à penhora no prazo legal e não forem encontrados bens penhoráveis, o juiz determinará a indisponibilidade de seus bens e direitos, comunicando a decisão, preferencialmente por meio eletrônico, aos órgãos e entidades que promovem registros de transferência de bens, especialmente ao registro público de imóveis e às autoridades supervisoras do mercado bancário e do mercado de capitais, a fim de que, no âmbito de suas atribuições, façam cumprir a ordem judicial."

12 "Art. 5º. [...] XXXV – a lei não excluirá da apreciação do Poder Judiciário lesão ou ameaça a direito."

De fato, o art. 20-B, § 3º, inciso II, da Lei n. 10.522/2002 viola diversos dispositivos da Constituição Federal, dentre eles: (i) os art. 5º, incisos XXII e XXIII, e 170, incisos II, III e V, que tratam da livre iniciativa, da propriedade privada e de sua função social; e (ii) o art. 5º, incisos LIV e LV, pois ninguém poderá ser privado de seus bens sem o devido processo legal e sem que sejam observados o contraditório e a ampla defesa.

Assim, espera-se que o STF, ao julgar as seis ADI propostas, reconheça a inconstitucionalidade formal e material do art. 20-B, § 3º, inciso II, da Lei n. 10.522/2002, bem como do art. 20-E da mesma lei ordinária, na parte em que atribui à PGFN a edição de atos complementares para o cumprimento daquele dispositivo. E, por arrastamento, que o STF declare inconstitucionais os art. 21 a 32 da Portaria PGFN n. 33/2018, que regulamentam a averbação pré-executória.

Vale lembrar que, caso a inconstitucionalidade seja reconhecida, a Fazenda Pública não ficará desamparada, pois conta com diversas outras medidas que objetivam resguardar o crédito tributário, dentre elas o arrolamento de bens, a medida cautelar fiscal e a indisponibilidade de bens no curso da execução fiscal, se determinada pelo juiz (art. 185-A do CTN).

Por fim, outro aspecto que deve ser analisado em relação à Portaria PGFN n. 33/2018 é a adequação dessa norma ao princípio constitucional da legalidade. O art. 20-E da Lei n. 10.522/2002 atribuiu à PGFN a possibilidade de editar normas com o objetivo de regulamentar o disposto nos art. 20-B e 20-C da Lei n. 10.522/2002. No entanto, conforme visto, a Portaria vai muito além do que lhe fora delegado, instituindo uma nova fase contenciosa, que passa a existir após a inscrição do débito em dívida ativa e antes do contencioso judicial. Ou seja, a PGFN atuou sem base legal.

Assim, também cabe ao judiciário analisar as demais regras da Portaria PGFN n. 33/2018, além daquelas que tratam da averbação pré-executória, sob a ótica do princípio da legalidade, a fim de que sejam afastados os dispositivos que não possuem amparo legal.

4. CONSIDERAÇÕES FINAIS

Como visto, a Portaria PGFN n. 33/2018, instituída com o objetivo de regulamentar os art. 20-B e 20-C da Lei n. 10.522/2002, padece de inconstitucionalidades. O próprio art. 20-B, § 3º, inciso II, da Lei n. 10.522/2002, que trata da averbação pré-executória, incorre em inconstitucionalidades formal e material, que são objeto de seis ADI que aguardam julgamento perante o STF.

A Portaria PGFN n. 33/2018, por sua vez, além da averbação pré-executória, instituiu outros procedimentos, como a oferta antecipada de garantia e o PRDI. Tais procedimentos não possuem amparo legal e tramitarão na PGFN sem a mediação de um juiz. Assim, cabe ao poder judiciário analisar as regras da Portaria, sobretudo sob a ótica do princípio da legalidade, a fim de que sejam afastados, em especial, os procedimentos unilaterais de constrição patrimonial.

PARTE II
PROCESSO JUDICIAL TRIBUTÁRIO

DESAFIOS E IMPACTOS DECORRENTES DA CONSTITUIÇÃO DEFINITIVA DO CRÉDITO NA ESFERA ADMINISTRATIVA

Rafael Balanin

1. INTRODUÇÃO

A sistemática estabelecida pela legislação brasileira para definição do *quantum* devido pelos contribuintes que supostamente deixaram de efetuar a apuração e o recolhimento dos tributos passa necessariamente pelo exercício da atividade administrativa (do ente arrecadador) de constituição do crédito tributário, também chamada de lançamento tributário. Nos termos do art. 142 do Código Tributário Nacional (CTN),[1] trata-se de procedimento administrativo, plenamente vinculado, por meio do qual a autoridade fiscal fará a verificação da ocorrência do fato gerador da obrigação tributária e a apuração do montante de tributo devido.

Em que pese tal posicionamento não ser pacífico na doutrina,[2] o mencionado art. 142 é expresso ao estabelecer que se trata de verdadeiro "procedimento

---

[1] "Art. 142. Compete privativamente à autoridade administrativa constituir o crédito tributário pelo lançamento, assim entendido o procedimento administrativo tendente a verificar a ocorrência do fato gerador da obrigação correspondente, determinar a matéria tributável, calcular o montante do tributo devido, identificar o sujeito passivo e, sendo caso, propor a aplicação da penalidade cabível. Parágrafo único. A atividade administrativa de lançamento é vinculada e obrigatória, sob pena de responsabilidade funcional."

[2] Vide SOARES DE MELO, José Eduardo. *Curso de Direito Tributário*. 4. ed. São Paulo: Dialética, 2003; DE SANTI, Eurico Diniz. *Lançamento Tributário*. 2. ed. São Paulo: Max Limonad, 2001.

administrativo", permitindo concluir que o ato de lançamento não se perfaz em um momento único, mas pode consistir em uma série de atos realizados (boa parte deles em regime de contraditório) tanto pela autoridade fiscal como pelo contribuinte. Tanto é assim que o próprio CTN estabelece a possibilidade de revisão do ato administrativo de lançamento nas hipóteses previstas em seu art. 145.[3] Portanto, o ato de constituição só pode ser considerado perfeito se não estiver sujeito a mais nenhuma das hipóteses de revisão expressamente previstas no próprio CTN.

Contudo, a complexidade do sistema normativo tributário no Brasil leva a uma gama extensa de hipóteses que caracterizam esse lançamento. Algumas dessas hipóteses, inclusive, se perfazem com prática de atos quase exclusivamente do contribuinte, restando à autoridade administrativa a mera confirmação das informações prestadas. São as hipóteses de lançamento por homologação.[4]

Feita essa constatação, facilmente se percebe que a conclusão desse complexo de atos realizados pode trazer relevantes impactos no caso de prosseguimento da discussão quanto à validade desse lançamento em âmbito judicial. O presente trabalho tem por objetivo analisar alguns dos impactos tributários ao contribuinte quando da conclusão desse procedimento, nas tentativas posteriores de questionamento do lançamento constituído.

2. CONSTITUIÇÃO DEFINITIVA DO CRÉDITO TRIBUTÁRIO E TENTATIVA DE RESPONSABILIZAÇÃO POSTERIOR DE SÓCIOS OU ADMINISTRADORES

Como mencionado anteriormente, a constituição definitiva do crédito tributário representa a conclusão da discussão quanto à validade e ao montante de tributo

---

3 "Art. 145. O lançamento regularmente notificado ao sujeito passivo só pode ser alterado em virtude de: I – impugnação do sujeito passivo; II – recurso de ofício; III – iniciativa de ofício da autoridade administrativa, nos casos previstos no artigo 149."

4 "Art. 150. O lançamento por homologação, que ocorre quanto aos tributos cuja legislação atribua ao sujeito passivo o dever de antecipar o pagamento sem prévio exame da autoridade administrativa, opera-se pelo ato em que a referida autoridade, tomando conhecimento da atividade assim exercida pelo obrigado, expressamente a homologa."

em âmbito administrativo e a possibilidade (i) de seguir com sua cobrança executiva por parte do ente arrecadador, bem como (ii) de nova discussão quanto à sua validade por parte do contribuinte. Tratando mais especificamente da primeira hipótese mencionada, o aspecto que talvez seja o mais relevante no que se refere a essa etapa de prosseguimento da discussão em âmbito judicial, com a respectiva cobrança do valor pelo ente arrecadador, diz respeito à possibilidade de inclusão de terceiros como responsáveis pelo pagamento do tributo, em especial sócios e/ou administradores da pessoa jurídica, na hipótese do art. 135, inciso III, do CTN.[5]

As regras do CTN que estabelecem a possibilidade de responsabilização de terceiros por tributos devidos por outrem são aquelas estabelecidas nos art. 134 e 135. Ressalte-se, inclusive, que o Supremo Tribunal Federal (STF) já rechaçou em outras oportunidades normas legais que de alguma forma desconsideraram ou buscaram ampliar o rol de hipóteses elencadas nessas disposições.[6] Porém, ainda que tentativas de ampliação dessas hipóteses por meio legislativo tenham sido afastadas, subsiste ainda uma série de questionamentos quanto a situações específicas em que a Fazenda tenta incluir no polo passivo da cobrança de tributos os sócios e/ou administradores das sociedades.

No passado, a forma de inclusão desses terceiros ocorria, em sua maioria, por meio do pedido de redirecionamento das execuções fiscais já ajuizadas, baseado simplesmente na impossibilidade de identificar patrimônio suficiente na sociedade para saldar os créditos tributários. Essas tentativas foram muitas vezes combatidas, com o entendimento que se sedimentou no sentido de que o redirecionamento da execução fiscal e a responsabilização, na hipótese do art. 135, inciso III, dependeria de demonstração efetiva da ocorrência de duas circunstâncias conjuntas: (i) que o sócio tivesse efetivamente poderes de gestão à época em que o débito fiscal fora constituído; e (ii) que tivesse praticado ato com excesso de poderes ou infração à lei ou, ainda, ao contrato ou estatuto social.

A esse respeito, confira-se como exemplo julgado proferido pelo Superior Tribunal de Justiça (STJ) no âmbito de Agravo Regimental (AgRg) em Recurso Especial (REsp):

---

5 "Art. 135. São pessoalmente responsáveis pelos créditos correspondentes a obrigações tributárias resultantes de atos praticados com excesso de poderes ou infração de lei, contrato social ou estatutos: [...] III – os diretores, gerentes ou representantes de pessoas jurídicas de direito privado."

6 A esse respeito, indicamos a decisão proferida no RE n. 562.276/PR, Tribunal Pleno, Rel. Ministra Ellen Gracie, julgado em: 3 nov. 2010.

AGRAVO REGIMENTAL NO RECURSO ESPECIAL. TRIBUTÁRIO. EXECUÇÃO FISCAL. CONTROVÉRSIA SOBRE A POSSIBILIDADE DE INCLUSÃO DO SÓCIO NO POLO PASSIVO DA EXECUÇÃO FISCAL. SUPOSTA DISSOLUÇÃO IRREGULAR DA SOCIEDADE. RESPONSABILIZAÇÃO DO SÓCIO PELA SIMPLES FALTA DE PAGAMENTO DO TRIBUTO. IMPOSSIBILIDADE. FALTA DO NOME NA CDA. NECESSIDADE DE O EXEQUENTE COMPROVAR OS REQUISITOS DO ART. 135, III, DO CTN.

1. É firme a orientação desta Corte no sentido de **não ser possível a inclusão de diretores, gerentes ou representantes da pessoa jurídica no polo passivo da execução fiscal, quando não estiver configurada a prática de atos com excesso de poderes ou infração de lei, contrato social ou estatuto,** ou, ainda, a dissolução irregular da sociedade. A simples falta de pagamento do tributo associada à inexistência de bens penhoráveis no patrimônio da devedora, por si só, não enseja a responsabilidade do sócio, tendo em vista que a responsabilidade prevista no art. 135, III, do CTN, não é objetiva. [...]

5. Agravo regimental desprovido. (STJ, AgRg no REsp n. 1.034.238/SP, 1ª Turma, Rel. Min. Denise Arruda, julgado em: 4 maio 2009, grifos nossos)

Esse entendimento também se traduz na Súmula n. 392 do mesmo STJ, que, em que pese admitir a substituição da certidão antes da prolação de sentença em embargos à execução, veda que essa substituição implique em modificação do sujeito passivo: "A Fazenda Pública pode substituir a certidão de dívida ativa (CDA) até a prolação da sentença de embargos, quando se tratar de correção de erro material ou formal, vedada a modificação do sujeito passivo da execução".

Mais recentemente, a estratégia processual para a inclusão dos sócios e/ou administradores no polo passivo das demandas de cobrança de natureza fiscal foi alterada para que ocorresse já no momento da inscrição do débito em dívida ativa, fazendo com que seus nomes já constassem na Certidão de Dívida Ativa (CDA), que goza, nos termos do art. 204 do CTN,[7] de presunção de liquidez e certeza. Tal mudança de estratégia levou a uma nova etapa de discussões, pois, a partir de então, torna-se necessário avaliar se a presunção de certeza quanto à

---

7 "Art. 204. A dívida regularmente inscrita goza da presunção de certeza e liquidez e tem o efeito de prova pré-constituída. Parágrafo único. A presunção a que se refere este artigo é relativa e pode ser ilidida por prova inequívoca, a cargo do sujeito passivo ou do terceiro a que aproveite."

responsabilidade tributária dos terceiros seria suficiente para assegurar que estes deveriam fazer frente ao pagamento do tributo, independentemente da demonstração de efetiva ocorrência de alguma das hipóteses previstas nos art. 134 ou 135 do CTN.

A esse respeito, nos parece que existem três hipóteses distintas, que merecerão cada uma delas uma solução diferente:

i. mera inclusão daqueles considerados responsáveis na CDA, sem qualquer demonstração de efetiva ocorrência de uma das hipóteses legais de responsabilização;

ii. inclusão dos responsáveis na CDA mediante mera indicação de seus nomes no processo administrativo de constituição do crédito tributário, sem demonstração da ocorrência dos requisitos previstos na legislação; e

iii. inclusão dos responsáveis na CDA após efetiva discussão a respeito dos atos cometidos que caracterizam sua condição de responsáveis pelos débitos em discussão.

Diante das três hipóteses, nos parece que a primeira e segunda não representam adequadamente o procedimento para pretender responsabilizar terceiros por débito de outrem.

No que se refere à primeira hipótese, a mera inclusão dos nomes dos supostos responsáveis na CDA constitui, a nosso ver, artifício para buscar sustentar tal responsabilização na presunção de certeza atribuída a esse título por força do já mencionado art. 204 do CTN. Tal situação se repete na segunda hipótese, na qual a mera inclusão do nome daquele que se pretende responsabilizar, sem demonstração por parte do ente arrecadador dos requisitos previstos nos art. 134 e 135 do CTN, busca apenas dar a ideia de que deve ser considerada como certa, ante a existência de presunção (que admite demonstração em contrário) de sua legitimidade.

Para que se possa atribuir verdadeiramente o efeito de presunção de certeza próprio do título executivo que a CDA representa, é necessário que todos os elementos nela indicados (incluindo os devedores ou eventuais responsáveis tributários) tenham sido bem delimitados durante o procedimento de constituição do crédito tributário. Essa delimitação, em atendimento aos princípios do devido processo legal e da ampla defesa, previstos nos incisos LIV e LV do art. 5º da Constituição Federal, requer não só a descrição pormenorizada das evidências que justificariam essa inclusão (quando do ato inicial do procedimento de constituição do crédito – normalmente o auto de infração), como também a existência de processo regular de contraditório, para que seja dada a oportunidade efetiva de contestação por parte daquele que está sendo incluído no polo passivo da discussão.

Note-se que a questão gerou grande controvérsia nos embates entre a Fazenda e os contribuintes, tendo o STJ acabado por admitir que a inclusão do nome do responsável no polo passivo já seria elemento suficiente para ensejar a inversão do ônus da prova, como se verifica da análise do REsp n. 1.104.900/ES (julgado em sede de repetitivo). Todavia, mesmo nos casos em que essa posição prevaleceu, parte dos ministros se manteve firme no posicionamento de que a mera inclusão, sem demonstração regular em processo administrativo prévio no qual tivesse sido efetivamente discutida a responsabilização dos terceiros, seria de questionável regularidade:

> AGRAVO REGIMENTAL NO RECURSO ESPECIAL. TRIBUTÁRIO. EXECUÇÃO FISCAL. CABE AO SÓCIO/ADMINISTRADOR O DEVER DE PROVAR QUE NÃO AGIU COM EXCESSO DE PODER, INFRAÇÃO A LEI OU AO CONTRATO SOCIAL EM SUA GESTÃO QUANDO O SEU NOME CONSTA NA CDA. RECURSO REPRESENTATIVO DE CONTROVÉRSIA: RESP. 1.104.900/ES, REL. MIN. DENISE ARRUDA, DJE 01.04.2009. **RESSALVA DO PONTO DE VISTA DO RELATOR. AGRAVO REGIMENTAL DESPROVIDO.** [...]
>
> 2. **O só fato de constar o nome do sócio na CDA, nos casos em que o lançamento é feito pelo Fisco, não o legítima automaticamente para a execução tributária sob um dos fundamentos do art. 135, III do CTN, se este fundamento não veio especificado quando de sua inclusão como coobrigado no lançamento,** isto é, quando não houve procedimento administrativo prévio tendente à apuração dessas circunstâncias, ou quando não indicado, no curso do processo, os fatos autorizativos da transferência de responsabilidade. [...]
>
> 4. Todavia, a 1a. Seção dessa Corte, reafirmou o entendimento esposado na decisão recorrida em sede de Recurso Especial representativo de controvérsia, ao decidir que, se a execução foi ajuizada apenas contra a pessoa jurídica, mas o nome do sócio consta da CDA, a ele incumbe o ônus da prova de que não ficou caracterizada nenhuma das circunstâncias previstas no art. 135 do CTN.

5. Agravo Regimental desprovido. (STJ, AgRg no REsp n. 1.248.451/SC, 1ª Turma, Rel. Min. Napoleão Nunes Maia Filho, julgado em: 26 nov. 2013, grifos nossos)

Tanto é assim que em 2010, nos autos dos embargos de declaração no AgRg no REsp n. 1.104.109/RJ, a relatora Ministra Eliana Calmon, ainda que reconhecesse a validade da inclusão de terceiros no polo passivo mediante a inscrição na CDA, indicou expressamente os requisitos que seriam necessários para essa inclusão:

> Com efeito, somente aquilo que resultou do processo administrativo fiscal possui presunção de certeza e de legitimidade. **Somente o resultado da atuação das partes em contraditório na formação do título executivo confere-lhe a presunção de legitimidade própria dos atos administrativos. A participação do devedor na formação do título executivo é uma constante em nosso sistema processual.**
>
> O ato de lançamento não é um ato administrativo como o resultante do poder de polícia, que é autoexecutável. O Estado precisa obter o título executivo para alcançar o patrimônio privado. E para que esse título seja válido deve passar por rígido controle de legalidade através de processo administrativo, chancelado finalmente pelo ato de inscrição em dívida ativa, que se constitui na última instância do controle de legalidade da persecução tributária. (STJ, AgRg no REsp n. 1.104.109/RJ, 2ª Turma, Rel. Min. Eliana Calmon, julgado em: 2 set. 2010, grifos nossos)

Por conta disso, em que pese a posição que vem sendo adotada de admitir a mera inclusão dos nomes dos supostos responsáveis na CDA para transferir o ônus da prova ao suposto devedor, nos parece que a melhor solução, que deveria ser adotada espontaneamente pelos agentes arrecadadores, inclusive para assegurar a legitimidade que se faz necessária ao trabalho do ente público, seria garantir ao longo do processo administrativo que a discussão acerca da responsabilização de terceiros fosse feita em detalhe, assegurando o contraditório e a ampla defesa para aquele que se vê injustamente incluído no polo passivo da execução fiscal.

Feitas essas considerações, passemos a outro tópico, decorrente desse primeiro até agora estudado, que diz respeito ao procedimento para discussão acerca da responsabilização de terceiro em processo de execução fiscal.

3. DEFESA DO TERCEIRO INCLUÍDO COMO RESPONSÁVEL NA CDA: NECESSIDADE DE OFERECIMENTO DE GARANTIA E OPOSIÇÃO DE EMBARGOS À EXECUÇÃO

Como mencionado, trataremos agora dos mecanismos de defesa, já em fase de execução fiscal, daqueles que foram incluídos como responsáveis pelo débito tributário na CDA. Convém relembrar que, originalmente, a defesa daqueles considerados responsáveis pelos débitos tributários ocorria por meio da apresentação de exceção de pré-executividade, incidente processual não expressamente previsto na legislação, mas que se prestava a permitir ao executado arguir matéria que independia da análise probatória.

Nesse contexto, as questões relacionadas à inclusão ou exclusão de terceiros considerados responsáveis pelo débito tributário, em especial na hipótese prevista no art. 135, inciso III, do CTN, muitas vezes poderiam ser resolvidas por meio desse incidente. Isso porque, como mencionado, a inclusão dos terceiros considerados responsáveis se dava durante o curso da execução, muitas vezes apenas por conta de o devedor principal não dispor de recursos suficientes para a quitação da dívida. Nesses casos, era evidente a impossibilidade de responsabilização dos sócios e/ou administradores, uma vez sequer observadas as condições do art. 135, inciso III.

Mais recentemente, por conta da mudança de estratégia adotada pelos entes arrecadadores para buscar incluir outros supostos responsáveis no polo passivo da execução fiscal, nova discussão passou a ser travada quanto à possibilidade de utilização da exceção de pré-executividade para questionamento desse assunto.

Como discutido no item anterior, a posição majoritária que vem sendo adotada pelo STJ é no sentido de reconhecer que, uma vez que o nome dos considerados corresponsáveis pela dívida esteja devidamente indicado na CDA, presume-se certa sua responsabilidade, cabendo ao terceiro que se considera indevidamente indicado a tarefa de questionar essa inclusão. Todavia, diferentemente do que acontecia no passado, a inclusão de seus nomes na CDA gera a presunção de certeza, que só seria passível de descaracterização por iniciativa do responsável, com a efetiva comprovação de que não se enquadra nos requisitos indicados pelo art. 135, inciso III, do CTN. Assim, passa a se exigir a comprovação de que não é responsável, comprovação esta que muitas vezes não se permite em sede de exceção de pré-executividade.

A esse respeito, confira-se a posição do STJ, também já prolatada em sede da sistemática dos recursos repetitivos:

> TRIBUTÁRIO. EXECUÇÃO FISCAL SÓCIO-GERENTE CUJO NOME CONSTA DA CDA. PRESUNÇÃO DE RESPONSABILIDADE. ILEGITIMIDADE PASSIVA ARGUIDA EM EXCEÇÃO DE PRÉ-EXECUTIVIDADE. INVIABILIDADE. PRECEDENTES.
>
> 1. A exceção de pré-executividade é cabível quando atendidos simultaneamente dois requisitos, um de ordem material e outro de ordem formal, ou seja: (a) é indispensável que a matéria invocada seja suscetível de conhecimento de ofício pelo juiz; e (b) é indispensável que a decisão possa ser tomada sem necessidade de dilação probatória.
>
> 2. Conforme assentado em precedentes da Seção, inclusive sob o regime do art. 543-C do CPC (REsp 1104900, Min. Denise Arruda, sessão de 25.03.09), **não cabe exceção de pré-executividade em execução fiscal promovida contra sócio que figura como responsável na Certidão de Dívida Ativa – CDA. É que a presunção de legitimidade assegurada à CDA impõe ao executado que figura no título executivo o ônus de demonstrar a inexistência de sua responsabilidade tributária**, demonstração essa que, por demandar prova, deve ser promovida no âmbito dos embargos à execução.
>
> 3. Recurso Especial provido. Acórdão sujeito ao regime do art. 543-C do CPC. (STJ, REsp n. 1.110.925/SP, 1ª Seção, Rel. Min. Teori Zavascki, julgado em: 4 maio 2009, grifos nossos)

Naturalmente, tal mudança de sistemática para permitir o questionamento acerca da ausência de hipótese de responsabilização de sócios e/ou administradores trouxe grande preocupação. Não só o ônus da prova da ausência de hipótese que permitisse a configuração da responsabilidade de terceiro (levando à necessidade de realização de "prova negativa") coloca o responsabilizado em condição de desigualdade, como também passa a se exigir dele que exerça seu direito de defesa em sede de embargos à execução.

Assim, aqueles que foram indevidamente incluídos na CDA passam não só a ter de fazer a prova de inocorrência de um fato, como devem fazer isso em procedimento que gera invariavelmente oneração severa de seu patrimônio pessoal, que deverá ser mantido indisponível como forma de assegurar a satisfação do crédito tributário pelo qual ele inclusive acredita não ser o responsável.

Acreditamos, contudo, que em algumas situações é possível questionar determinados vícios na responsabilização de terceiros por débitos tributários, especialmente quando deparamos com situações em que o elemento mais relevante que assegura a presunção de certeza da CDA não foi observado: o respeito aos princípios da ampla defesa e do contraditório em âmbito administrativo. Como mencionado, a conclusão pela existência de presunção de certeza quanto à indicação de responsáveis pelo débito na CDA deriva da confiança de que essa indicação foi devidamente debatida em âmbito administrativo (como todos os demais elementos da própria certidão), com a observância dos seguintes requisitos: (i) indicação clara, pela autoridade fiscal, dos elementos que permitiram identificar a hipótese de responsabilização utilizada; e (ii) possibilidade de que o responsabilizado exerça seu direito a ampla defesa e contraditório antes da decisão final em processo administrativo, que leva à constituição definitiva do crédito tributário.

Nesse contexto, caso tenha sido dada a oportunidade efetiva de defesa durante a fase administrativa, com a apreciação de todos os elementos trazidos pelo responsabilizado, nos parece que efetivamente restam respeitadas as condições que garantem a presunção (relativa) de certeza do título, justificando que novo pedido de exclusão ocorra por meio de oposição de embargos à execução. Tanto é assim que o próprio STF reconhece a necessidade de observância dos princípios da ampla defesa e do contraditório para garantir a efetividade da certeza da CDA:

> AGRAVO REGIMENTAL. TRIBUTÁRIO. RESPONSABILIDADE TRIBUTÁRIA. AUSÊNCIA DE CORRETA CARACTERIZAÇÃO JURÍDICA POR ERRO DA AUTORIDADE FISCAL. VIOLAÇÃO DO CONTRADITÓRIO, DA AMPLA DEFESA E DO DEVIDO PROCESSO LEGAL. INEXISTÊNCIA NO CASO CONCRETO.
>
> **Os princípios do contraditório e da ampla defesa aplicam-se plenamente à constituição do crédito tributário em desfavor de qualquer espécie de sujeito passivo, irrelevante sua nomenclatura legal** (contribuintes, responsáveis, substitutos, devedores solidários etc).
>
> Porém, no caso em exame, **houve oportunidade de impugnação integral da constituição do crédito tributário**, não obstante os lapsos de linguagem da autoridade fiscal. Assim, embora o acórdão recorrido tenha errado ao afirmar ser o responsável tributário estranho ao processo administrativo (motivação e fundamentação são requisitos de validade de qualquer ato administrativo plenamente vinculado), bem como ao concluir ser possível redirecionar ao

responsável tributário a ação de execução fiscal, independentemente de ele ter figurado no processo administrativo ou da inserção de seu nome na certidão de dívida ativa (Fls. 853), o lapso resume-se à declaração lateral (*obiter dictum*) completamente irrelevante ao desate do litígio.

Agravo regimental ao qual se nega provimento. (STF, AgRg no Recurso Extraordinário n. 608.426/PR, 2ª Turma, Rel. Min. Joaquim Barbosa, julgado em: 21 out. 2011, grifos nossos)

Portanto, em que pese a posição predominante de que a inclusão de responsáveis na CDA enseja necessariamente a discussão acerca da responsabilização por meio de embargos à execução, nos parece que ainda podem existir situações em que tal inclusão deve ser discutida em sede de exceção de pré-executividade, notadamente nas hipóteses em que a inclusão ocorreu sem observância adequada dos princípios constitucionais da ampla defesa e do contraditório.

4. CONSIDERAÇÕES FINAIS

Historicamente, um dos principais desafios relacionados à constituição definitiva do crédito tributário refere-se à inclusão de terceiros como responsáveis pelo débito tributário. A partir do momento que as autoridades passaram a incluir o nome daqueles que considera também responsáveis pela satisfação do débito na CDA, passou a valer a presunção de certeza quanto a esses terceiros.

Todavia, nos parece que essa presunção de certeza, com todos os seus efeitos intrínsecos e processuais, só poderia ser admitida caso essa inclusão fosse decorrência efetiva de ter havido discussão profunda a respeito da ocorrência de alguma das hipóteses previstas na legislação, com a observância do acesso à ampla defesa e ao contraditório ainda no âmbito do processo administrativo. Não sendo essa a situação, nos parece que a inclusão é equivocada e afasta, nesse particular, a presunção de certeza da CDA, permitindo ao contribuinte uma discussão prévia de sua responsabilidade, ainda em sede de exceção de pré-executividade.

IMPACTOS DO NCPC EM PROCEDIMENTOS PREVISTOS EM LEGISLAÇÃO ESPECÍFICA: EXECUÇÃO FISCAL, MEDIDA CAUTELAR FISCAL E MANDADO DE SEGURANÇA

Marcelo Salles Annunziata

1. INTRODUÇÃO

A edição de um novo Código de Processo Civil (CPC) marca a alteração de toda a gama de normas processuais aplicáveis aos casos de natureza cível e, especialmente nos casos fiscais (incluídos aí os tributários), afeta-os na medida em que, mesmo existindo legislações processuais especiais para determinados procedimentos fiscais, a norma geral do CPC aplica-se de modo subsidiário nesses casos. Daí a importância de se analisar detidamente o conteúdo da nova norma processual geral, para identificar as regras que seriam aplicáveis aos procedimentos especiais em matéria tributária, que é o que se pretende fazer nesse estudo.

Para fins do presente trabalho, delimitamos a análise dos efeitos das novas regras processuais a três procedimentos que são muito utilizados em matéria tributária: (i) a execução fiscal, regulada pela Lei n. 6.830/1980; (ii) a medida cautelar fiscal, tratada na Lei n. 8.397/1992; e (iii) o mandado de segurança, previsto na Lei n. 12.016/2009. Verificaremos que há importantes incidentes e regras previstos no Novo Código de Processo Civil (NCPC) que são aplicáveis a esses procedimentos especiais e, por consequência, exercem influência no desfecho de cada um daqueles casos.

Por exemplo, o NCPC criou o incidente de desconsideração da personalidade jurídica (IDPJ) nos seus art. 133 a 137, o qual, no nosso entendimento, é plenamente aplicável nas execuções fiscais quando se pretende redirecionar a cobrança da dívida a um sócio, administrador, gerente, preposto etc. de uma pessoa jurídica.

Da mesma forma, o NCPC estabeleceu regras para a celebração do chamado negócio jurídico processual (NJP), que nada mais é que as partes no processo poderem realizar um acordo a fim de estabelecer normas próprias na relação processual, com alguma flexibilização das regras processuais gerais aplicáveis, novidade esta que acreditamos se aplicar aos três procedimentos fiscais ora analisados – valendo lembrar, como adiante será detalhado, que no âmbito federal a Procuradoria-Geral da Fazenda Nacional (PGFN) já vem regulamentando o seu uso no caso das execuções fiscais.

Ademais, há regras de sucumbência contra a Fazenda Pública que, à exceção apenas do mandado de segurança (em que por expressa disposição legal não se aplica a condenação em sucumbência), aplicam-se tanto na execução fiscal (na verdade, nos embargos à execução fiscal, como se verá) e na medida cautelar fiscal.

Dessa forma, entraremos nessas novas regras processuais gerais e detalharemos seus impactos e sua aplicação na execução fiscal, na medida cautelar fiscal e no mandado de segurança, utilizados frequentemente em demandas tributárias.

2. APLICAÇÃO SUBSIDIÁRIA DO NCPC

Não se diverge que o CPC, enquanto norma geral que disciplina as regras processuais para feitos de natureza civil, se aplica de modo subsidiário às leis especiais que tratam de procedimentos processuais específicos que, exatamente por suas peculiaridades, demandam uma legislação própria, como é o caso da execução fiscal, da medida cautelar fiscal e do mandado de segurança, dentre muitos outros. De fato, essa conclusão nada mais é que a aplicação da regra de interpretação válida em nosso sistema jurídico, por meio da qual a "lei especial derroga a lei geral", ou seja, havendo legislação especial sobre determinado assunto, é ela que se aplica; àquelas questões, contudo, de que a lei especial acabou não tratando, aplica-se de forma subsidiária a lei geral, exatamente para suprir as lacunas que por certo deixa a legislação específica.

É assim na parte processual, mas também no direito substancial, como ocorre, por exemplo, com o Código Civil – lei geral que trata da disciplina da vida civil – em cotejo com a Lei do Inquilinato (Lei n. 8.245/1991), em que essa última, por ser especial, se aplica nas relações locatícias, sendo que o Código Civil só se aplica subsidiariamente. Isso ocorre em várias situações no nosso sistema jurídico.

Por essa razão, não restam dúvidas de que as normas gerais do NCPC se aplicam aos procedimentos fiscais ora analisados, naquilo sobre o que as leis específicas não dispõem e desde que a regra geral seja compatível com o rito processual seguido por determinado procedimento especial.

Por exemplo, ainda na vigência do CPC de 1973, a jurisprudência considerou que os embargos infringentes – previstos no art. 530 do Códex revogado – e a intervenção de terceiros – prevista nos art. 56 a 80 do mesmo diploma – não se aplicariam ao mandado de segurança, ainda que a lei referente a ele não tivesse previsão sobre esses institutos. Naqueles casos, considerou-se que, pelo fato de o mandado de segurança ter um rito sumário, em que há prova pré-constituída, não haveria espaço para aplicar intervenção de terceiros nem recurso de embargos infringentes, pois tirariam do mandado essa sua característica sumária e, portanto, de resolução rápida, sem provocação de quaisquer tumultos processuais que pudessem atravancar o seguimento normal do seu rito.

A mesma discussão se coloca sob a égide do NCPC, ou seja, as inovações trazidas pela nova regra geral processual somente se aplicarão desde que não haja qualquer conflito ou incompatibilidade com o rito de cada um dos procedimentos especiais aqui tratados.

Passa-se agora a analisar cada um desses procedimentos especiais e a trazer as regras processuais do NCPC que entendemos mais relevantes e que a eles devem ser aplicadas.

3. IMPACTOS NA EXECUÇÃO FISCAL (LEI N. 6.830/1980)

A execução fiscal é regulada pela Lei n. 6.830/1980, que é clara ao disciplinar que esse procedimento visa à cobrança da dívida ativa dos entes públicos, ou seja, União, estados, Distrito Federal e municípios, e de suas respectivas autarquias (art. 1º). A dívida ativa por óbvio não abrange apenas as dívidas tributárias, mas todos os débitos em que o credor seja a Fazenda Pública (art. 2º).

Na seara tributária, como se sabe, há a cobrança dos tributos primeiramente no âmbito administrativo, por meio do lançamento tributário (art. 142 do Código Tributário Nacional – CTN), que é a forma de constituição do crédito tributário por parte da administração pública em relação ao sujeito passivo (contribuinte). No âmbito administrativo, o lançamento pode ser contestado pelo sujeito passivo por meio de impugnações ou defesas administrativas, que suspendem a exigibilidade do crédito tributário nos termos do inciso III do art. 151 do CTN.

Havendo uma decisão final na esfera administrativa que considere devido o tributo, há a chamada constituição "definitiva" do crédito tributário. Não sendo este pago pelo contribuinte, a Fazenda Pública poderá fazer a sua exigência judicial forçada, e o procedimento que deverá seguir para tanto é a execução fiscal. Previamente ao ajuizamento da execução fiscal, o fisco inscreve o débito na dívida ativa do ente público correspondente, extrai a certidão de dívida ativa (CDA), que é o título executivo extrajudicial, e com ele promove então a execução, que é regida assim pela citada Lei n. 6.830/1980.

Vale lembrar que o NCPC tem um capítulo próprio que trata de execuções e outras regras por seu corpo espalhadas. Portanto, é certo que várias questões não previstas na lei especial serão tratadas pelo NCPC e são aplicáveis no âmbito da execução fiscal de forma subsidiária, como visto. Dentre esses vários dispositivos da lei geral aplicáveis à execução fiscal, chamam atenção o IDPJ e o NJP, que ora serão tratados.

3.1 Incidente de Desconsideração da Personalidade Jurídica

Previsto nos art. 133 a 137 do NCPC, o IDPJ foi criado visando dar maior segurança para as hipóteses em que, em um processo judicial, há discussão sobre a possibilidade de desconsiderar a autonomia patrimonial da pessoa jurídica para invadir o patrimônio de seus sócios, a fim de cobrar uma determinada dívida. Não se pode olvidar que a desconsideração é algo excepcional, uma vez que a regra geral é que não se confundem o patrimônio da empresa com o de seus sócios, sendo estes chamados a pagar as dívidas da empresa apenas em casos extremos, em que se comprove alguma situação de fraude ou confusão patrimonial, ou seja, alguma situação provocada pela atuação deliberada dos próprios sócios em detrimento do patrimônio da sociedade.

Antes do NCPC, não havia um procedimento específico a ser seguido dentro de um processo quando tal discussão surgia, o que muitas vezes gerava problemas, especialmente quanto ao direito de defesa dos sócios, pois, em alguns casos, o juiz decretava a desconsideração sem ter analisado propriamente todos os ângulos da questão, fiando-se no mais das vezes nos argumentos do credor. Para que isso fosse disciplinado, o NCPC trouxe regras a serem aplicadas para que seja viável ocorrer, em última análise, a desconsideração.

Assim, caso essa discussão surja no curso do processo, caberá à parte ou ao Ministério Público (MP) – quando a este couber intervir no processo – requerer a instauração do IDPJ, que poderá ser solicitada em todas as fases do processo de conhecimento, no cumprimento de sentença e na execução fundada em título executivo extrajudicial. A instauração do incidente suspende o curso do processo, sendo o sócio citado para manifestar-se e requerer as provas cabíveis no prazo de 15 dias. Ao final, o incidente é decidido pelo juiz por meio de decisão interlocutória.

Como visto, o IDPJ é muito salutar e preserva os direitos de os sócios não serem pegos de surpresa com eventual desconsideração e invasão de seus patrimônios sem que tenham tido a efetiva chance de se defender, inclusive com a suspensão do processo enquanto o incidente não é resolvido. Esse novel procedimento, portanto, assegura efetivamente a discussão e o contraditório sobre a questão, fazendo com que a situação excepcional da desconsideração somente ocorra após análise exaustiva por parte do juiz, acabando com as situações pretéritas a essa nova regra nas quais o sócio de uma empresa, por exemplo, acordava certo dia e, quando acessava a sua conta bancária, esta estava bloqueada e ele nem sabia do que se tratava.

Não temos dúvidas de que o IDPJ se aplica às execuções fiscais, porque (i) a Lei n. 6.830/1980 nada fala sobre a forma como pode ocorrer a desconsideração no executivo fiscal e, portanto, como visto, o NCPC se aplica de forma subsidiária; e (ii) o incidente não é de forma alguma incompatível com o rito da execução fiscal nem causa qualquer tumulto no processo, pelo contrário, assegura e garante que os sócios de empresas tenham amplo direito de defesa.

Veja que o art. 134 do NCPC, ao tratar das hipóteses de cabimento do IDPJ, diz expressamente que ele é cabível "na execução fundada em título executivo extrajudicial". Ora, o que é a CDA que documenta a execução fiscal senão exatamente um título executivo extrajudicial? Ademais, os argumentos até agora esposados pela PGFN para rechaçar o cabimento do incidente nas execuções fiscais são, em nosso entender, frágeis e não resistem a uma análise mais acurada. Esses argumentos podem ser assim sintetizados:

- não há previsão do incidente na Lei n. 6.830/1980 (ora, exatamente por isso é que é aplicável às execuções fiscais, por aplicação subsidiária do NCPC);
- permite apresentar uma defesa sem garantia, o que não seria viável no âmbito da execução fiscal (outro argumento frágil, na medida em que já está consagrada há muito a possibilidade de, no âmbito da execução fiscal, o contribuinte apresentar a "exceção de pré-executividade" quando há

alguma nulidade no título executivo e essa comprovação pode ser feita de plano; no caso da exceção, por óbvio não se exige garantia);
- a responsabilidade pessoal atribuída ao sócio pelo art. 135 do CTN não implicaria necessariamente a desconsideração da personalidade jurídica, que somente teria aplicação nos termos do art. 50 do Código Civil, quando há desvio de finalidade ou confusão patrimonial (mais uma vez temos de discordar, uma vez que a responsabilidade tributária prevista no art. 135 do CTN é pessoal, ou seja, o sócio é responsabilizado pessoalmente pela dívida originariamente em nome da empresa, o que à evidência significa que a personalidade jurídica patrimonial própria da empresa foi desconsiderada para atingir o patrimônio pessoal do sócio).

A corroborar esse entendimento, há algumas decisões de tribunais regionais federais (TRF).[1] Além disso, o autor Leonardo Carneiro da Cunha[2] defende enfaticamente a aplicação do IDPJ nas execuções fiscais, pois não seria possível "redirecionar" uma execução sem que fossem apurados os elementos subjetivos da responsabilidade e assegurados o contraditório e a ampla defesa, o que tornaria imperativo que a desconsideração e o redirecionamento fossem feitos por meio do citado incidente. Assim, o IDPJ, em nossa opinião, é uma das grandes inovações do NCPC que impactam a execução fiscal.

3.2 Negócio Jurídico Processual

O art. 190 do NCPC introduziu como novidade a possibilidade de as partes de um processo celebrarem "negócio jurídico", de forma a "estipular mudanças no procedimento para ajustá-lo às especificidades da causa e convencionar sobre os seus ônus, poderes, faculdades e deveres processuais, antes ou durante o processo", desde que o processo verse sobre direitos que admitam autocomposição. O juiz controlará a validade das convenções realizadas pelas partes, recusando sua aplicação somente nos casos de nulidade ou inserção abusiva em contrato de

---

1 "DIREITO TRIBUTÁRIO E PROCESSUAL CIVIL. AGRAVO DE INSTRUMENTO. EXECUÇÃO FISCAL. REDIRECIONAMENTO DO FEITO AO SÓCIO DA PESSOA JURÍDICA. INCIDENTE DE DESCONSIDERAÇÃO DA PERSONALIDADE JURÍDICA. NECESSIDADE. AGRAVO DE INSTRUMENTO IMPROVIDO" (TRF3, 1ª Turma, Rel. Des. Wilson Zauhy, julgado em: 27 jun. 2017). Além dessa decisão, vide Processos n. 0000123-84.2011.4.03.6113, TRF3, julgado em: 7 abr. 2016; e n. 0017610-97.2016.4.03.0000, TRF3, Rel. Des. Baptista Pereira.
2 CUNHA, Leonardo Carneiro da. *A Fazenda Pública em Juízo*. 13. ed. Rio de Janeiro: Forense, 2016.

adesão ou quando alguma parte se encontrar em manifesta situação de vulnerabilidade. O NCPC prevê ainda, no art. 191, a possibilidade de, em comum acordo, o juiz e as partes fixarem calendário para a prática de atos processuais, com a alteração, portanto, de prazos previstos no próprio Código.

Entendemos plenamente aplicável o NJP em execução fiscal/embargos, podendo haver acordo sobre diversos aspectos do procedimento, como qualidade/substância, valor e número de garantias que podem ser apresentadas, definição de calendário de prazos etc. Aliás, nesse sentido, vale lembrar que, no âmbito federal, a PGFN editou recentemente a Portaria PGFN n. 742, de 21 de dezembro de 2018, por meio da qual regulamentou a celebração do NJP em sede de execução fiscal, o que espanca qualquer eventual questionamento quanto a seu eventual cabimento.

Por meio dessa norma administrativa, o NJP para o equacionamento de débitos inscritos em dívida ativa da União poderá versar sobre: (i) calendarização da execução fiscal; (ii) plano de amortização do débito fiscal; (iii) aceitação, avaliação, substituição e liberação de garantias; (iv) modo de constrição ou alienação de bens. Por certo esse novo instituto será muito utilizado nas demandas civis e prestigiará a autonomia de vontade das partes para uma mais rápida e segura solução da lide, o que em última análise representará aplicação plena do devido processo legal.

3.3 Sucumbência nos termos do art. 85 do NCPC

O § 3º do art. 85 do NCPC estabeleceu critérios totalmente objetivos para a fixação de sucumbência em demandas que envolvem a Fazenda Pública, corrigindo um problema do CPC de 1973, que deixava brechas para atuação subjetiva do juiz no estabelecimento de condenação à Fazenda Pública na verba sucumbencial.

Assim, na vigência do CPC de 1973 não eram raros os casos envolvendo milhões de reais, com vitória do contribuinte, em que a Fazenda era condenada em valores irrisórios a título de honorários, geralmente fixos e de baixa monta, como R$ 5 mil ou R$ 10 mil. Isso costumava se aplicar – como visto, de forma totalmente desproporcional – em processos que duravam anos e passavam por diversos tribunais, chegando aos tribunais superiores, o que representava ao final uma remuneração pífia do advogado que por tantos anos havia atuado no caso.

A nova regra, portanto, que se aplica tanto para a Fazenda quanto para a outra parte do processo, cria critérios objetivos de acordo com o valor da causa (valor da condenação ou do proveito econômico), em percentuais maiores para menores valores envolvidos e vice-versa. Por exemplo, em uma ponta fixa um mínimo de 10% e um máximo de 20% se o valor envolvido for de até 200 salários mínimos;

já na outra ponta, estabelece mínimo de 1% e máximo de 3% para valores acima de 100 mil salários-mínimos.

Dessa forma, nos embargos à execução fiscal, havendo vitória do contribuinte e sendo extinto o débito fiscal, deverá obrigatoriamente a Fazenda Pública ser condenada de acordo com o critério objetivo definido pelo NCPC. Nesse caso, excepcionalmente, entendemos que, em caso de derrota nos embargos, não deverá haver a condenação do contribuinte na sucumbência, uma vez que, como é sabido, a Fazenda já inclui seus honorários (de 10% a 20%) na CDA que documenta a execução fiscal, então não faria sentido que o contribuinte pagasse em duplicidade.

4. IMPACTOS NA MEDIDA CAUTELAR FISCAL (LEI N. 8.397/1992)

A medida cautelar fiscal, instituída pela Lei n. 8.397/1992, criou procedimento visando decretar a indisponibilidade de bens de um certo devedor da Fazenda Pública, podendo ser instaurada previamente ao ajuizamento da execução fiscal (Lei n. 6.830/1980) ou no curso desta. O objetivo é assegurar que o devedor fiscal não se desfaça de seu patrimônio, que afinal é o que pagará a sua dívida em caso de procedência da cobrança fiscal. Assim, trata-se de medida preventiva, à disposição da Fazenda Pública, para evitar a dilapidação de patrimônio do sujeito passivo.

Há várias hipóteses para seu cabimento, valendo citar, conforme art. 2º da Lei n. 8.397/1992, quando o sujeito passivo de crédito tributário ou não tributário:

- caindo em insolvência, aliena ou tenta alienar bens;
- contrai ou tenta contrair dívidas que comprometam a liquidez de seu patrimônio;
- notificado pela Fazenda Pública para que pague o crédito fiscal, (i) deixa de pagá-lo no prazo legal ou (ii) põe ou tenta por seus bens em nome de terceiros;
- possui débitos, inscritos ou não em dívida ativa, que somados ultrapassem 30% do seu patrimônio conhecido;
- aliena bens ou direitos sem proceder à devida comunicação ao órgão da Fazenda Pública competente, quando exigível em virtude de lei; e
- pratica outros atos que dificultem ou impeçam a satisfação do crédito.

É importante citar também o art. 4º da Lei n. 8.397/1992, que preceitua que, sendo pessoa jurídica, a indisponibilidade recairá somente sobre os bens do ativo permanente, podendo, ainda, ser estendida aos bens do acionista controlador e dos que, em razão do contrato social ou estatuto, tenham poderes para fazer a empresa cumprir suas obrigações fiscais.

Verifica-se, portanto, que a lei permite que a indisponibilidade atinja os bens dos sócios ou acionistas, ou ainda administradores da empresa responsáveis por cumprir as obrigações fiscais, mas não prevê qualquer formalidade específica para que isso seja feito nem prevê de forma clara como deve ser comprovada pela Fazenda Pública a prática efetiva de atos de fraude pelos sócios/acionistas/administradores. Mas uma coisa é certa: essa prova terá de ser feita para que o juiz possa justificar eventual decreto de indisponibilidade de bens dessas pessoas.

E, aqui, indaga-se: para que isso ocorra, seria necessária a instauração do IDPJ como previsto nos art. 133 a 139 do NCPC? Entendemos que sim, e pelos mesmos motivos já apresentados no que toca ao processo de execução fiscal, ou seja, aplicação subsidiária do NCPC pela ausência de previsão na lei específica e compatibilidade do incidente com o rito da medida cautelar fiscal.

Há ainda um argumento que não poderá ser trazido pela Fazenda Pública como se faz no caso das execuções fiscais, em que se sustenta que não caberia o IDPJ no executivo pois isso permitiria ao sujeito passivo apresentar defesa sem garantia: no caso da cautelar, o próprio rito assegura a defesa por parte do sujeito passivo sem que seja necessária a apresentação de qualquer garantia (aliás, caso o contribuinte venha a apresentar garantia na cautelar, nos termos do art. 10 da Lei n. 8.397/1992, a medida cautelar é considerada substituída, ou, em outras palavras, perde totalmente seu objeto, sendo extinta por substituição).

Ainda, na medida cautelar fiscal se aplicam as mesmas regras processuais do NJP, conforme tratado no caso de execuções fiscais. Aplicam-se também a essa medida as regras de sucumbência em processos envolvendo a Fazenda Pública, na forma do art. 85 do NCPC.

Aqui, poderia se argumentar que, como na medida cautelar não se discute mérito, sendo apenas uma medida preventiva para assegurar uma cobrança judicial futura pela Fazenda, não deveria haver a cobrança de sucumbência. Contudo, nada mais equivocado, na medida em que tanto a Fazenda Pública quanto o contribuinte terão seus advogados atuando para o ingresso e a defesa no âmbito da medida, e somente por isso já se justifica o cabimento da condenação em honorários da parte perdedora. Assim, entendemos plenamente cabível a condenação em sucumbência no âmbito dessa medida.

5. IMPACTOS NO MANDADO DE SEGURANÇA (LEI N. 12.016/2009)

O mandado de segurança é previsto na Lei n. 12.016/2009, que revogou a Lei n. 1.533/1951, que anteriormente regulava esse tipo de procedimento. É um remédio constitucional que visa afastar atos praticados por autoridades públicas que sejam ilegais ou demonstrem abuso de poder.

Seu rito é sumário, com (i) pedido de liminar (se for o caso); (ii) informações prestadas pela autoridade pública contra a qual foi manejada a impetração; (iii) parecer do MP (por envolver o questionamento de um ato de autoridade pública, abrangeria interesses gerais); e (iv) sentença a ser proferida pelo juiz. Não há fase de instrução, devendo a prova pré-constituída já ser totalmente apresentada com a petição inicial pelo impetrante, que deve comprovar documentalmente os fatos e o direito alegados.

Por ser procedimento próprio para questionar atos emanados de autoridade pública, e sendo o tributo exatamente exigido por ato de autoridade pública com poder para cobrar tributos, seu uso no campo tributário é largamente difundido, sendo muito comum a discussão de legalidade/constitucionalidade de exigências tributárias por esse meio.

No mandado de segurança, dada a sua natureza especial e peculiar, e sendo um remédio constitucional à disposição do administrado contra abusos do poder público, não há condenação em sucumbência para a parte perdedora. Então, essa parte do NCPC (especialmente o art. 85, que trata de sucumbência em ações envolvendo a Fazenda Pública e é uma novidade) aqui não se aplica. Contudo, outros institutos processuais se aplicam ao mandado de segurança, que é o que veremos agora.

O NJP, como já descrito no item das execuções fiscais, aplica-se plenamente ao mandado de segurança. Poderia se argumentar que não deveria ser aplicável, pois poderia atrapalhar o rito sumário do mandado e causar um atraso em seu andamento (além de supostamente a Lei n. 12.016/2009 não trazer brecha para sua inclusão dentro desse rito). Contudo, entendemos que, pelo contrário, sua aplicação no mandado de segurança poderia ser bastante útil, até para agilizar o seu trâmite.

Imagine, por exemplo, a celebração de um NJP em que as partes concordem em não haver a confecção de parecer do MP – até porque é sobejamente conhecida a posição do Parquet em demandas tributárias de particulares contra a Fazenda Pública no sentido de que não se justifica a intervenção do MP – e em que se acorde pela diminuição de prazos recursais, como fixar que eventual recurso de apelação de qualquer das partes deveria ser interposto em 5 dias úteis, e não em 15, como é a regra geral.

O tempo que demoraria para que fosse celebrado o NJP seria outro argumento daqueles que defendem sua incompatibilidade com o rito do mandado de segurança. Contra essa argumentação, contudo, deve-se dizer que bastaria uma mera petição conjunta das partes dizendo as regras que gostariam que fossem aplicadas e isso poderia ser facilmente aprovado pelo juiz. Outra possibilidade seria uma das partes apresentar uma petição com a proposição do acordo e a outra parte concordar ou estabelecer outras regras; nesse caso, por óbvio, valerá a atuação diligente do juiz não deixando que a discussão se perpetue, decidindo rapidamente e fixando as regras que entender cabíveis. Isso ocorrendo, não acreditamos que haverá prejuízos à celeridade e ao rito sumário do mandado de segurança.

Já quanto ao IDPJ, parece-nos que a instauração desse incidente, inclusive porque pela regra processual ele suspende o curso do processo até sua decisão final, não seria cabível no mandado de segurança, sob pena de frustrar seu rito sumário e a rápida conclusão da ação que são os pilares em que se sustenta essa garantia constitucional.

6. CONSIDERAÇÕES FINAIS

Como visto, o NCPC se aplica subsidiariamente a procedimentos especiais diversos, sendo que, para fins do presente estudo, nos interessam a execução fiscal, a medida cautelar fiscal e o mandado de segurança.

Na execução fiscal, vimos que o IDPJ e os honorários de sucumbência para os embargos à execução fiscal, bem como as regras atinentes à celebração de NJP, são aplicáveis.

Na medida cautelar fiscal, aplicam-se os mesmos institutos da execução fiscal, até porque essa medida está conectada à futura cobrança da dívida ativa por parte da Fazenda Pública, como visto.

Já no mandado de segurança, que apresenta um rito sumário, bastante peculiar e muito diverso do procedimento comum, entendemos aplicável em sua plenitude o NJP.

Por fim, vale enfatizar que todas as regras processuais gerais que forem interessantes no sentido de dar agilidade e efetividade aos procedimentos especiais devem ser aplicadas a estes e aceitas pelas partes e pelo poder judiciário, e é isso que esperamos que se concretize em nosso sistema jurídico.

JURISPRUDÊNCIA DEFENSIVA E O NCPC

Luiz Roberto Peroba

1. INTRODUÇÃO

Desde muito a sobrecarga do poder judiciário brasileiro, com um número avassalador de processos para julgar, tem sido observada por toda a comunidade jurídica. Como consequência de o ordenamento jurídico brasileiro privilegiar os princípios do devido processo legal e da ampla defesa, a serem exercidos também mediante o esgotamento das vias recursais, tal sobrecarga acaba por não se restringir às instâncias originárias, atingindo, especialmente, os tribunais superiores brasileiros.

De acordo com dados disponibilizados pelo Superior Tribunal de Justiça (STJ),[1] no ano de 2018, cada ministro do referido tribunal julgou em média 15.508 recursos e processos originários, o que espanta ainda mais ao levarmos em consideração que o dado se refere a um tribunal superior, cuja função principal é a preservação da autoridade da legislação. A título comparativo, cabe observar que as cortes supremas americana e britânica julgam, aproximadamente, 100 a 200 casos por ano.[2]

---

1 *STJ julga um processo por minuto e passa de meio milhão em 2018*. Disponível em: <http://www.stj.jus.br/sites/STJ/default/pt_BR/Comunica%C3%A7%C3%A3o/noticias/Not%C3%ADcias/STJ-julga--um-processo-por-minuto-e-passa-de-meio-milh%C3%A3o-em-2018>. Acesso em: 1 mar. 2019.
2 BIAZOTTI, Thiago. Ainda a jurisprudência defensiva do STJ. *JOTA*, 6 mar. 2018.

Vale notar, ainda, que a disparidade entre o volume de casos julgados pelos tribunais superiores brasileiros quando comparados às cortes superiores de outros países não é recente. Nesse sentido, confira-se o volume de casos julgados pelos tribunais constitucionais do Brasil, da Espanha e dos Estados Unidos em 2013.[3]

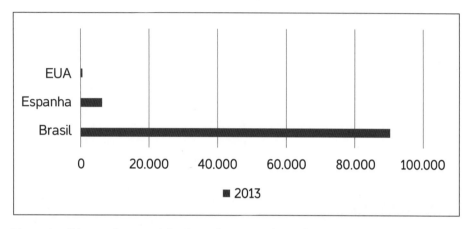

Figura 1 – Número de casos julgados pelos respectivos tribunais constitucionais.

Diante disso, a fim de amenizar a crise de efetividade que vêm enfrentando, os tribunais superiores têm frequentemente adotado uma postura defensiva e se utilizado de mecanismos para evitar o julgamento de mérito dos recursos interpostos,[4] de modo a acelerar o trâmite processual, desobstruir pautas de julgamentos e até desestimular a interposição de novos recursos.[5] Assim, passou-se a denominar "jurisprudência defensiva" a prática adotada pelos tribunais, especialmente as cortes superiores, caracterizada pelo não conhecimento de recursos em virtude do

---

3   O Brasil julgou 90.254 casos, a Espanha, 6.217 casos, e os Estados Unidos, 130 casos. O gráfico foi elaborado com base em relatórios disponibilizados no site do STF (http://www.stf.jus.br/portal/cms/verTexto.asp?servico=estatistica&pagina=decisoesgeral), da Suprema Corte Americana (http://www.uscourts.gov/about-federal-courts/educational-resources/about-educational-outreach/activity-resources/about) e (http://www.supremecourt.gov/faq.aspx#faqgi9.) da Espanha: (http://www.tribunalconstitucional.es/es/tribunal/memorias/Documents/Estadisticas2013.pdf).
4   FARIA, Márcio Carvalho. O formalismo exacerbado quanto ao preenchimento de guias de preparo: ainda a jurisprudência defensiva dos tribunais superiores. *Revista de Processo*, ano 36, v. 193, p. 231-254, mar. 2011.
5   BIAZOTTI, Thiago. Ainda a jurisprudência defensiva do STJ. *JOTA*, 6 mar. 2018.

apego excessivo a entraves formalistas relacionados aos pressupostos de admissibilidade recursal, o que tem sido alvo constante de críticas e reprovações da doutrina.[6] Ao longo dos anos, essa prática defensiva foi sendo aprimorada pelos tribunais superiores de diversas formas.

Na vigência do Código de Processo Civil (CPC) de 1973, por exemplo, não raras eram as ocasiões em que o STJ decidia por (i) impossibilidade de regularização da representação processual em instância superior;[7] (ii) inadmissibilidade do recurso especial quando o número do processo recorrido não constasse na guia de recolhimento da União;[8] e (iii) extemporaneidade do recurso especial interposto antes do julgamento de embargos de declaração, se não ratificado após a publicação da decisão de julgamento dos referidos embargos,[9] entre outros.

No entanto, com a publicação da Lei n. 13.105/2015, responsável pela promulgação do Novo Código de Processo Civil (NCPC), não apenas princípios como inafastabilidade da jurisdição, contraditório, eficiência, boa-fé e cooperação foram positivados, mas também, conforme se verá a seguir, foram instituídos diversos dispositivos que visam eliminar os excessos de formalismo adotados até então, na tentativa de prestigiar a obtenção de uma decisão de mérito justa e efetiva. Contudo, apesar de o NCPC instituir diversos dispositivos tendentes a extirpar, ou no mínimo mitigar, a jurisprudência defensiva, de forma geral, a prática ainda persiste, o que evidencia quase um grito de socorro do poder judiciário brasileiro, no sentido de que essa quantidade absurda de recursos não deveria ter de ser analisada, especialmente em instâncias superiores.

---

6 "Citem-se dois exemplos: Cruz e Tucci, José Rogério. *Um basta à perversidade da jurisprudência defensiva*. Medina, José Miguel Garcia. *Pelo fim da jurisprudência defensiva: uma utopia?* Um dos autores deste escrito já teve a oportunidade de se pronunciar nesse mesmo sentido: A jurisprudência defensiva no STJ à luz dos princípios do acesso à justiça e da celeridade processual. *Revista de Processo*. v. 254. São Paulo, Editora RT, 2016, pp. 339-373"(VAUGHNM Gustavo Fávero; VEIGA, Natália Salvador. *A jurisprudência defensiva ataca novamente*. Disponível em: <https://www.migalhas.com.br/dePeso/16,MI264821,61044-A+jurisprudencia+defensiva+ataca+novamente%C2%B9>. Acesso em: 3 mar. 2019).

7 STJ, AgInt no AREsp n. 1028866/SE, 3ª Turma, Rel. Min. Nancy Andrighi, julgado em: 15 ago. 2017.

8 FARIA, Márcio Carvalho. O formalismo exacerbado quanto ao preenchimento de guias de preparo: ainda a jurisprudência defensiva dos tribunais superiores. *Revista de Processo*, ano 36, v. 193, p. 231-254, mar. 2011.

9 Súmula n. 418 do STJ: "É inadmissível recurso especial interposto antes da publicação do acórdão dos embargos de declaração, sem posterior ratificação".

Conforme se verifica das próprias mudanças instituídas pelo NCPC, a estrutura de nosso ordenamento jurídico foi toda desenhada de modo a permitir a interposição e a análise de recursos pelas partes do processo. Logo, se os julgadores e, em especial, os ministros que compõem os tribunais superiores visam resolver uma crise de efetividade que claramente é de ordem estrutural, é certo que isso deve ser feito por meio de reformas processuais na própria estrutura de nosso ordenamento jurídico, com uma postura mais ativa desses personagens quando da elaboração de tais reformas, e jamais às custas da tutela dos direitos fundamentais.

Estabelecida a premissa na qual o NCPC foi promulgado, na qual temos, de um lado, um poder judiciário sobrecarregado que vem criando mecanismos puramente formalistas como obstáculo para o exame do mérito dos recursos e, de outro, a necessidade de maximização dos direitos fundamentais e da garantia da justiça material da decisão, passa-se agora a analisar alguns dos dispositivos incluídos pelo NCPC na tentativa de extinguir, ou ao menos mitigar, a jurisprudência defensiva e a consequente criação de dilações processuais indevidas, bem como a verificar como tais mudanças têm sido enfrentadas na prática pelos tribunais superiores.

2. MUDANÇAS IMPLEMENTADAS PELO NCPC E POSICIONAMENTO DOS TRIBUNAIS SUPERIORES

Logo na Exposição de Motivos do NCPC, o legislador foi claro com relação à finalidade maior do processo como a realização do direito material e o prestígio do julgamento de mérito em um prazo razoável, ainda que sob pena do não preenchimento de alguns requisitos de admissibilidade recursal, privilegiando-se o conteúdo em detrimento da forma:

> Com objetivo semelhante, permite-se no novo CPC que os Tribunais Superiores apreciem o mérito de alguns recursos que veiculam questões relevantes, cuja solução é necessária para o aprimoramento do Direito, ainda que não estejam preenchidos requisitos de admissibilidade considerados menos importantes. Trata-se de regra afeiçoada à processualística contemporânea, que privilegia o conteúdo em detrimento da forma, em consonância com o princípio da instrumentalidade.

Verifica-se de plano, pois, a intenção do legislador em eliminar, ou ao menos mitigar, a prática da jurisprudência defensiva em nosso ordenamento jurídico processual. Não obstante, além dessa diretriz genérica acerca da prevalência do conteúdo sobre a forma que guiou a elaboração do novo diploma normativo, cabe ressaltar que o legislador positivou esse racional em diversos dispositivos que enaltecem a primazia do julgamento de mérito[10] e da colaboração[11] entre as partes do processo.[12]

A esse respeito, o NCPC estabeleceu expressamente, em seu art. 932, parágrafo único, que "antes de considerar inadmissível o recurso, o relator concederá o prazo de 5 (cinco) dias ao recorrente para que seja sanado vício ou complementada a documentação exigível". Da mesma forma, em seu art. 1.029, § 3º, instituiu a possibilidade de os tribunais superiores desconsiderarem vícios formais de recursos tempestivos ou determinarem sua correção, desde que não os reputem graves.

Todavia, até então, conforme mencionado no item 1, eventuais vícios de representação processual eram tratados de forma muito rígida pelo STJ, que não raro entendia pela impossibilidade de regularização processual na fase recursal. Contudo, tal matéria foi agora disciplinada pelo NCPC, que, em seu art. 76, *caput* e § 2º, determinou que, nos casos envolvendo irregularidade de representação, o juiz deverá suspender o processo e designar prazo razoável para que o vício seja sanado, inclusive em fase recursal, de modo que o não conhecimento do recurso apenas poderá ocorrer se a determinação for descumprida pelo recorrente.[13]

Além disso, o preenchimento incorreto da guia de custas para interposição recursal costumava ser penalizado com a declaração de deserção do recurso sob o fundamento de que teria ocorrido preclusão consumativa,[14] nos termos do que estabelecia a Súmula n. 187 do STJ.[15] Ciente dos entraves à efetividade do julga-

---

10 "Art. 4º. As partes têm o direito de obter em prazo razoável a solução integral do mérito, incluída a atividade satisfativa."

11 "Art. 6º. Todos os sujeitos do processo devem cooperar entre si para que se obtenha, em tempo razoável, decisão de mérito justa e efetiva."

12 VAUGHNM Gustavo Fávero; VEIGA, Natália Salvador. *A jurisprudência defensiva ataca novamente*. Disponível em: <https://www.migalhas.com.br/dePeso/16,MI264821,61044-A+jurisprudencia+defensiva+ataca+novamente%C2%B9>. Acesso em: 3 mar. 2019.

13 "Art. 76. Verificada a incapacidade processual ou a irregularidade da representação da parte, o juiz suspenderá o processo e designará prazo razoável para que seja sanado o vício. [...] § 2º Descumprida a determinação em fase recursal perante tribunal de justiça, tribunal regional federal ou tribunal superior, o relator: I – não conhecerá do recurso, se a providência couber ao recorrente; II – determinará o desentranhamento das contrarrazões, se a providência couber ao recorrido."

14 VAUGHNM Gustavo Fávero; VEIGA, Natália Salvador. *A jurisprudência defensiva ataca novamente*. Disponível em: <https://www.migalhas.com.br/dePeso/16,MI264821,61044-A+jurisprudencia+defensiva+ataca+novamente%C2%B9>. Acesso em: 3 mar. 2019.

15 "É deserto o recurso interposto para o Superior Tribunal de Justiça, quando o recorrente não recolhe, na origem, a importância das despesas de remessa e retorno dos autos."

mento de mérito que eram ocasionados por essa postura defensiva do tribunal, o art. 1.007, § 7º, do NCPC buscou resolver esse problema e estabeleceu que o equívoco no preenchimento da guia de custas não implicará a aplicação da pena de deserção. Neste caso, caberá ao relator, se houver dúvida quanto ao recolhimento, intimar o recorrente para sanar o vício no prazo de 5 dias. Ademais, inovando ao que vinha sendo estabelecido até então, o § 5º do mesmo dispositivo do NCPC ainda permitiu a possibilidade de pagamento integral das custas mesmo após a interposição de recurso, desde que, nesse caso, o pagamento se dê em dobro.

Com relação ao entendimento acerca da inadmissibilidade do recurso especial interposto antes da publicação do acórdão dos embargos de declaração, nos casos em que não tenha havido posterior ratificação pelo recorrente, o NCPC, em oposição ao que previa a Súmula n. 418 do STJ, pacificou de vez a questão e determinou que (i) será considerado tempestivo o ato praticado antes do termo inicial do prazo;[16] e (ii) não será necessária posterior ratificação se não houver alteração da conclusão do julgamento anterior.[17]

Faz-se oportuno ressaltar que o NCPC ainda estabeleceu a possibilidade de fungibilidade entre os recursos especiais e extraordinários, determinando que caso o relator do recurso especial entenda que a matéria versa sobre questão constitucional a ser analisada pelo Supremo Tribunal Federal (STF), este deverá conceder prazo de 15 dias para que o recorrente demonstre a presença dos requisitos de admissibilidade do recurso extraordinário (repercussão geral e violação à Constituição Federal).[18] Por outro lado, caso o STF entenda que a ofensa alegada em recurso extraordinário é reflexa à Constituição Federal por requerer a revisão de interpretação de lei federal ou tratado, deverá remeter os autos ao STJ para julgamento como recurso especial.[19] Com isso, objetivou-se minimizar a dificuldade

---

[16] "Art. 218. [...] § 4º Será considerado tempestivo o ato praticado antes do termo inicial do prazo."
[17] "Art. 1.024 [...] § 5º Se os embargos de declaração forem rejeitados ou não alterarem a conclusão do julgamento anterior, o recurso interposto pela outra parte antes da publicação do julgamento dos embargos de declaração será processado e julgado independentemente de ratificação."
[18] "Art. 1.032. Se o relator, no Superior Tribunal de Justiça, entender que o recurso especial versa sobre questão constitucional, deverá conceder prazo de 15 (quinze) dias para que o recorrente demonstre a existência de repercussão geral e se manifeste sobre a questão constitucional. Parágrafo único. Cumprida a diligência de que trata o caput, o relator remeterá o recurso ao Supremo Tribunal Federal, que, em juízo de admissibilidade, poderá devolvê-lo ao Superior Tribunal de Justiça."
[19] "Art. 1.033. Se o Supremo Tribunal Federal considerar como reflexa a ofensa à Constituição afirmada no recurso extraordinário, por pressupor a revisão da interpretação de lei federal ou de tratado, remetê-lo-á ao Superior Tribunal de Justiça para julgamento como recurso especial."

que reside no manejo de recursos aos tribunais superiores, em que frequentemente as partes, por receio de que seu recurso seja inadmitido, se veem obrigadas a interpor ambos os recursos na tentativa de que ao menos um deles seja conhecido.[20]

Em vista do exposto, pode-se inferir que o NCPC buscou se conectar a uma ideia de processo contemporânea marcada por um "formalismo valorativo", isto é, pela preocupação com a efetivação dos direitos e das garantias individuais, e não pelo apego à forma. A forma, segundo essa visão, embora importante, deve ser interpretada sem exageros, de modo razoável e finalístico, para que não venha a se sobrepor à tutela do direito material.[21] Preenchido por um espírito de aproveitamento e flexibilização procedimental, o NCPC criou todo um ambiente de favorecimento ao exame do mérito processual e à eliminação da jurisprudência defensiva, buscando positivar a aplicação do princípio da cooperação processual, segundo o qual o processo deve ser entendido como um produto da atividade de cooperação existente entre o juiz e as partes.

Não obstante, ainda é muito cedo para que se possa chegar a alguma conclusão sobre a minimização da jurisprudência defensiva após a promulgação do NCPC, conforme demonstra o gráfico a seguir, elaborado com base nos relatórios anuais disponibilizados pelo STJ,[22] que indicam o total de Recursos Especiais (REsp) e Agravos em Recursos Especiais (AREsp) julgados pelo referido tribunal.

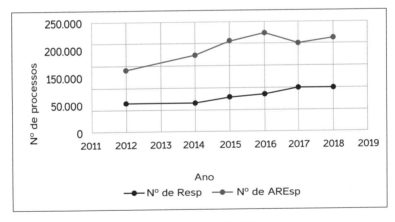

Figura 2 – Número de REsp e AREsp julgados pelo STJ.

---

20 MOLLICA, Rogério. A garantia a um processo sem armadilhas e o Novo Código de Processo Civil. *Revista Brasileira de Direito Processual* – RDBPro, Belo Horizonte, ano 23, n. 90, p. 464-475, abr./jun. 2015.

21 MAZZOLA, Marcelo. Formalismo-valorativo e primazia de mérito: combate à jurisprudência defensiva dos tribunais. *Revista de Processo*, v. 281/2018, p. 305-333, jul. 2018.

22 Foram consultados os relatórios anuais de 2012, 2014, 2015, 2016, 2017 e 2018. Disponível em: <http://www.stj.jus.br/webstj/Processo/Boletim/>. Acesso em: 7 mar. 2019.

Da análise do referido gráfico, verifica-se que, embora de 2016 (entrada em vigor do NCPC) até o final de 2018 o número de REsp analisados pelo tribunal tenha aumentado, e o de AREsp, diminuído, tal redução foi muito pouco expressiva, o que nos leva a concluir[23] que ainda temos um longo caminho pela frente até que a ideologia presente no NCPC seja efetivamente refletida em termos de número de julgados e, especificamente, diminuição da prolação de decisões determinando a inadmissibilidade de recursos especiais com base em aspectos meramente formais. Ademais, apesar do incontestável esforço normativo do NCPC para evitar a aplicação descabida da jurisprudência defensiva em prol da realização do julgamento de mérito dos recursos, cabe frisar que, com relação a matérias cujo trato não foi expressamente abordado ou modificado pelo novo diploma normativo, a jurisprudência defensiva persiste e o apego aos aspectos formais ainda se sobressai.

Como exemplo, cite-se a possibilidade de comprovação *a posteriori* de feriado local para fins de tempestividade recursal. Isso porque, até então, o STJ, aplicando entendimento adotado pela corte especial no julgamento do Agravo Regimental (AgRg) no AREsp n. 137.141/SE – que, por sua vez, acompanhava entendimento manifestado pelo Pleno do STF no julgamento do AgRg no Recurso Extraordinário (RE) n. 626.358/MG –, entendia pela possibilidade de comprovação posterior de feriado local para demonstrar o cumprimento do requisito da tempestividade recursal.[24] No entanto, com a edição do NCPC, o STJ alterou seu entendimento[25] sobre o tema e passou a não admitir a comprovação posterior de feriado local, sob

---

23 Frise-se que tal conclusão foi obtida unicamente com base na análise dos relatórios anuais disponibilizados no site do STJ, os quais indicam apenas o número de REsp e AREsp julgados pelo STJ, sem o exame de quaisquer outras variáveis que podem vir a impactar a referida conclusão.

24 VAUGHNM Gustavo Fávero; VEIGA, Natália Salvador. *A jurisprudência defensiva ataca novamente*. Disponível em: <https://www.migalhas.com.br/dePeso/16,MI264821,61044-A+jurisprudencia+defensiva+ataca+novamente%C2%B9>. Acesso em: 3 mar. 2019.

25 AgInt no AREsp n. 1.064.113/SE, Rel. Min. Paulo de Tarso Sanseverino, 3ª Turma, julgado em: 27 jun. 2017; AgInt no REsp n. 1.626.179/MT, Rel. Min. Ricardo Villas Bôas Cueva, 3ª Turma, julgado em: 7 mar. 2017; AgInt no AREsp n. 1.005.100/SP, Rel. Min. Sérgio Kukina, 1ª Turma, julgado em: 23 maio 2017; AgInt no AREsp n. 990.221/MT, Rel. Min. Assusete Magalhães, 2ª Turma, julgado em: 4 maio 2017; AgInt no AREsp n. 1.024.123/MG, Rel. Min. Nancy Andrighi, 3ª Turma, julgado em: 23 maio 2017; AgInt no AREsp n. 991.944/GO, Rel. Min. Luis Felipe Salomão, 4ª Turma, julgado em: 20 abr. 2017 (VAUGHNM Gustavo Fávero; VEIGA, Natália Salvador. *A jurisprudência defensiva ataca novamente*. Disponível em: <https://www.migalhas.com.br/dePeso/16,MI264821,61044-A+jurisprudencia+defensiva+ataca+novamente%C2%B9>. Acesso em: 3 mar. 2019). No mesmo sentido, cite-se: AgInt no AREsp n. 957821/MS, Rel. Min. Raul Araújo, Corte Especial do STJ, julgado em: 20 nov. 2017.

o fundamento de que estaria sendo cumprido o determinado pelo art. 1.003, § 6º, do referido diploma normativo, o qual estabelece que "o recorrente comprovará a ocorrência de feriado local no ato de interposição de recurso".

Nota-se, por oportuno, que o STJ tem dado ao referido dispositivo interpretação completamente restritiva e literal, em um completo descompasso com o modelo processual instituído pelo NCPC, dado que acaba por impedir o julgamento de mérito dos recursos com base em um requisito puramente formal, obstando a efetiva prestação jurisdicional. Ademais, tal interpretação configura mero vício de forma que contraria o disposto nos já mencionados art. 932, parágrafo único, e 1.029, § 3º, do NCPC, os quais determinam (i) o poder do relator de conceder prazo de 5 dias para que seja sanado o vício constatado ou complementada a documentação exigível, bem como (ii) a possibilidade de desconsideração de vício formal que não se repute grave, que é exatamente o caso ora em análise, dado que não há de se confundir intempestividade – esse, sim, vício grave – com falta de comprovação da tempestividade.[26] Além disso, o disposto no art. 1.003, § 6º, não dispõe que tal vício é insanável nem que a prova se dará unicamente no ato de interposição de recurso.[27]

3. CONSIDERAÇÕES FINAIS

Verifica-se, do exposto, que embora o NCPC valorize a ideia da primazia do julgamento de mérito e tenha criado mecanismos no sentido de mitigar a jurisprudência defensiva, os tribunais ainda têm relutado em adotar o espírito de aproveitamento dos atos processuais e eliminação do formalismo exacerbado instituídos por ele, numa tentativa completamente falha de desafogamento da própria instituição.

Nesse sentido, a prática constante da jurisprudência defensiva como tentativa de solucionar a crise do poder judiciário não apenas não resolve o problema (que, como visto, é de ordem estrutural e demandaria reformas processuais na própria sistemática recursal de nosso ordenamento jurídico) como, a bem da verdade, acaba por se inserir em um ciclo vicioso. Afinal, quanto mais se trata o problema da sobrecarga do poder judiciário com violações aos direitos e **às** garantias individuais, maior será o grau de litigiosidade tendente a afligir a sociedade como um todo.

---

26 BIAZOTTI, Thiago. Ainda a jurisprudência defensiva do STJ. *JOTA*, 6 mar. 2018.
27 VAUGHNM Gustavo Fávero; VEIGA, Natália Salvador. *A jurisprudência defensiva ataca novamente*. Disponível em: <https://www.migalhas.com.br/dePeso/16,MI264821,61044-A+jurisprudencia+defensiva+ataca+novamente%C2%B9>. Acesso em: 3 mar. 2019.

TUTELA DE EVIDÊNCIA E DIREITO À COMPENSAÇÃO: CONCILIAÇÃO DO ENTENDIMENTO MANIFESTADO EM RECURSO REPETITIVO COM O ART. 170-A DO CTN

Maria Eugênia Doin Vieira

1. INTRODUÇÃO

Neste artigo serão tecidos alguns comentários sopesando os efeitos da **tutela de evidência** concedida com lastro em julgamento de recurso repetitivo com o disposto no art. 170-A do Código Tributário Nacional (CTN), que versa sobre a compensação tributária.

Por sua natureza e sua diversidade de elementos conformadores, o direito tributário é considerado um direito de superposição, afetado por relações regulamentadas por outros ramos do direito. Ante as constantes modificações legislativas e evolução dos institutos, é natural que seja periodicamente reavaliada a interpretação da norma tributária, com a releitura sistemática de seus dispositivos. Sob essa perspectiva, considerando as inovações em direito implementadas em favor do reconhecimento de força normativa maior aos precedentes vinculantes emanados pelos tribunais superiores, o que se propõe é a reavaliação dos efeitos a serem atribuídos ao art. 170-A do CTN, o qual traz vedação temporal ao direito de compensação decorrente de decisão judicial, autorizando-a apenas após o trânsito em julgado.

Nos processos em que é deferida tutela de evidência, conforme o art. 311, inciso II, do Código de Processo Civil (CPC),[1] lastreada em tese firmada em julgamento de **casos repetitivos** (portanto, certamente sem trânsito em julgado), o que se abordará é se o art. 170-A do CTN tem o condão de postergar o direito à compensação e, consequentemente, o dever de o fisco avaliar a correção desse procedimento. Em outras palavras, será verificado se essa é a interpretação apropriada do dispositivo em questão, ainda que não se trate mais de decisão formalizando o entendimento de um único juiz ou tribunal, mas da aplicação sistemática de precedente vinculante, o qual, por força de lei, deve nortear materialmente todos os casos sujeitos à apreciação do poder judiciário e, em última análise, também a conduta dos contribuintes e da administração pública.

A fim de sedimentar as premissas que nortearão a reavaliação proposta, é interessante, mesmo que em breves linhas, retomar as diretrizes dos julgamentos repetitivos e da tutela de evidência com lastro nas disposições do CPC, bem como comentar o próprio escopo do art. 170-A do CTN.

2. TUTELA DE EVIDÊNCIA E PRECEDENTES VINCULANTES NO CPC

Nunca existiram, no ordenamento jurídico brasileiro, tantas normas direcionadas a privilegiar as decisões dos tribunais superiores, das quais se extraem **teses jurídicas** a serem aproveitadas na apreciação dos demais casos análogos tanto pelo poder judiciário quanto pela administração pública. Esse efeito é ainda mais sentido em matéria tributária, já que grande parte das questões controvertidas envolve as próprias bases legais de tributação. No âmbito do direito tributário, as teses jurídicas firmadas pelos tribunais superiores devem impactar todos de maneira similar e previsível, privilegiando-se as decisões proferidas e norteando a conduta dos contribuintes.

É o que se espera de um sistema voltado a segurança jurídica, isonomia e estabilidade. Essa previsão, como não poderia deixar de ser, emana originalmente

---

1 "Art. 311. A tutela da evidência será concedida, independentemente da demonstração de perigo de dano ou de risco ao resultado útil do processo, quando: [...] II – as alegações de fato puderem ser comprovadas apenas documentalmente e houver tese firmada em julgamento de casos repetitivos ou em súmula vinculante; [...] Parágrafo único. Nas hipóteses dos incisos II e III, o juiz poderá decidir liminarmente."

do próprio texto constitucional, com alterações da Emenda Constitucional (EC) n. 45/2004, que sustenta o regramento por diversos dispositivos legais. O atual CPC (Lei n.13.105/2015) é um dos alicerces consolidadores dessas regras ao sedimentar a existência de sistema de precedentes vinculantes. Com esse propósito, atribui aos tribunais o dever de uniformizar sua jurisprudência e mantê-la estável, íntegra e coerente (art. 926). Mais que isso, delineou o conceito de julgamentos de **casos repetitivos**, que alberga as decisões proferidas em incidente de demandas repetitivas, recurso extraordinário repetitivo e recurso especial repetitivo (art. 928). Dispôs ainda que esses precedentes em **casos repetitivos** devem ser observados pelos juízes e pelos tribunais (art. 927).

Note que o verbo empregado pela lei nos dispositivos referidos é **dever**. Não há margem à discricionariedade, impondo ao aplicador do direito a obrigação de seguir tais teses jurídicas dos tribunais superiores em processos envolvendo a mesma questão de direito processual ou material anteriormente julgada.

É nesse contexto de julgamentos de **casos repetitivos** que se passa a comentar a tutela de evidência (art. 311 do CPC). Esta é uma das modalidades de tutela provisória trazida pelo CPC, com contornos característicos. Cuida-se de tutela específica, cuja peculiaridade é independer da demonstração de perigo de dano ou risco ao resultado útil do processo, o que costuma ser um requisito para decisões e tutelas provisórias.

Em lugar de considerar a necessidade de prevenção de dano iminente como o gatilho que inflige a imediata tutela jurisdicional, no caso da tutela de evidência, seu cabimento terá necessariamente lastro em direito solidamente fundamentado. O direito exigido é mais robusto que a **probabilidade do direito** necessária ao deferimento da tutela de urgência, devendo estar contemplado em uma das hipóteses tratadas nos incisos do art. 311 do CPC.

Para o presente texto, destaca-se a hipótese de tutela de evidência prevista no inciso II do art. 311, que trata dos processos em que (i) as alegações de fato puderem ser comprovadas apenas documentalmente e (ii) houver tese firmada em **casos repetitivos**. É o que ocorrerá em casos tributários que envolvam discussões já sujeitas a casos repetitivos e em que não haja celeuma fática a ser dirimida, sendo suficiente a prova documental atinente à situação tributária controvertida para a caracterização do direito do contribuinte. Nessa hipótese, mesmo sem a presença do *periculum in mora*, há embasamento para que o contribuinte formule pleito de tutela de evidência.

Por sua vez, considerando a sistemática dos precedentes vinculantes anteriormente referida, depreende-se que é dever do juiz ou do tribunal, observando se tratar da mesma questão de direito material, conceder a tutela de evidência pleiteada em alinhamento com o entendimento sedimentado pelos tribunais superiores. A decisão deve motivar seu convencimento de modo claro e preciso (art. 298 do CPC), para que se compreenda a análise de conveniência efetuada e a efetiva aplicação do entendimento vinculante. Porém, o deferimento da tutela pleiteada pelo contribuinte, nesses processos, decorrerá da simples aplicação do entendimento sedimentado em **casos repetitivos**, sem que haja espaço para digressões adicionais acerca do mérito.

Como resultado, salvo na situação de pretensão infundada do contribuinte ou de erro na aplicação do precedente vinculante,[2] infere-se que a decisão legitimamente proferida que concede tutela de evidência decorre da própria sistemática vinculante, caracterizando-se como ferramenta célere e segura de concretização da prestação jurisdicional. Mais que isso: a apreciação feita do direito material já **deverá** refletir o entendimento jurisprudencial manifestado em casos repetitivos sobre o tema, de modo que são fortíssimos os indicativos de que essa tutela será mantida no tempo, confirmando-se com a procedência do pedido exordial, o qual também deve seguir o atual sistema de precedentes vinculantes.

Em se tratando de decisão validamente lastreada em determinado **caso repetitivo**, seu conteúdo deve espelhar o entendimento anteriormente consolidado, o qual somente estaria sujeito a mudança em caso de reforma do entendimento no próprio caso repetitivo, evento que abalaria **o próprio contexto** ensejador do deferimento da tutela. Portanto, **há a estabilização dos provimentos jurisdicionais,** de forma consistente e eficiente, permitindo a prestação jurisdicional **rápida e** congruente em casos de direito material (e processual) já pacificado, com o deferimento de tutela de evidência que ampara imediatamente o contribuinte sem causar exposição desmedida **à administração pública**.

A análise se complica quando a tutela de evidência pleiteada envolve a compensação tributária. São casos em que o pleito do contribuinte, ainda que lastreado em casos repetitivos, é no sentido de respaldar o imediato aproveitamento dos créditos tributários a que entende fazer jus em processo de compensação.

3. COMPENSAÇÃO E O ART. 170-A DO CTN

A compensação é uma das modalidades de extinção do crédito tributário (art. 156, inciso II, do CTN). Contando com regulamentação adequada, a compensação se tornou a forma mais trivial de reaver o indébito tributário, substituindo os morosos precatórios e os pedidos de ressarcimento em dinheiro.

---

2 Que não devem se perpetrar, pois tendem a ser corrigidas na apreciação dos recursos aplicáveis.

Na esfera federal, o contribuinte está apto a prontamente compensar os créditos a que faz jus com débitos apurados (art. 170 do CTN), cabendo ao fisco confirmar o procedimento adotado, validando-o ou questionando-o no prazo de 5 anos. Entretanto, para não se sujeitar a riscos de penalidades e autuações fiscais, o contribuinte passou a se socorrer do poder judiciário visando à obtenção de decisão que lhe respaldasse na realização de compensações de montantes controvertidos.

Com o passar dos anos e o aumento da complexidade das exigências tributárias, o volume de processos foi exponencialmente multiplicado. Também pela segurança jurídica conferida pela decisão liminar que assegura o direito a compensação, os pedidos passaram a tratar de matérias cada vez mais discutíveis. Com efeito, ampliou-se ainda mais o uso da compensação atrelada a decisões judiciais.

Fato é que nem todas as teses foram acolhidas. Nem todas as liminares foram confirmadas. Em determinado momento, o que se percebeu foi que o efeito de tantas decisões foi exatamente o inverso do desejado, prevalecendo um cenário de insegurança e imprevisibilidade tanto para os contribuintes como para a administração pública. Contrapondo-se à transitoriedade que é inerente às medidas liminares e aos nocivos impactos fiscais de decisões perfunctórias que não se confirmavam, em 23 de setembro de 1998 o Superior Tribunal de Justiça (STJ) editou a Súmula n. 212, prevendo que "a compensação de créditos tributários não pode ser deferida por medida liminar".[3]

Embora essa Súmula fosse relevante na sinalização do entendimento do STJ, na época em que editada, figurava meramente como orientação jurisprudencial, sem ser dotada de efeitos vinculantes. Assim, o uso crescente da compensação em matéria tributária e seus impactos fiscais, materializados principalmente em face do fisco federal, ensejaram a necessidade de regulamentação do instituto.

A Lei Complementar (LC) n. 104, de 10 de janeiro de 2001, inseriu o art. 170-A no CTN, dispondo que "É vedada a compensação mediante o aproveitamento de tributo, objeto de contestação judicial pelo sujeito passivo, antes do trânsito em julgado da respectiva decisão judicial". Para privilegiar a segurança jurídica, foi inserido o trânsito em julgado como marco temporal viabilizador do direito à

---

3 Posteriormente, em 2005, para assegurar a ampla aplicação da Súmula, sua redação foi alterada, passando a constar: "A compensação de créditos tributários não pode ser deferida em ação cautelar ou por medida liminar cautelar ou antecipatória".

compensação judicialmente reconhecido. A preocupação foi evitar que o contribuinte procedesse à compensação respaldado em decisão judicial perfunctória e de cognição sumária, a qual, por sua própria natureza, está sujeita a reforma.[4]

Nesse sentido, é válida a menção à Exposição de Motivos relativa ao dispositivo em questão: "10. O art. 170-A, proposto, veda a compensação de tributo objeto de contestação judicial, antes do trânsito em julgado da respectiva decisão judicial, de sorte que tal procedimento **somente seja admitido quando o direito tornar-se** líquido e certo" (grifos nossos). Na conjuntura em que editado, há algum sentido no art. 170-A do CTN, já que, por se tratar a compensação de uma forma de extinção do crédito tributário, não deveria ser possível compensar créditos que não se caracterizam como líquidos e certos. E essas liquidez e certeza, em se tratando de tese jurídica controvertida e sujeita a diversos graus de jurisdição, não poderiam ser aferidas no momento da concessão de medida liminar.

O passo seguinte foi a alteração da legislação federal a fim de que a compensação lastreada em decisão judicial não transitada em julgado fosse considerada não declarada, de sorte que não mais tivesse o condão de extinguir a obrigação tributária. Ainda, tratando como falha grave o uso equivocado dos créditos em questão, foi afastado o direito do contribuinte de discutir a compensação de tais créditos na esfera administrativa, considerando-se a declaração de débito correlata suficiente para sua cobrança imediata e judicial (art. 74 da Lei n. 9.430/1996).

Pelo exposto, depreende-se que o art. 170-A do CTN, em lugar de simplesmente postergar o direito creditório, pretendeu atribuir segurança jurídica às compensações realizadas com amparo em discussão judicial, de sorte que somente fossem possíveis quando respaldadas em direito líquido e certo.

---

4   Sob esse prisma, mencione-se decisão proferida sob a égide do CPC de 1973: "PROCESSUAL CIVIL. PRELIMINAR AFASTADA. APELAÇÃO DA UNIÃO FEDERAL PARCIALMENTE PREJUDICADA. ERRO MATERIAL. TRIBUTÁRIO. FINSOCIAL. INCONSTITUCIONALIDADE DAS MAJORAÇÕES DE ALÍQUOTA. COMPENSAÇÃO APENAS COM A CSSL E A COFINS. [...] 8. No que tange ao artigo 170-A do CTN, seguindo orientação firmada recentemente por esta Turma, cumpre ressaltar que tratando-se de exação cuja inconstitucionalidade já foi amplamente reconhecida pelo Supremo Tribunal Federal, **não há que se aguardar o trânsito em julgado para efetuar a compensação, pois não se vislumbra mais a possibilidade de reforma neste aspecto**" (AC n. 0024793-51.1999.4.03.6100, Rel. Lazarano Neto, julgado em: 21 maio 2007, grifos nossos).

4. COMPOSIÇÃO DA TUTELA DE EVIDÊNCIA COM O ART. 170-A DO CTN

Ainda que historicamente os limites à compensação impostos pela legislação anteriormente referida fizessem sentido, estes não necessariamente se coadunam com o momento atual, devendo ser reinterpretados de forma sistemática. Considerando-se a existência de precedentes vinculantes, existe uma gama de decisões que não mais refletem a concepção de juiz ou tribunal, mas são dotadas de estabilidade por decorrerem de aplicação da **tese jurídica** firmada em **precedentes vinculantes**.

Uma vez que o tribunal superior manifestou a tese jurídica em julgamentos de **casos repetitivos**, o que o sistema jurídico de precedentes vinculantes almeja é que esta produza reflexos nos demais processos, em aplicação célere, congruente e isonômica. Nesse contexto, a tutela de evidência, instituto inexistente à época das alterações legislativas no âmbito da compensação, é justamente voltada à aplicação consistente de tese jurídica firmada. Sob esse prisma, o próprio sistema de precedentes vinculantes é voltado a celeridade processual, segurança jurídica e isonomia, o que não se atinge mantendo contribuintes em situações tributárias distintas apenas como base na fase de seu processo judicial, agindo em detrimento da tese jurídica firmada.

No âmbito tributário, de forma ainda mais forte pelos impactos econômicos e sociais inerentes, o direito deve ser igual para todos. Se determinada cobrança tributária não prospera, não pode ser exigida de ninguém. Ainda, caracterizada a existência de indébito correlato, o direito a compensação é líquido e certo para todos os contribuintes, que devem ser mantidos em situação de igualdade em suas relações com o fisco. É a almejada isonomia tributária.

Em última análise, há de se repudiar a possibilidade de atribuir a contribuinte que cautelosamente levou sua pretensão a juízo cenário desfavorável em relação àquele que simplesmente optou pela compensação sem ordem judicial. Não se pode conceber que, definida a tese jurídica, o primeiro tenha de aguardar o trânsito em julgado para proceder à compensação, ao passo que o segundo terá suas compensações deferidas prontamente.

Não é a fase processual que deve ditar o tributo incidente e limitar o direito à compensação, mas a **tese jurídica**, a qual, como mencionado, é pressuposto para o deferimento de tutela de evidência. Esvazia-se, nesse cenário, o principal objetivo que ensejou a edição do art. 170-A do CTN: ante a existência de **precedente repetitivo**, não mais prevalece efetiva controvérsia jurídica acerca da legitimidade dos créditos tributários. Já foi fincada a **tese jurídica**, a qual deve nortear condutas imediatamente, mesmo antes do trânsito em julgado de decisão em processo individual.

Nesse sentido, a Medida Provisória (MP) n. 881, de 30 de abril de 2019, ajustou a redação do art. 19 da Lei n. 10.522/2002 para estabelecer que a Procuradoria-Geral da Fazenda Nacional (PGFN) está dispensada de responder, recorrer e autorizada a desistir de discussões que envolvam os temas decididos pelos tribunais superiores em sentido desfavorável à Fazenda Nacional (inciso VI).[5] Essa alteração foi necessária já que a disposição anterior fazia menção a dispositivos já revogados do CPC de 1973, sem que houvesse alusão à tese firmada por tribunais superiores de forma ampla, sendo ajuste pertinente para alinhamento com o atual cenário processual civil.

Valorando-se a tese jurídica definida, também foi alterada a redação do § 4º do dispositivo em questão, fazendo constar que "a dispensa de que tratam os incisos V e VI do caput poderá ser estendido a **tema não abrangido pelo julgado, quando a ele forem aplicáveis os fundamentos determinantes extraídos do julgamento paradigma** ou da jurisprudência consolidada, desde que inexista outro fundamento relevante que justifique a impugnação em juízo" (grifos nossos).

Ademais, norteando diretamente a conduta do fisco, também foi inserido o art. 19-A na Lei n. 10.522/2002, obstando a constituição de créditos tributários relativos aos temas de que trata o art. 19 mencionado. Por certo, esse óbice na constituição do crédito tributário não prescinde da prévia avaliação jurídica da PGFN, privilegiando-se sua competência originária e indelegável ao fisco (inciso III).

Assim, caracterizada a existência de tese jurídica firmada em precedente vinculante em sentido contrário ao fisco, esta deverá ser privilegiada pela administração pública mesmo antes do trânsito em julgado de decisão em processo individual do contribuinte. Aliás, o que se espera, em prol dos princípios regentes da sistemática

---

[5] "Art. 19. Fica a Procuradoria-Geral da Fazenda Nacional dispensada de contestar, de oferecer contrarrazões e de interpor recursos, e fica autorizada a desistir de recursos já interpostos, desde que inexista outro fundamento relevante, na hipótese em que a ação ou a decisão judicial ou administrativa versar sobre: [...] VI – temas decididos pelo Supremo Tribunal Federal, em matéria constitucional, ou pelo Superior Tribunal de Justiça, pelo Tribunal Superior do Trabalho, pelo Tribunal Superior Eleitoral ou pela Turma Nacional de Uniformização de Jurisprudência, no âmbito de suas competências, quando não houver viabilidade de reversão da tese firmada em sentido desfavorável à Fazenda Nacional, conforme critérios definidos em ato do Procurador-Geral da Fazenda Nacional; [...]."

de precedentes vinculantes, é que a própria PGFN colabore com o célere desfecho do caso, deixando de responder e desistindo de seus recursos.

No âmbito administrativo, as mesmas medidas se aplicam aos processos em curso e, no caso de compensação lastreada em tese firmada, o que se espera é que o fisco verifique correção do procedimento e montantes objeto de compensação, no regular exercício de sua atividade fiscalizatória (art. 142 do CTN), sem se insurgir em razão do mérito.

Não há como desconsiderar, portanto, que a tutela de evidência está em consonância com os princípios que norteiam a sistemática de precedentes vinculantes, enquanto a interpretação literal e restritiva do art. 170-A do CTN em face dessas decisões se mostra superada.

5. CONSIDERAÇÕES FINAIS

No atual sistema de precedentes vinculantes, o entendimento firmado por tribunal superior no julgamento de **casos repetitivos**, que albergam as decisões proferidas em incidente de demandas repetitivas, recurso extraordinário repetitivo e recurso especial repetitivo, deve ser observado por juízes e tribunais em prol da uniformização e da estabilização da jurisprudência.

É exatamente nesse cenário que foi introduzida a possibilidade de deferimento de tutela de evidência lastreada em tese firmada em casos repetitivos e alegações de fato, que puderem ser comprovadas apenas documentalmente. O pressuposto dessa modalidade de tutela é o alinhamento com a jurisprudência uniformizada e de observância cogente.

Assim, em face da tutela de evidência, não prevalecem as preocupações que tolhiam, com lastro no art. 170-A do CTN, a compensação deferida em liminar. Essas decisões são fundamentadas em direito líquido e certo, mais robusto que a probabilidade do direito ensejadora de liminar. Afasta-se, com isso, a insegurança jurídica e a imprevisibilidade que antes se verificavam tanto por parte do contribuinte como do fisco.

Não há razão para se obstar a compensação e a consequente extinção do crédito tributário em relação a teses jurídicas já firmadas, as quais devem ser aplicadas nos casos em curso e privilegiadas por todos, sem que sejam obrigados a aguardar o trânsito em julgado. É essa medida que privilegia a isonomia tributária. Em se tratando de tese jurídica sedimentada, por princípio, suas diretrizes já deveriam nortear a administração pública, o que inclui o fisco, reconhecendo-se que a matéria não é controvertida com a maior celeridade, tornando dispensável a discussão judicial individual e obstando-se a autuação fiscal, nos termos tratados na Lei n. 10.522/2002.

Portanto, a interpretação sistemática do art. 170-A do CTN que se amolda a esse cenário não ameaça as premissas que levaram à edição do dispositivo em questão nem abala sua interpretação nos processos em que há probabilidade do direito, mas também dúvidas sobre sua certeza e sua liquidez. Afeta apenas as situações em que há **casos repetitivos** julgados, fixando-se tese jurídica que deve ser privilegiada, hipótese que encontra total respaldo na concessão de tutela de evidência. Nesse caso, o tributo é reconhecidamente indevido por tese firmada em precedente repetitivo, e não apenas **objeto de contestação judicial pelo sujeito passivo**. Essa conclusão se confirma também nos casos em que, por tecnicidade processual, não seja utilizada a nomenclatura tutela de evidência, mas seja esta a real hipótese processual.

INAPLICABILIDADE DA AÇÃO RESCISÓRIA PREVISTA NO § 8º DO ART. 535 DO NCPC ÀS DECISÕES DECLARATÓRIAS NÃO EXECUTADAS JUDICIALMENTE

Glaucia Maria Lauletta Frascino

1. INTRODUÇÃO

O § 8º do art. 535 do Novo Código de Processo Civil (NCPC), de 2015, instituiu a possibilidade de ajuizamento de ação rescisória para desconstituição de decisões de mérito transitadas em julgado fundadas em lei ou ato normativo posteriormente considerados inconstitucionais pelo Supremo Tribunal Federal (STF), ainda que no âmbito do controle difuso de constitucionalidade. Contudo, o alcance do aludido dispositivo tem sido objeto de controvérsia.

De um lado, por estar inserido no capítulo que versa sobre o "cumprimento de sentença que reconheça a exigibilidade de obrigação de pagar quantia certa pela Fazenda Pública", defende-se que sua aplicação se limitaria meramente à desconstituição de decisões condenatórias. Outra linha argumentativa, no entanto, sustenta que o referido dispositivo seria uma hipótese adicional de cabimento de ação rescisória que, por atecnia do legislador, foi inserida em capítulo impertinente do diploma processual.

Por lidar com valores, princípios e regras tão caros à vigente ordem constitucional – segurança jurídica, proteção à confiança, coisa julgada, isonomia –, é compreensível o calor do debate, sobretudo quando ainda não se verifica qualquer inclinação da jurisprudência a respeito do tema. Nesse contexto, pretende-se neste estudo trazer à luz considerações adicionais sobre a controvérsia, as quais poderão colaborar para a adequada interpretação da intenção do legislador ao inaugurar essa hipótese normativa.

2. INTERPRETAÇÃO RESTRITIVA DE DISPOSITIVOS QUE TRATAM DA COISA JULGADA

2.1 Fundamento constitucional

É sempre pertinente adotar certa cautela na interpretação de dispositivos legais com potencial para mitigar os efeitos da coisa julgada, cautela que aqui se justifica não por excessivo apego à frieza e ao rigor das normas processuais, mas pelos valores e pelos princípios que, no caso da coisa julgada, pretende-se ver protegidos. Embora se concretize no âmbito das normas procedimentais, o instituto da coisa julgada é permeado por princípios de enorme envergadura, cujas raízes se estendem à base de formação do próprio Estado de Direito: "Em si mesma, a coisa julgada não é um instituto de direito processual, mas constitucional", ensina Cândido Rangel Dinamarco.[1]

Já para Marinoni,[2] a "coisa julgada, enquanto instituto jurídico, tutela o princípio da segurança em sua dimensão objetiva, deixando claro que as decisões judiciais são definitivas e imodificáveis. [...] a coisa julgada material é um verdadeiro signo da tutela da confiança do cidadão nos autos estatais". O mesmo autor arremata que a coisa julgada "serve à realização do princípio da segurança jurídica, tutelando a ordem jurídica estatal e, ao mesmo tempo, a confiança dos cidadãos nas decisões judiciais. **Sem coisa julgada material não há ordem jurídica** [...]. **Não há**, em outras palavras, **Estado de Direito**" (grifos nossos).

Tamanha é sua relevância para o ordenamento jurídico em vigor que a proteção à coisa julgada foi alçada à posição de direito fundamental do cidadão, como encartado no inciso XXXVI do art. 5º da Constituição Federal: "a lei não prejudicará o direito adquirido, o ato jurídico perfeito e a coisa julgada". Veja-se que, por expressa disposição constitucional, nem mesmo a lei pode prejudicar a autoridade

---

1 DINAMARCO, Cândido Rangel. *Instituições de Direito Processual Civil.* Vol. 3. 6. ed. São Paulo: Malheiros, 2009. p. 302.

2 MARINONI, Luiz Guilherme. *A intangibilidade da coisa julgada diante da decisão de inconstitucionalidade:* art. 525, §§ 12, 13, 14 e 15, CPC/15. 4. ed. São Paulo: Revista dos Tribunais, 2016. p. 56.

da coisa julgada. A coisa julgada tem por finalidade precípua a estabilização das relações jurídicas. Em outras palavras, a coisa julgada confere aos pronunciamentos judiciais o caráter definitivo necessário a garantir segurança jurídica aos cidadãos tutelados. Assim ensina Cândido Rangel Dinamarco:[3]

> Ela [coisa julgada] nasce do processo e depois volta ao processo para limitar o exercício da jurisdição em relação à mesma causa. Ao estabelecer que "a lei não prejudicará o direito adquirido, o ato jurídico perfeito e a coisa julgada", está a Constituição Federal (art. 5º, inc. XXXVI) manifestando a intenção de assegurar a imunidade dessas três situações consumadas, em nome de um valor de elevadíssimo grau nas democracias modernas, que é a segurança jurídica – imunidade não só à lei, como está escrito no texto constitucional, mas à lei e também a qualquer outro ato, estatal ou não, que pudesse vir a desestabilizá-las.

O caráter definitivo e coercitivo da coisa julgada é conceituado pelo art. 503 do NCPC: "A decisão que julgar total ou parcialmente o mérito tem força de lei nos limites da questão principal expressamente decidida". Nesse sentido, Enrico Tullio Liebman[4] ensina que:

> Nisso consiste, pois, a autoridade da coisa julgada, que se pode definir, com precisão, como a imutabilidade do comando emergente de uma sentença. Não se identifica ela simplesmente com a definitividade e intangibilidade do ato que pronuncia o comando; é, pelo contrário, uma qualidade, mais intensa e mais profunda, que reveste o ato também em seu conteúdo e torna assim imutáveis, além do ato em sua existência formal, os efeitos, quaisquer que sejam, do próprio ato.

É possível, portanto, verificar que os atributos dispensados à decisão transitada em julgado, quais sejam, a imutabilidade e a coercitividade, objetivam preservar a inalterabilidade das decisões, promovendo a segurança para as relações jurídicas e a estabilidade do sistema jurídico.

---

3 DINAMARCO, Cândido Rangel. Instituições de Direito Processual Civil. Vol. 3. 6. ed. São Paulo: Malheiros, 2009. p. 302.
4 LIEBMAN, Enrico Tullio. *Eficácia e Autoridade da Sentença*. Rio de Janeiro: Forense, 2006. p. 51.

2.2 Ação rescisória

O manto protetivo da coisa julgada, porém, não é uma garantia absoluta. Dentre os limites impostos à garantia da coisa julgada estão as hipóteses de cabimento de ação rescisória. O art. 966 do NCPC arrola as hipóteses **ordinárias** de propositura de ação rescisória:

> Art. 966. A decisão de mérito, transitada em julgado, pode ser rescindida quando:
>
> I – se verificar que foi proferida por força de prevaricação, concussão ou corrupção do juiz;
>
> II – for proferida por juiz impedido ou por juízo absolutamente incompetente;
>
> III – resultar de dolo ou coação da parte vencedora em detrimento da parte vencida ou, ainda, de simulação ou colusão entre as partes, a fim de fraudar a lei;
>
> IV – ofender a coisa julgada;
>
> V – violar manifestamente norma jurídica;
>
> VI – for fundada em prova cuja falsidade tenha sido apurada em processo criminal ou venha a ser demonstrada na própria ação rescisória;
>
> VII – obtiver o autor, posteriormente ao trânsito em julgado, prova nova cuja existência ignorava ou de que não pôde fazer uso, capaz, por si só, de lhe assegurar pronunciamento favorável;
>
> VIII – for fundada em erro de fato verificável do exame dos autos.

Releva notar como são específicas e objetivas as situações que viabilizam o manejo de ação rescisória. De modo geral, são hipóteses em que se verifica a ocorrência de erros procedimentais relevantes (incisos IV, VI, VII, VIII) ou circunstâncias que poderiam comprometer a autoridade e a imparcialidade do provimento jurisdicional (incisos I, II, III). Por comportar maior grau de subjetividade, a hipótese contida no inciso V ("violar manifestamente norma jurídica") já foi objeto de intenso debate. Sob tal fundamento, muito se pretendeu manejar ações rescisórias quando se estava diante de provimento jurisdicional contrário à jurisprudência formada em momento posterior ao trânsito em julgado.

A questão foi levada ao Supremo Tribunal Federal (STF), que, no julgamento do Recurso Extraordinário (RE) n. 590.809, submetido ao rito da repercussão geral, decidiu que a ação rescisória não seria instrumento de "uniformização da jurisprudência". Na ocasião do julgamento, o Ministro Marco Aurélio defendeu que "A rescisória deve ser reservada a situações **excepcionalíssimas**, ante a natureza de cláusula pétrea conferida pelo constituinte ao instituto da coisa julgada" (grifo nosso).

Não obstante o costumeiro recato com que o legislador e a jurisprudência tratam da hipótese de superação da coisa julgada, o NCPC parece ter pretendido ampliar as hipóteses de cabimento da ação rescisória. É o que se verifica do disposto no art. 535, § 8º, do NCPC, ora em análise.

3. AÇÃO RESCISÓRIA PREVISTA NO § 8º DO ART. 535 DO NCPC

3.1 Considerações preliminares

A nova modalidade de ação rescisória está prevista no § 8º do art. 535 do NCPC, inserido no capítulo que versa sobre o cumprimento de sentença contra a Fazenda Pública:

> Art. 534. No **cumprimento de sentença que impuser à Fazenda Pública** o **dever** de **pagar quantia certa**, o exequente apresentará demonstrativo discriminado e atualizado do crédito [...].
>
> Art. 535. A Fazenda Pública será intimada na pessoa de seu representante judicial, por carga, remessa ou meio eletrônico, para, querendo, no prazo de 30 (trinta) dias e nos próprios autos, impugnar a execução, podendo arguir: [...]
>
> III – inexequibilidade do título ou inexigibilidade da obrigação; [...]
>
> § 5º Para efeito do disposto no inciso III do caput deste artigo, considera-se também inexigível a **obrigação reconhecida em título executivo judicial** fundado em lei ou ato normativo considerado inconstitucional pelo Supremo Tribunal Federal, ou fundado em aplicação ou interpretação da lei ou do ato normativo tido pelo Supremo Tribunal Federal como incompatível com a Constituição Federal, em controle de constitucionalidade concentrado ou difuso.
>
> § 6º No caso do § 5º, os efeitos da decisão do Supremo Tribunal Federal poderão ser modulados no tempo, de modo a favorecer a segurança jurídica.
>
> § 7º A decisão do Supremo Tribunal Federal referida no § 5º deve ter sido proferida antes do trânsito em julgado da decisão exequenda.

§ 8º **Se a decisão referida no § 5º** for proferida **após o trânsito em julgado da decisão exequenda**, caberá ação rescisória, cujo prazo será contado do trânsito em julgado da decisão proferida pelo Supremo Tribunal Federal. (grifos nossos)

Como se vê, caso a decisão exequenda esteja fundada em lei ou ato normativo posteriormente considerado inconstitucional pelo STF, em controle concentrado ou difuso, a Fazenda Pública poderá (i) suscitar a inexequibilidade do título executivo em sede de impugnação ao cumprimento de sentença; ou (ii) caso a decisão do STF seja posterior ao trânsito em julgado da decisão exequenda, ajuizar ação rescisória no prazo de 2 anos a contar do trânsito em julgado da decisão proferida pelo STF.

Essa modalidade de ação rescisória também está prevista no § 15 do art. 525 do NCPC, inserido no capítulo que versa sobre o "cumprimento definitivo da sentença que reconhece a exigibilidade de obrigação de pagar quantia certa". Ao que parece, as hipóteses dos art. 525, § 15, e 535, § 8º, seriam antagônicas, isto é, estariam à disposição do contribuinte em face da Fazenda Pública e do fisco contra o contribuinte, respectivamente. No entanto, mesmo essa iniciativa de ampliação das hipóteses de cabimento da ação rescisória deve ser interpretada com prudência.

3.2 Inaplicabilidade da ação rescisória prevista no § 8º do art. 535 do NCPC às decisões declaratórias não executadas judicialmente

Há quem interprete o disposto no § 8º do art. 535 do NCPC como uma nova forma ordinária de rescisão da coisa julgada. Nesse sentido é o entendimento de Teresa Arruda Alvim Wambier:[5]

> Por fim, os §§ 14 e 15 determinam que a decisão do STF que reconheceu a inconstitucionalidade deve ter sido anterior ao trânsito em julgado da decisão exequenda. Se posterior, caberá ação rescisória, cujo prazo será contado do trânsito em julgado da decisão proferida pelo STF. [...]
>
> A verdadeira inovação introduzida pelo NCPC está nos arts. 525, § 15, e 535, § 8º, ao estabelecerem que da decisão exequenda, que tem como fundamento

---

5 WAMBIER, Teresa Arruda Alvim. *Primeiros comentários ao novo código de processo civil*: artigo por artigo. São Paulo: Revista dos Tribunais, 2015. p. 876 e 1541.

a lei ou ato normativo declarado inconstitucional, caberá ação rescisória, cujo prazo de 2 anos será contado a partir do trânsito em julgado da decisão proferida pelo STF. De fato, **o NCPC estende o prazo para ajuizamento da ação rescisória, que, para a situação específica de título judicial fundado em lei ou ato normativo declarado inconstitucional pelo STF, será contado a partir do trânsito em julgado dessa decisão proferida em controle concentrado ou difuso de constitucionalidade, e não do trânsito em julgado da decisão exequenda.** (grifos nossos)

Há elementos, contudo, que direcionam o intérprete a avaliar os citados dispositivos de forma mais restritiva. Uma primeira questão se sobressai quando se busca amoldar a hipótese do art. 535, § 8º, às circunstâncias ordinárias de rescisão da coisa julgada, previstas no art. 966 do diploma processual. É que, se tratasse de uma mera hipótese adicional de ação rescisória, certamente não faria sentido inserir essa previsão no capítulo do NCPC dedicado ao **cumprimento de sentença**, já que seria mais adequado que tal disposição fosse posicionada juntamente com as demais hipóteses de manejo de ação rescisória.

Há quem sustente, como é o caso de Cassio Scarpinella Bueno,[6] que a inserção de tais dispositivos derivaria de possíveis vícios no processo legislativo:

> A novidade, no caso, trazida pelo § 15 do art. 525, está em que o prazo para a rescisória flui do trânsito em julgado da própria decisão tomada pelo STF.
>
> Embora a distinção e a harmonia das regras dos §§ 14 e 15 do art. 525 sejam inequívocas, não há como deixar de indicar que a origem do § 15 não está clara no Parecer n. 956/2014 e nem no Parecer n. 1.099/2014, que antecederam a conclusão dos trabalhos legislativos relativos ao novo CPC no Senado, em dezembro de 2014. **Ao que tudo indica, trata-se de regra acrescentada na revisão a que seu texto foi submetido antes de ser enviado à sanção presidencial e, nesse sentido, violadora dos limites impostos pelo art. 65 da CF ao processo legislativo naquela derradeira etapa.** Sua inconstitucionalidade formal, portanto, pode e deve ser reconhecida, afastando, por essa razão, o diferencial com relação ao prazo da ação rescisória naqueles casos, prevalecendo, também para eles, a forma de contagem padrão do caput do art. 975. (grifos nossos)

---

6 BUENO, Cassio Scarpinella. Comentários ao Código de Processo Civil. Vol. X. São Paulo: Saraiva Educação, 2018. p. 247.

Já para Marinoni,[7] haveria insuperável vício de inconstitucionalidade:

> A norma do novo CPC merece muita atenção, pois ela é irremediavelmente inconstitucional. Note-se que, se o § 14 do art. 525 corretamente exclui a possibilidade de superveniente decisão de inconstitucionalidade obstaculizar a execução da sentença, o § 15 admite a sua invocação como sustentáculo de ação rescisória. Trata-se de duas normas claramente contraditórias, de modo que a segunda só pode ser compreendida como resultado de uma inserção descuidada, dessas que são feitas em uma lei de grande amplitude no apagar das luzes da discussão parlamentar.

A par de tais ponderações, acredita-se que seja adequada a interpretação de que a inserção dessas disposições no capítulo em que concebidas revelaria a intenção do legislador de limitar sua abrangência e seu alcance. Trata-se de linha interpretativa que, sobretudo, privilegia o texto constitucional, como ensinam as valiosas lições de Carlos Maximiliano:[8] "Sempre que for possível sem fazer demasiada violência às palavras, interprete-se a linguagem da lei com reservas tais que se torne constitucional a medida que ela institui, ou disciplina".

Nesse sentido, a interpretação apta a superar a linha argumentativa de mera atecnia do legislador seria o fato de que, por estar inserida no âmbito dos cumprimentos de sentença, a ação rescisória em análise seria admitida quando houvesse a execução do título executivo judicial ou, ao menos, se tratasse de título executável. Nessa mesma linha é a conclusão[9] de Luiz Rodrigues Wambier e Eduardo Talamini:[10]

> De resto, **a letra da lei e a consideração topológica** dos dispositivos pertinentes afastam qualquer dúvida. **O § 15 do art. 525 alude à ação rescisória contra a "decisão *exequenda*", isso é, uma decisão condenatória, mandamental ou executiva que ainda precisa ser executada.** Não bastasse isso, cabe considerar que, se o escopo da norma fosse criar um termo inicial

---

7   MARINONI, Luiz Guilherme. *A intangibilidade da coisa julgada diante da decisão de inconstitucionalidade*: art. 525, §§ 12, 13, 14 e 15, CPC/15. 4. ed. São Paulo: Revista dos Tribunais, 2016. p. 107.
8   MAXIMILIANO, Carlos. *Hermenêutica e aplicação do direito*. Rio de Janeiro: Forense, 1995. p. 308-309.
9   As conclusões adotadas para o § 15 do art. 525 são igualmente aplicáveis ao § 8º do art. 535.
10 WAMBIER, Luiz Rodrigues; TALAMINI, Eduardo. *Curso avançado de processo civil*. Vol. 3. 16. ed. reform. e ampl. de acordo com o novo CPC. São Paulo: Revista dos Tribunais, 2017. p. 580.

rescisório aplicável a toda e qualquer decisão, essa disposição certamente estaria contida no capítulo da ação rescisória – e não, como está, num artigo que apenas trata da impugnação de decisões que estão sendo ainda executadas. (grifos nossos)

São diversos os indícios de que o legislador de fato pretendeu limitar severamente o cabimento dessa ação rescisória. De início, como já abordado, essa norma está disposta topologicamente no capítulo em que se trata do cumprimento da obrigação de pagar quantia certa contra a Fazenda Pública. Idêntica disposição é encontrada no art. 525, § 15, do NCPC, que trata do cumprimento de sentença ordinário. Duas disposições idênticas em diferentes artigos do mesmo Código, direcionadas a sujeitos diferentes (entes privados, art. 525, e Fazenda Pública, art. 535), podem indicar se tratar de instituto jurídico objeto de considerável reflexão pelo legislador, e não mero equívoco no âmbito do processo legislativo.

Corrobora essa conclusão a Lei Complementar (LC) n. 95/1998, que dispõe sobre elaboração, redação, alteração e consolidação das leis e, em seu art. 11, inciso III, alínea "c", prevê que os parágrafos sempre complementam o *caput* para explicitar a norma nele contida. Quisesse permitir a aplicação dessa modalidade de ação rescisória a quaisquer decisões transitadas em julgado, o legislador a incluiria no capítulo do art. 966, que trata da ação rescisória ordinária.

Tem-se, ademais, o fato de o § 8º em análise se referir especificamente a "decisão exequenda". Trata-se de disposição deveras específica e com conteúdo jurídico próprio. A título de comparação, chama atenção o fato de, por exemplo, o art. 966, que trata das hipóteses ordinárias de ação rescisória, referir-se a "decisão de mérito". A diferenciação entre os termos utilizados pelo legislador (decisão de mérito e decisão exequenda) colabora para se diferenciarem as hipóteses de cabimento da ação rescisória, haja vista incidir, *in casu*, a basilar lição de Carlos Maximiliano[11] sobre hermenêutica, segundo a qual "não se presumem, na lei, palavras inúteis. Devem-se compreender as palavras como tendo alguma eficácia. As expressões do Direito interpretam-se de modo que não resultem frases sem significado real, vocábulos supérfluos, ociosos, inúteis".

Em virtude disso, longe de representar mero vício no processo legislativo ou mesmo hipótese adicional de cabimento de ação rescisória em qualquer circunstância, a ação rescisória prevista no citado § 8º se destina a situação rigidamente

---

11 MAXIMILIANO, Carlos. *Hermenêutica e aplicação do direito*. Rio de Janeiro: Forense, 1995. p. 250.

delimitada pelo próprio NCPC, qual seja, a circunstância de haver decisão que fixa o dever de a Fazenda pagar quantia certa, sujeita, pois, ao rito do cumprimento de sentença. O alcance limitado dessa nova hipótese de ação rescisória dialoga perfeitamente com o entendimento manifestado pela Suprema Corte no já citado RE n. 590.809, no qual se afirmou categoricamente que a desconstituição da coisa julgada deve ser dar apenas em situações excepcionalíssimas. Do contrário, relegar a coisa julgada à frágil e precária condição de poder ser revista a cada novo precedente, além de transformar indevidamente a ação rescisória em mero instrumento de uniformização da jurisprudência, significaria ferir de morte a desejada e reverenciada segurança jurídica.

3.3 Impactos na esfera tributária

Considerando-se que a maior parte das discussões envolvendo tributos tem sido judicializada por meio de mandados de segurança ou ações declaratórias, nas quais se obtém decisões de cunho declaratório, parece que, ao final, a ação rescisória prevista no § 8º do art. 535 do NCPC não causará grandes impactos na seara tributária, haja vista sua limitada aplicabilidade. É que as referidas decisões declaratórias, ainda que reconheçam o direito do contribuinte à compensação de valores indevidamente recolhidos a título de determinado tributo, não são passíveis de automático cumprimento de sentença, pois, em geral, são ilíquidas.

Não se desconhece a possibilidade de liquidação e cumprimento de sentença declaratória, inclusive proferida em sede de mandado de segurança, para recebimento do indébito por precatórios. Contudo, para que uma sentença declaratória seja passível de execução judicial se faz necessária a prévia liquidação de sentença, nos termos do art. 509 do NCPC. Isso porque não haverá de se falar em obrigação de pagar "quantia certa" pela Fazenda Pública se o montante não estiver definido.

Quanto à possibilidade de liquidação de sentença contra a Fazenda Pública, Fredie Didier Jr.[12] leciona que "a execução proposta em face da Fazenda Pública tem regras próprias, devendo aplicar-se o procedimento previsto nos arts. 534 e 535 do CPC. A despeito disso, as normas concernentes à liquidação de sentença lhe são indistintamente aplicáveis". Dessa forma, a Fazenda Pública apenas poderia ajuizar a ação rescisória prevista no § 8º do art. 535 do NCPC para

---

12 DIDIER JR., Fredie. *Curso de direito processual civil*: execução. 7. ed. rev., ampl. e atual. Salvador: JusPodivm, 2017. p. 250.

desconstituição de decisões de cunho declaratório quando o contribuinte tivesse promovido, cumulativamente, a liquidação e o cumprimento de sentença.

Ocorre que, como se sabe, a maior parte dos contribuintes opta pelo recebimento do indébito tributário por meio de compensação pela via administrativa, por se tratar de procedimento usualmente mais célere que a execução judicial, razão pela qual, como adiantado, o impacto de tal dispositivo nas discussões tributárias não deverá ser relevante.

4. CONSIDERAÇÕES FINAIS

Com o advento do NCPC, instituiu-se nova modalidade de ação rescisória prevista no § 8º do art. 535, o qual, por sua vez, está inserido no capítulo que trata dos cumprimentos de sentença que reconheçam a exigibilidade de obrigação de pagar quantia certa pela Fazenda Pública.

A interpretação sistemática e, a nosso ver, mais adequada do referido dispositivo leva à conclusão de que sua aplicabilidade se dará somente nos casos em que houve o efetivo cumprimento de sentença ou, ao menos, em que há título executivo líquido e, portanto, passível de execução do julgado.

Considerando que, atualmente, a maior parte das demandas tributárias é ajuizada por meio de mandados de segurança ou ações declaratórias – o que, mesmo quando o direito à compensação é reconhecido, resulta em títulos executivos ilíquidos –, bem como a primazia pela compensação administrativa dos indébitos reconhecidos judicialmente, essa nova modalidade de ação rescisória deverá ter pouca utilidade para a Fazenda Pública.

De todo modo, dada a imprecisão dos dispositivos legais em análise, espera-se que, com o amadurecimento da jurisprudência sobre o tema, sobrevenha cenário mais claro e previsível para que o jurisdicionado, enfim, possa ver garantida a segurança jurídica.

RECURSOS EXTRAORDINÁRIO E ESPECIAL REPETITIVOS: SELEÇÃO DE CASO REPRESENTATIVO DA CONTROVÉRSIA

Mariana Neves de Vito

1. INTRODUÇÃO

A Constituição Federal de 1988 ampliou os meios para os cidadãos buscarem seus direitos, resultando em um aumento significativo no número de processos no judiciário. Tal aumento, atrelado à pouca alteração na sua estrutura, estimulou a busca por novos mecanismos de gestão processual, garantindo respostas mais uniformes e céleres à sociedade. Algumas das soluções processuais criadas para tentar desafogar o judiciário foram os institutos da Repercussão Geral e dos Recursos Repetitivos, com a seleção de casos representativos de controvérsias para serem julgados pelos tribunais, especialmente os tribunais superiores.

A repercussão geral foi criada pela Emenda Constitucional (EC) n. 45/2004 e regulamentada em 2007. Tal exigência impossibilita a análise de recursos extraordinários que não atendam a critérios de relevância jurídica, política, social ou econômica, indo além do interesse das partes envolvidas. Além de reduzir a quantidade de recursos perante o Supremo Tribunal Federal (STF), esse filtro também afeta a tramitação nas outras instâncias. Isso ocorre porque os processos sobre o mesmo assunto ficam paralisados nos tribunais inferiores aguardando o julgamento das demandas escolhidas como representativas de controvérsia, para uniformização das decisões.

A propositura de repercussão geral é feita pelo relator e analisada pelo Plenário Virtual do STF. São necessários pelo menos oito votos discordantes para que a repercussão geral não seja admitida. A decisão definitiva sobre o processo com repercussão geral ocorre sempre em julgamento presencial. Em 2015, segundo o STF, havia 1,36 milhão de processos em instâncias inferiores aguardando decisão do Supremo, em casos de repercussão geral.

Já os Recursos Repetitivos são recursos que trazem como fundamento teses jurídicas idênticas àquelas contidas em outros recursos. O presidente do Tribunal de Justiça ou do Tribunal Regional Federal, ao fazer o exame de admissibilidade, identifica se existe uma multiplicidade de recursos especiais fundamentados em idêntica questão jurídica. Se houver, os referidos recursos serão classificados como repetitivos, e o presidente do tribunal de origem escolherá dois ou mais como representativos de controvérsia e os remeterá ao Superior Tribunal de Justiça (STJ).

Esses recursos servirão de parâmetro para o julgamento dos demais. Assim, os processos fundamentados em idêntica questão jurídica terão o andamento suspenso até o julgamento definitivo dos representativos de controvérsia pelo STJ, como determina o art. 1.036 do Novo Código de Processo Civil (NCPC).

Os recursos representativos da controvérsia são selecionados dentre aqueles que contenham argumentação e discussão abrangentes a respeito da questão decidida, ou seja, aqueles que contiverem maior diversidade de fundamentos no acórdão e de argumentos no recurso especial. Tal instituto foi introduzido em nosso ordenamento jurídico pela Lei n. 11.672/2008 e também tem por objetivo dar mais celeridade, isonomia e segurança jurídica aos julgamento de recursos que tratem da mesma controvérsia jurídica. Trata-se, portanto, de mecanismo para barrar ou diminuir o fluxo de demandas repetitivas nos tribunais superiores, especialmente no STF e no STJ.

Assim, em suma, sempre que houver multiplicidade de recursos especiais e extraordinários versando sobre a mesma matéria, o tribunal de origem selecionará dois ou mais recursos representativos de controvérsia, que serão encaminhados ao STJ e ao STF, sendo também determinada a suspensão de todos os processos pendentes sobre o assunto.

O antigo Código de Processo Civil (CPC), de 1973, previa apenas a seleção de recursos representativos de controvérsias perante o STJ. Contudo, no NCPC, de 2015, está previsto o julgamento de recursos especial e extraordinário repetitivos, conforme se vê pela legislação ao tratar dos recursos representativos de controvérsias.

Art. 543-C. Quando houver multiplicidade de recursos com fundamento em idêntica questão de direito, o recurso especial será processado nos termos deste artigo.

§ 1º Caberá ao presidente do tribunal de origem admitir um ou mais recursos representativos da controvérsia, os quais serão encaminhados ao Superior Tribunal de Justiça, ficando suspensos os demais recursos especiais até o pronunciamento definitivo do Superior Tribunal de Justiça. (CPC de 1973)

Art. 1.036. Sempre que houver multiplicidade de recursos extraordinários ou especiais com fundamento em idêntica questão de direito, haverá afetação para julgamento de acordo com as disposições desta Subseção, observado o disposto no Regimento Interno do Supremo Tribunal Federal e no do Superior Tribunal de Justiça.

§ 1º O presidente ou o vice-presidente de tribunal de justiça ou de tribunal regional federal selecionará 2 (dois) ou mais recursos representativos da controvérsia, que serão encaminhados ao Supremo Tribunal Federal ou ao Superior Tribunal de Justiça para fins de afetação, determinando a suspensão do trâmite de todos os processos pendentes, individuais ou coletivos, que tramitem no Estado ou na região, conforme o caso. (NCPC)

Tais mecanismos de solução de controvérsias repetitivas e de uniformização de jurisprudência são ainda bastante controversos, já que o processo brasileiro é tradicionalmente voltado para a resolução de conflitos individuais, ou seja, até culturalmente a uniformização de jurisprudência encontra obstáculo. Não obstante, tais institutos têm grande importância, já que têm por objetivo diminuir o número de recursos junto aos tribunais superiores, bem como permitir decisões com eficácia vinculativa e repercussão geral no direito brasileiro, aumentando assim a segurança jurídica.

2. ASPECTOS PROCESSUAIS DOS RECURSOS EXTRAORDINÁRIO E ESPECIAL REPETITIVOS

Os recursos extraordinário e especial são sempre interpostos nos tribunais *a quo*, onde deve ser constatada a multiplicidade de causas sobre a mesma questão jurídica de direito. Uma vez constatada a multiplicidade de causas sobre a mesma questão jurídica, o NCPC, em seu art. 1036 e seguintes, determina que seja feita a seleção de pelo menos dois recursos especiais e/ou recursos extraordinários, para que sejam remetidos aos tribunais superiores como representativos de controvérsia.

Devem ser escolhidos os mais representativos, em que haja uma detalhada abordagem da questão jurídica sob vários aspectos, posto que tal recurso representará milhares de outros não julgados e a decisão sobre ele será aplicada a esses milhares. Nesse contexto, será determinada a suspensão do trâmite de todos os processos sobre o mesmo direito, pendentes em todo o território nacional, aos quais serão aplicadas as decisões proferidas nos recursos representativos de controvérsias.

Destaque-se que o relator do tribunal superior poderá não aceitar os recursos selecionados pelo tribunal *a quo*, ou ainda selecionar outros paradigmas para afetação, pois ele não está vinculado ao tribunal de origem. Os recursos afetados deverão ser julgados no prazo de 1 ano e terão preferência sobre os demais feitos, ressalvados os que envolvam réu preso e os pedidos de *habeas corpus*.

Quanto aos processos suspensos, vale destaque o fato de que as partes serão intimadas da decisão do relator ou do juiz que trata da suspensão do processo e poderão requerer que este prossiga mediante a comprovação de que a questão jurídica objeto do recurso repetitivo é diferente da discutida no caso concreto. Além de requisitar informações, o relator poderá admitir a manifestação de pessoas, órgãos ou entidades como *amicus curiae*, bem como ouvir depoimentos de pessoas com entendimento sobre a matéria, com a finalidade de instruir o procedimento. As pessoas com interesse na controvérsia devem se manifestar nos autos antes da pauta para julgamento.

Após transcorrido o prazo para a manifestação do Ministério Público e remetida a cópia para os demais ministros, haverá inclusão em pauta para julgamento. Como destacado anteriormente, as demandas repetitivas serão julgadas com prioridade. O conteúdo do acórdão deverá abranger a análise dos fundamentos relevantes da tese jurídica discutida.

Assim, como se vê, o julgamento de recursos representativos de controvérsia visa barrar ou diminuir o fluxo de demandas repetitivas nos tribunais superiores gerando economia, especialmente no STF e STJ, bem como garantir segurança jurídica pelo julgamento de causas idênticas da mesma forma.

3. SELEÇÃO DAS DEMANDAS REPRESENTATIVAS DE CONTROVÉRSIA

De acordo com o art. 1036 e seguintes do NCPC, o presidente ou o vice-presidente de tribunal de justiça ou tribunal regional federal será o responsável pela seleção de dois ou mais recursos representativos da controvérsia, que serão encaminhados ao STF ou ao STJ para fins de afetação, determinando a suspensão do trâmite de todos os processos pendentes, individuais ou coletivos, que tramitem no Estado ou na região, conforme o caso. Serão apenas selecionados os recursos admissíveis que contenham abrangentes argumentação e discussão sobre a questão a ser decidida.

Do mesmo modo, nos termos do Regimento Interno do STJ:

> Art. 256. Havendo multiplicidade de recursos especiais com fundamento em idêntica questão de direito, caberá ao presidente ou ao vice-presidente dos Tribunais de origem (Tribunal de Justiça ou Tribunal Regional Federal), conforme o caso, admitir dois ou mais recursos especiais representativos da controvérsia, que serão encaminhados ao Superior Tribunal de Justiça, ficando os demais processos, individuais ou coletivos, suspensos até o pronunciamento do STJ.

No regimento do STJ, também fica claro que os recursos especiais representativos da controvérsia **serão selecionados** pelo tribunal de origem, que deverá levar em consideração o preenchimento dos requisitos de admissibilidade e, preferencialmente:

i. a maior diversidade de fundamentos constantes do acórdão e dos argumentos no recurso especial;

ii. a questão de mérito que puder tornar prejudicadas outras questões suscitadas no recurso;

iii. a divergência, se existente, entre órgãos julgadores do tribunal de origem, caso em que deverá ser observada a representação de todas as teses em confronto.

Além disso, de acordo com o Regimento, o tribunal de origem, no juízo de admissibilidade:

i. delimitará a questão de direito a ser processada e julgada sob o rito do recurso especial repetitivo, com a indicação dos respectivos códigos de assuntos da Tabela Processual Unificada do Conselho Nacional de Justiça (CNJ);

ii. informará, objetivamente, a situação fática específica na qual surgiu a controvérsia;

iii. indicará, precisamente, os dispositivos legais em que se fundou o acórdão recorrido;

iv. informará a quantidade de processos que ficarão suspensos na origem com a mesma questão de direito em tramitação no STJ;

v. informará se outros recursos especiais representativos da mesma controvérsia estão sendo remetidos conjuntamente, destacando, na decisão de admissibilidade de cada um deles, os números dos demais.

vi. explicitará, na parte dispositiva, que o recurso especial foi admitido como representativo da controvérsia.

Caso o relator inadmita o recurso como representativo da controvérsia pela ausência dos pressupostos recursais genéricos ou específicos ou pelo não cumprimento dos requisitos previstos no Regimento Interno do STJ, deverá indicar recursos especiais existentes em seu acervo em substituição ao recurso inadmitido ou determinará a comunicação ao presidente ou vice-presidente do tribunal de origem para que remeta ao STJ, em substituição, dois ou mais recursos especiais aptos que tratem da mesma questão de direito.

Em suma, se o ministro relator entender que os recursos especiais recebidos preenchem os requisitos legais, vai afetá-los para julgamento, ou seja, submetê-los ao rito dos recursos representativos de controvérsia. O procedimento de afetação dará a devida publicidade à questão jurídica a ser decidida pelo STJ e acarretará a suspensão de todos os processos que possuírem a mesma questão jurídica no país. A partir da afetação do processo ao rito dos repetitivos, o acompanhamento da questão passa a ser realizado pelo tema repetitivo. Nesse momento, o recurso receberá um número sequencial de tema da questão jurídica, que poderá ser facilmente consultado na página do STJ.

Uma vez julgado o recurso representativo de controvérsia, sua decisão será publicada pelo órgão julgador (seção ou corte especial). Os demais recursos repetitivos suspensos terão o seguinte trâmite:

- se já distribuídos no STJ, serão julgados pelo ministro relator, nos termos do art. 932, inciso IV, alínea "b", e 932, inciso V, alínea "b", ambos do NCPC;
- se não distribuídos no STJ, serão julgados pela presidência do tribunal, nos termos da Regimento Interno do STJ, art. 21-E, inciso VI, alterado pela Emenda Regimental n. 24, de 28 de setembro de 2016;
- se sobrestados nos tribunais de origem, terão seguimento na forma prevista no art. 1.040 do NCPC.

O trâmite no STF é semelhante. Nos termos do NCPC, o próprio tribunal de origem faz as escolhas dos recursos representativos de controvérsia nos mesmos termos anteriormente destacados. Quando se verificar subida ou distribuição de múltiplos recursos com fundamento em idêntica controvérsia, a presidência do tribunal ou relator selecionará um ou mais representativos da questão e determinará a devolução dos demais aos tribunais de origem.

4. CONSIDERAÇÕES FINAIS

Embora de grande importância ao bom andamento da justiça, por permitir decisões com eficácia vinculativa e repercussão geral no direito brasileiro, aumentando assim a segurança jurídica e gerando economia, os mecanismos de solução de controvérsias repetitivas e uniformização de jurisprudência são ainda bastante controversos.

Em nosso entendimento, a escolha dos recursos representativos de controvérsia é atualmente o maior desafio do instituto de julgamento das demandas repetitivas, uma vez que é possível, que no mais das vezes, até por falta de contato com todas as possibilidades, os relatores optem pela escolha de recursos pouco abrangentes ou incompletos, sem a complexidade necessária para abarcar uniformemente tantas demandas sobre o mesmo tema.

Considerando a não vinculação dos tribunais, bem como a possibilidade de má escolha de recursos, é imprescindível que o tribunal *ad quem* fiscalize se os recursos selecionados pelo tribunal *a quo* verdadeiramente representam a controvérsia de forma abrangente e com a complexidade necessária. Em caso de não representatividade, o julgamento não deve seguir adiante, sendo que o tribunal *a quo* deverá ser informado para revogação da suspensão de trâmites, bem como seleção de novos recursos.

Do mesmo modo, as empresas e os indivíduos com interesse em demandas repetitivas devem acompanhar ativamente tais trâmites de julgamento, até para que, quando possível, apresentem manifestações colaborativas para o melhor e mais abrangente julgamento de tais demandas.

STF E STJ: A EFETIVIDADE DOS PRECEDENTES "VINCULANTES" NA ERA DO NCPC

Lígia Regini

1. INTRODUÇÃO

Após 3 anos de vigência do Novo Código de Processo Civil (NCPC), investigamos a força dos precedentes "vinculantes" dos Tribunais Superiores em relevantes temas tributários e a sua contribuição (**ou não**) ao objetivo de realização da justiça com isonomia, celeridade e eficiência processual.

No Estado de Direito brasileiro, a segurança jurídica é "sobreprincípio" consagrado. Embora não traga expressa menção a esse sobreprincípio, a Constituição Federal traça diversas regras e garantias constitucionais que desdobram, em essência, na elementar preservação da estabilidade das relações jurídicas, da certeza do direito e da proteção à confiança. Tal diretriz principiológica está bem marcada no desenho constitucional da competência do Poder Judiciário e das ações e garantias voltadas à proteção do direito e à solução de controvérsias jurídicas segundo o devido processo legal – ampla defesa e contraditório com todos os meios e os recursos, publicidade, coisa julgada etc.

Com a Emenda Constitucional (EC) n. 45/2004, conhecida como "Reforma do Judiciário", tornaram-se expressos a garantia da celeridade e da duração razoável do processo (art. 5º, inciso LXXVIII), a súmula vinculante do Supremo Tribunal Federal (STF) (art. 103-A), o efeito vinculante da decisão do STF em controle concentrado à Administração Pública (art. 102, § 2º) e o requisito da Repercussão

Geral (RG) para apreciação, em controle difuso de constitucionalidade, de matérias pelo STF. É perceptível nessa reforma constitucional o direcionamento para maior agilidade e harmonia de decisões judiciais, especialmente para efeitos além das partes.

No âmbito infraconstitucional, mudanças foram feitas no antigo Código de Processo Civil (CPC), pela Lei n. 11.418/2006, e no Regimento Interno do STF para regrar a então novel RG nos Recursos Extraordinários. Mais adiante, com a Lei n. 11.672/2008, o CPC passou a disciplinar o rito do recurso repetitivo aplicável ao Recurso Especial na hipótese de multiplicidade de recursos sobre idêntica questão de direito (art. 543-C).

A força dos precedentes dos Tribunais Superiores no sistema processual brasileiro foi reforçada e ampliada com a Lei n. 13.105/2015 – o NCPC, claramente idealizado para a realização da justiça por meio da (desejada) efetividade dos princípios da eficiência e da economia processuais, da redução da litigiosidade e da isonomia entre partes na mesma situação jurídica. Nos termos do NCPC, a RG é reconhecida pela relevância da matéria pelo viés **"econômico, político, social ou jurídico que ultrapassa os interesses subjetivos do processo"**; e o recurso repetitivo é selecionado **"sempre que houver multiplicidade de recursos extraordinários ou especiais com fundamento em idêntica questão de direito"** (art. 1036).

A afetação dos conhecidos recursos excepcionais visa atender ao interesse público na solução de matéria relevante e controvertida, tanto que, segundo o NCPC, o *leading case* deve(ria) ser apreciado em 1 ano (art. 1.037, § 4º) e prossegue mesmo se houver desistência do recorrente (art. 998, parágrafo único). Assim, RG e recurso repetitivo ganharam protagonismo no contencioso como um todo pelo peso que atribuem aos precedentes proferidos no bojo de Recursos Extraordinários e Recursos Especiais de obrigatória vinculação a todos os Tribunais e os juízes ao entendimento firmado, respectivamente, pelo STF e pelo Superior Tribunal de Justiça (STJ) para a solução dos processos sobre a mesma matéria (art. 927, inciso III c/c art. 1040).

O legislador processual, em diversas hipóteses, prescreve a obrigatória observância do entendimento dos tribunais superiores em RG ou recurso repetitivo, tudo no visível propósito de minimizar o tempo dos processos e dar harmônica solução à controvérsia jurídica reiterada em múltiplos processos. Eis a dicção de importantes dispositivos do NCPC:

Art. 927. **Os juízes e os tribunais observarão:**

I – as decisões do Supremo Tribunal Federal em controle concentrado de constitucionalidade;

II – os enunciados de súmula vinculante;

III – **os acórdãos em incidente de assunção de competência ou de resolução de demandas repetitivas e em julgamento de recursos extraordinário e especial repetitivos**;

IV – os enunciados das súmulas do Supremo Tribunal Federal em matéria constitucional e do Superior Tribunal de Justiça em matéria infraconstitucional;

V – a orientação do plenário ou do órgão especial aos quais estiverem vinculados. [...]

Art. 1.040. **Publicado o acórdão paradigma:**

I – o presidente ou o vice-presidente do tribunal de origem negará seguimento aos recursos especiais ou extraordinários sobrestados na origem, se o acórdão recorrido coincidir com a orientação do tribunal superior;

II – o órgão que proferiu o acórdão recorrido, na origem, reexaminará o processo de competência originária, a remessa necessária ou o recurso anteriormente julgado, se o acórdão recorrido contrariar a orientação do tribunal superior;

III – os processos suspensos em primeiro e segundo graus de jurisdição retomarão o curso para julgamento e aplicação da tese firmada pelo tribunal superior;

IV – se os recursos versarem sobre questão relativa a prestação de serviço público objeto de concessão, permissão ou autorização, o resultado do julgamento será comunicado ao órgão, ao ente ou à agência reguladora competente para fiscalização da efetiva aplicação, por parte dos entes sujeitos a regulação, da tese adotada. (grifos nossos)

O protagonismo da RG no STF e do recurso repetitivo no STJ é ainda mais evidente na área tributária, porque, no mais das vezes, o debate acerca da constitucionalidade e/ou legalidade do tributo atrai interesses convergentes de muitos contribuintes e afeta milhares de processos individuais por todo o país. O presente estudo se propõe a examinar a evolução e a efetividade, nesses primeiros anos da vigência do NCPC, de precedentes do STF com RG e do STJ em recursos repetitivos sobre controvertidos temas tributários.

2. STF EM RG SOBRE MATÉRIA TRIBUTÁRIA

Segundo dados divulgados pelo próprio STF, no período de 16 de março de 2016 a 1º de abril de 2019, 262 temas tributários chegaram ao Tribunal. Desse conjunto, houve:

- 209 com RG reconhecida, sendo:
  - o 101 com acórdão de RG publicado;
  - o 10 com acórdão de mérito publicado;
  - o 5 com mérito julgado;
- 50 com RG negada;
- 1 com RG em análise;
- 2 cancelados.

No mesmo período, o STF editou três Súmulas Vinculantes (**nenhuma tributária**) e firmou 26 teses sobre matéria de natureza tributária, das quais destacamos as seguintes:

- **Imposto Predial e Territorial Urbano (IPTU) – imunidade recíproca (com trânsito em julgado) – Tema 385:** *"A imunidade recíproca, prevista no art. 150, VI, a da Constituição não se estende a empresa privada arrendatária de imóvel público, quando seja ela exploradora de atividade econômica com fins lucrativos. Nessa hipótese é constitucional a cobrança do IPTU pelo Município".*

- **Substituição Tributária do Imposto sobre Circulação de Mercadorias e Serviços (ICMS-ST) – restituição (com trânsito em julgado) – Tema 201:** *"É devida a restituição da diferença do Imposto sobre Circulação de Mercadorias e Serviços (ICMS) pago a mais no regime de substituição tributária para a frente se a base de cálculo efetiva da operação for inferior à presumida".*

- **CD-Room e E-book – imunidade (com trânsito em julgado) – Tema 259:** *"A imunidade da alínea d do inciso VI do artigo 150 da Constituição Federal alcança componentes eletrônicos destinados, exclusivamente, a integrar unidade didática com fascículos".*

  Tema 593: *"A imunidade tributária constante do art. 150, VI, d, da CF/88 aplica-se ao livro eletrônico (e-book), inclusive aos suportes exclusivamente utilizados para fixá-lo".*

- **Imposto sobre Serviço (ISS) sobre planos de saúde (sem trânsito em julgado) – Tema 581:** *"As operadoras de planos de saúde realizam prestação de serviço sujeita ao Imposto sobre Serviços de Qualquer Natureza – ISSQN, previsto no art. 156, III, da CRFB/88".*

- **Programa de Integração Social (PIS) e Contribuição para o Financiamento da Seguridade Social (Cofins) – exclusão do ICMS (sem trânsito em julgado) – Tema 69:** *"O ICMS não compõe a base de cálculo para a incidência do PIS e da COFINS".*

- **Imunidade para assistência social – requisitos (sem trânsito em julgado) – Tema 32:** *"Os requisitos para o gozo de imunidade hão de estar previstos em lei complementar".*

Esses dados dão uma visão geral da dedicação da Corte constitucional às demandas de natureza tributária nos últimos três anos.

Em resumo, foram fixadas 8 teses tributárias por ano nesses 3 anos de vigência do NCPC – o que, supõe-se a princípio, estaria servindo para solucionar controvérsias, baixar inúmeras ações judiciais e eliminar definitivamente alguns dos muitos conflitos entre Fisco e contribuintes.

A fim de verificar a efetividade das teses fixadas pelo STF em RG, examinamos os desdobramentos de três delas – **uma ainda não definitiva, sem trânsito em julgado.**

2.1 Tema 201: ICMS-ST – restituição da diferença do valor presumido

Concluiu o STF, em outubro de 2016, no Recurso Extraordinário (RE) com RG n. 593.849 – e Ações Diretas de Inconstitucionalidade (ADIs) n. 2.675 e 2.777 –, que os Estados **têm** o dever de restituir aos contribuintes a parte do ICMS-ST superior ao valor do imposto segundo a base de cálculo efetivamente realizada. A partir dessa **decisão** do STF, os contribuintes foram buscar junto aos Estados a restituição de parte do valor antecipadamente recolhido a título de ICMS-ST. A pretexto de cumprir a orientação judicial, os Estados editaram normas sobre o procedimento administrativo da esperada restituição.

O que se viu até agora, na prática, são regras "procedimentais" que restringem indevidamente o direito à efetiva restituição. Eis o exemplo do Estado de São Paulo, que regulamentou o procedimento administrativo: num primeiro momento, com Comunicado da Coordenadoria da Administração Tributária (CAT) n. 6/2018, reconheceu o direito **à restituição** apenas na hipótese de ter havido a fixação, pelo Estado, do valor presumido da operação final, excluindo os casos sujeitos a Margem de Valor Agregado (MVA); – e, num segundo momento, com o Comunicado CAT n. 14/2018, superou a restrição atinente à modalidade do preço final, mas impôs limitação temporal à restituição para recolhimentos posteriores a 19 de outubro de 2016 (data da publicação do acórdão do STF) e recolhimentos pretéritos já objeto de medida judicial.

Houve, como se nota, verdadeira tentativa de "modulação de efeitos" da decisão do STF pela Administração Tributária estadual de São Paulo.

Foi longa a espera para a resolução dessa matéria jurídico-constitucional, mas é duvidosa a efetividade da RG do STF diante da postura resistente do fisco estadual, que acaba por fomentar um novo contencioso e postergar ainda mais a satisfação do direito do contribuinte. Há, pois, um novo contencioso estadual sobre o alcance do precedente vinculante do STF *vis a vis* às regras locais do percurso até a restituição do ICMS-ST.

2.2 Tese 385: IPTU – imunidade recíproca (imóvel público arrendado)

Em 2017, o STF concluiu o julgamento de dois RE com as seguintes teses:

> A imunidade recíproca, prevista no art. 150, VI, b, da Constituição Federal não se estende a empresa privada arrendatária de imóvel público, quando seja ela exploradora de atividade econômica com fins lucrativos. Nessa hipótese é constitucional a cobrança do IPTU pelo município. (RE n. 594.015)
>
> Incide o IPTU considerado imóvel de pessoa jurídica de direito público cedido a pessoa jurídica de direito privado, devedora do tributo. (RE n. 601.720)

Os processos apreciados pelo STF envolviam empresas de direito privado que exploravam imóveis públicos em atividades lucrativas. Os acórdãos, transitados em julgado em outubro/novembro de 2018, não consideraram como fator determinante a **destinação** do imóvel público em posse do particular, apesar da provocação feita em sede de embargos de declaração pela Associação Brasileira dos Terminais Portuários (ABTP)[1] – empresas exploradoras de imóveis para prestação de serviços públicos.

Com o trânsito em julgado dos *leading cases,* as teses passaram a ser aplicadas pelos Tribunais de Justiça de todo o país, em processos com as mais diferentes

---

1 O pedido não foi conhecido sob o argumento de que a questão de mérito estava preclusa.

situações de fato, como imóveis públicos explorados por terminais portuários e concessionárias de serviços públicos.

A lacuna do acórdão do STF sobre a relevância da destinação do imóvel público gerou, de imediato, forte demanda por *distinguish*.[2] Em resumo, os *leading cases* (RE) terminaram, mas não a discussão jurídica. Hoje há uma sucessão de pedidos de *distinguish* nos mais diferentes Tribunais e no próprio STF, com fundamento na regra processual expressa (art. 1.037, § 9º e seguintes). Prova disso é a Arguição de Descumprimento de Preceito Fundamental (ADPF) n. 560, proposta perante o STF pela Confederação Nacional do Transporte (CNT), para afastar a aplicação indiscriminada de teses genéricas e regras locais, como a do Município de Campinas (Estado de São Paulo), que impõe a incidência do IPTU sobre imóveis públicos utilizados, a qualquer título, por empresas para exploração de atividades econômicas. A ação aguarda julgamento no Plenário do STF, em sede de Agravo após negativa do Ministro Alexandre de Moraes.

Em paralelo, em 14 de maio pp., o Ministro Luiz Fux suspendeu a aplicação da Tese 437 em processo da Companhia Docas do Estado de São Paulo (Codesp) sobre IPTU no Porto de Santos, por entender que era

> *necessário "distinguishing" entre o caso dos autos e o que discutido no RE 601.720, Tema 437 da Repercussão Geral, pois trata-se de situações jurídicas que, embora se assemelhem, não podem ser tomadas por idênticas e, portanto, não podem receber a mesmo tratamento jurídico, sob pena de desnaturarmos o espírito do postulado constitucional da isonomia.* (Reclamação n. 32.717)

Ou seja, a divergência entre os Ministros do STF sobre o alcance das Teses 385 e 437 do próprio STF prolonga o contencioso tributário com os Municípios

---

2 "O direito a distinção é um corolário do princípio da igualdade. A ele corresponde um dever de o órgão julgador proceder a distinção – dever esse consagrado em diversos dispositivos da legislação brasileira. A distinção se impõe na aplicação de precedentes, inclusive os vinculantes (enunciado n. 306 do Fórum Permanente de Processualistas Civis)" (DIDIER JR., Freddie et al. *Curso de Direito Processual Civil*. 14. ed. São Paulo: Saraiva, 2019. p. 605). "Em primeiro lugar é preciso saber quando um precedente é aplicável para solução de uma questão e quando não o é. Se a questão que deve ser resolvida conta com um precedente – se é a 'mesma questão' ou se é 'semelhante', o precedente aplica-se ao caso. O raciocínio é eminentemente analítico. Todavia, se a questão não for idêntica ou não for semelhante, isto é, se existem 'particularidades fático-jurídicas não presentes' – e por isso 'não consideradas' – no precedente, então é caso de distinguir o caso do precedente, recusando-lhe aplicação. É o caso de realizar uma distinção (distinguishing)" (MARINONI, Luiz Guilherme et al. *Curso de Processo Civil*. Vol. II. 5. ed. São Paulo: Revista dos Tribunais, 2019. p. 669).

e já provoca os mais diferentes entendimentos dos Tribunais de Justiça sobre **distinção**. Tudo até um novo pronunciamento do próprio Pleno do STF. É dizer, há também neste tema um novo contencioso sobre o conteúdo e o alcance do precedente vinculante do STF.

2.3 Tema 69: PIS/Cofins – exclusão do ICMS

Outro tema tributário, talvez o mais debatido nos últimos dois anos, ainda aguarda (sem previsão)[3] a palavra final e definitiva do STF.

Após sua publicação em outubro de 2017, o Acórdão do RE em RG n. 574.706 foi alvo de Embargos de Declaração no bojo dos quais a União suscita supostas contradições e pleiteia a modulação dos efeitos da Tese 69. Tais Embargos de Declaração aguardam[4] julgamento.

A despeito desse cenário no STF, a Tese 69 passou a ser aplicada nos milhares de processos individuais que versam sobre a limitação da base de cálculo das contribuições sociais. Com isso, muitas das decisões favoráveis aos contribuintes vêm se tornando definitivas, mediante trânsito em julgado, e legitimando a redução das contribuições vincendas e o reconhecimento do crédito decorrente do indébito de PIS/Cofins, com o início da respectiva compensação tributária ou busca por precatório.

A consolidação da Tese 69 nos processos individuais decorre da sua aplicação imediata pelos Tribunais Regionais Federais (TRF), independentemente dos pendentes embargos de declaração no *leading case*. Tal força do precedente decorre da lei (NCPC), como assentado em decisões do STF[5] e ora reiterado em acórdãos dos TRF da 1ª e da 3ª Regiões:

> O mencionado representativo já foi julgado e seu acórdão publicado. Vale registrar que o próprio STF tem determinado a imediata aplicação do entendimento firmado em sede de repercussão geral, inclusive com aplicação de multa à Fazenda Nacional, nos casos de interposição de agravo no intuito de protelar o cumprimento do julgado daquela Corte (Ag Reg RE 355.024 e Ag Reg RE 362.067 – 1ª. Turma – Rel. Min. Marco Aurélio Mello)[...]." (TRF1, Órgão Especial, Agravo Regimental – AgRg – no RE n. 0007251-29.2008.4.01.3200, Desembargador Vice-Presidente Kassio Marques, julgado em: fev. 2019)

---

3   Até o fechamento deste artigo, em junho de 2019.
4   Até o fechamento deste artigo, em junho de 2019.
5   RE n. 1129931 AgRg, Rel. Min. Gilmar Mendes, 2ª Turma, julgado em: 17 ago. 2018; RE n. 1112500 AgRg, Rel. Min. Roberto Barroso, 1ª Turma, julgado em: 29 jun. 2018.

Com efeito, em que se pesem os argumentos expendidos pelo agravante, temos que na sistemática do art. 543-B, § 3.º, do CPC de 1973, cujo teor foi reproduzido no art. 1.030, I, "a" c/c art. 1.040, I do CPC de 2015, **publicado** o acórdão paradigma, se negará seguimento aos recursos excepcionais se o acórdão recorrido coincidir com a orientação do Tribunal Superior.

Por sua vez, destaco também não ser cabível a manutenção da suspensão do processo, pois conforme explicitado, determina o art. 543-B, § 3.º do CPC de 1973, atual art. 1.030, I, "a" c/c art. 1.040, I do CPC de 2015, que, publicado o acórdão paradigma, os recursos excepcionais sobrestados na origem terão seguimento denegado na hipótese de haver correspondência entre o acórdão recorrido e a orientação do Tribunal Superior, devendo o Presidente ou o Vice-Presidente do Tribunal de origem verificar tão somente a adequação entre o julgado recorrido e o acórdão representativo de controvérsia, porquanto, nos "termos da jurisprudência consolidada nesta Suprema Corte, após o exame da existência de repercussão geral da matéria versada no recurso extraordinário, pelo Supremo Tribunal Federal, compete às cortes de origem a aplicação da decisão aos demais casos" (ARE n.º 863.704/MS, Rel. Min. LUIZ FUX, Julgamento 29/05/2017)."

[...]. (TRF3, Órgão Especial, Ag em Apelação Cível n. 0003777-43.2001.4.03.6109/SP, Desembargador Vice-Presidente Nery Junior, grifo nosso)

A coisa julgada deveria, por princípio, ser a expressão máxima da segurança jurídica sobre matéria antes controvertida. No caso, a coisa julgada legitima o contribuinte a se apropriar de expressivo crédito tributário e iniciar as medidas para sua recuperação e monetização (precatório ou compensação tributária).

No entanto, a dinâmica (e a demora) do STF na conclusão do *leading case* está, atualmente, gerando uma séria disfunção no idealizado sistema de precedentes: há centenas, milhares de decisões individuais transitadas em julgado com base na Tese 69 e, de outro lado, a resistência do Fisco federal ao seu cumprimento, notadamente no tocante ao critério numérico do excluído ICMS.[6] Mesmo com o julgamento de mérito em RG, foi inaugurado um novo e igualmente intenso contencioso que ora já avança perante os TRF e o STJ e, em essência, quer dizer

---

6 O fisco federal impõe restrições ao direito amparado na coisa julgada individual dos contribuintes, inclusive quanto à extensão da Tese 69 e à definição do valor a ser excluído da base de cálculo do PIS/Cofins (Solução de Consulta Cosit n. 13/2018).

o que disse o STF. Ora, cabe ao STF concluir o julgamento do *leading case* com esclarecimento de tamanha controvérsia e encerrar, em definitivo, essa longa e custosa disputa.

Esse emblemático tema é a prova de que a solução de mérito da controvérsia constitucional em RG não vem alcançando (*ao menos até junho de 2019*) os fins a que se destina, isto é, a esperada efetividade da prestação jurisdicional com isonomia (preservação da livre concorrência) e a consequente redução da litigiosidade.

3. STJ EM RECURSOS REPETITIVOS SOBRE MATÉRIA TRIBUTÁRIA

No mesmo período de 16 de março de 2016 a 1º de abril de 2019, a 1ª Seção do STJ julgou 20 Recursos Especiais repetitivos que tratavam de matéria tributária, como:

- **Regime não cumulativo de PIS/Cofins – crédito (conceito de *insumo*)** – **Tema 779:** *"É ilegal a disciplina de creditamento prevista nas Instruções Normativas da SRF ns. 247/2002 e 404/2004, porquanto compromete a eficácia do sistema de não-cumulatividade da contribuição ao PIS e da COFINS, tal como definido nas Leis 10.637/2002 e 10.833/2003".*

    Tema 780: *"O conceito de insumo deve ser aferido à luz dos critérios de essencialidade ou relevância, ou seja, considerando-se a imprescindibilidade ou a importância de determinado item – bem ou serviço – para o desenvolvimento da atividade econômica desempenhada pelo Contribuinte".*

- **PIS/Cofins – atos cooperativos típicos – Tema 363:** *"Não incide a contribuição destinada ao PIS/COFINS sobre os atos cooperativos típicos realizados pelas cooperativas".*

- **Prescrição intercorrente em execução fiscal – Temas 566 a 571:** *"O prazo de 1 (um) ano de suspensão do processo e do respectivo prazo prescricional previsto no art. 40, §§ 1º e 2º da Lei n. 6.830/80 – LEF tem início automaticamente na data da ciência da Fazenda Pública a respeito da não localização do devedor ou da inexistência de bens penhoráveis no endereço fornecido, havendo, sem prejuízo dessa contagem automática, o dever de o magistrado declarar ter ocorrido a suspensão da execução. [...] Havendo ou não petição da Fazenda Pública e havendo ou não pronunciamento judicial nesse sentido, findo o prazo de 1 (um) ano de suspensão inicia-se automaticamente o prazo prescricional aplicável. [...] A efetiva constrição patrimonial e a efetiva citação (ainda que por edital) são aptas a interromper o curso da prescrição intercorrente, não bastando para tal o mero peticionamento em juízo, requerendo, v.g., a feitura da penhora sobre ativos* *financeiros ou sobre outros bens. [...] A Fazenda Pública, em sua primeira oportunidade de falar nos autos (art. 245 do CPC/73, correspondente ao art. 278 do CPC/2015), ao alegar nulidade pela falta de qualquer intimação dentro do procedimento do art. 40 da LEF, deverá demonstrar o prejuízo que sofreu (exceto a falta da intimação que constitui o termo inicial – 4.1., onde o prejuízo é presumido), por exemplo, deverá demonstrar a ocorrência de qualquer causa interruptiva ou suspensiva da prescrição".*

- **Compensação em mandado de segurança – Tema 118:** *"Tratando-se de Mandado de Segurança impetrado com vistas a declarar o direito à compensação tributária, em virtude do reconhecimento da ilegalidade ou inconstitucionalidade da exigência da exação, independentemente da apuração dos respectivos valores, é suficiente, para esse efeito, a comprovação de que o impetrante ocupa a posição de credor tributário, visto que os comprovantes de recolhimento indevido serão exigidos posteriormente, na esfera administrativa, quando o procedimento de compensação for submetido à verificação pelo Fisco;*

    Tratando-se de Mandado de Segurança com vistas a obter juízo específico sobre as parcelas a serem compensadas, com efetiva investigação da liquidez e certeza dos créditos, ou, ainda, na hipótese em que os efeitos da sentença supõem a efetiva homologação da compensação a ser realizada, o crédito do contribuinte depende de quantificação, de modo que a inexistência de comprovação cabal dos valores indevidamente recolhidos representa a ausência de prova pré-constituída indispensável à propositura da ação".

- **PIS/Cofins – exclusão de ICMS – Tema 313 (antes do julgamento do STF):** *"O artigo 3º, § 2º, III, da Lei n.º 9718/98 não teve eficácia jurídica, de modo que integram o faturamento e também o conceito maior de receita bruta, base de cálculo das contribuições ao PIS/PASEP e COFINS, os valores que, computados como receita, tenham sido transferidos para outra pessoa jurídica;*

    O valor do ICMS, destacado na nota, devido e recolhido pela empresa compõe seu faturamento, submetendo-se à tributação pelas contribuições ao PIS/PASEP e COFINS, sendo integrante também do conceito maior de receita bruta, base de cálculo das referidas exações".

27.02.19 – cancelamento de Súmulas

Súmula 68: *"A parcela relativa ao ICMS inclui-se na base de cálculo do PIS"*

Súmula 94: *"A parcela relativa ao ICMS inclui-se na base de cálculo do Finsocial"*

3.1 Temas 779/780: PIS/Cofins não cumulativos – créditos e o conceito de insumo

Um dos mais relevantes julgados tributários do STJ nesses últimos três anos foi o que deu interpretação ao conceito de **insumo** prescrito nas regras legais da tomada do crédito da contribuição ao PIS e da Cofins no regime não cumulativo. Essa questão conceitual estava em discussão em milhares de processos administrativos e judiciais e já desdobrava em três diferentes linhas de interpretação.

A conclusão do STJ, no Recurso Especial (REsp) n. 1.221.170/PR, deu-se em fevereiro de 2018 e motivou com incomum rapidez, ao final do mês de setembro de 2018, o posicionamento da Procuradoria Geral da Fazenda Nacional (PGFN)[7] para (i) dispensa de contestações e recursos nos processos sobre a matéria e (ii) exame dos casos concretos, com adoção dos critérios de **relevância** e **essencialidade** definidos pelo Tribunal Superior – afastando, todavia, os custos operacionais não **intrinsecamente** ligados à atividade-fim da empresa. Na sequência, em dezembro do mesmo ano, a Receita Federal do Brasil (RFB) editou o Parecer Normativo Cosit n. 5, manifestando seu entendimento acerca do acórdão do REsp n. 1.221.170/PR.

Há pertinentes ressalvas às leituras da PGFN e da RFB sobre o acórdão do STJ e isso, por certo, será suscitado nos processos individuais segundo as características de cada atividade econômica sujeita ao regime não cumulativo da contribuição ao PIS e da Cofins. É fato que a tese fixada pelo STJ dá os critérios conceituais para a interpretação da regra legal que autoriza a tomada do crédito de PIS/Cofins, restando a cada contribuinte (e à fiscalização federal) observar a *essencialidade e a relevância* de cada **insumo** na respectiva atividade produtiva. Isso significa dizer que, após a definição de *insumo* pelo STJ no REsp n. 1.221.170/PR, segue um contencioso longo e intensamente ligado a provas (documentais, técnicas-periciais etc.) da necessidade e da importância de tal ou qual insumo em cada atividade econômica, tudo para fim de legitimar a apropriação do crédito das contribuições não cumulativas.

Esse tema ilustra o respeito e a confiança no precedente do recurso repetitivo, embora a interpretação "vinculante" das leis não tenha diretamente assegurado as desejadas isonomia e redução de litígios. É dizer, o precedente vinculante do STJ assentou o conteúdo e o sentido da regra legal cuja aplicação é casuística, isto é, variável segundo a situação fática-probatória de cada contribuinte sujeito ao regime não cumulativo de PIS/Cofins. A decisão vinculante do STJ tornou, portanto, essencialmente probatório o direito do contribuinte ao crédito de PIS/Cofins no regime não cumulativo – o litígio remanescente se traduz à produção e **à** análise de provas (no mais das vezes, de grande volume e complexidade).

---

7   Nota SEI n. 63/2018/CRJ/PGACET/PGFN-MF.

3.2 Tema 118: mandado de segurança – direito a compensação tributária

Em fevereiro de 2019, o STJ enfrentou em recurso repetitivo (REsp n. 1.365.095/SP, n. 1.715.294/SP e n. 1.715.256/SP) questão que há muito permeia processos sobre as mais diferentes controvérsias tributárias: a declaração do direito à compensação tributária, em sede de mandado de segurança, independentemente da prova pré-constituída do valor do indébito de tributo ilegal ou inconstitucional.

A 1ª Seção do STJ fez a esperada e pertinente distinção entre (i) o *mandamus* meramente declaratório da inexigibilidade do tributo e da recuperação do respectivo indébito por meio de futura compensação e (ii) a ação mandamental especificamente voltada à homologação judicial da compensação tributária mediante prova da suficiência do crédito. Nessa linha, finalizou com o apontamento da imprescindível prova documental do crédito na segunda hipótese. Reconheceram os Ministros do STJ a diferença entre a compensação tributária concretizada que se quer homologar em Juízo e a compensação tributária que sucede a declaração judicial do pagamento indevido e se dá, após o trânsito em julgado, na esfera administrativa segundo os trâmites definidos pelo ente tributante.

Antes, contribuintes acabavam conduzidos a discussões tributárias no bojo de ações ordinárias e, por força do rito processual, aguardavam ainda mais tempo para ver seu direito reconhecido e, então, iniciar a compensação do crédito decorrente do indébito. Esse precedente "vinculante" do STJ há de dar maior rapidez e eficiência às causas tributárias com fundamentos essencialmente jurídicos, deduzidas no bojo de Mandados de Segurança, posto que elimina a antiga controvérsia processual e dispensa os juízes de qualquer exame probatório de existência, origem e suficiência do indébito sujeito à compensação tributária.

4. CONSIDERAÇÕES FINAIS

Em pouco mais de 3 anos de vigência do NCPC, nota-se que os Tribunais Superiores intensificaram o manejo da RG e do recurso repetitivo, no claro propósito de tornar mais ágil e harmônica a prestação jurisdicional em favor dos litigantes na mesma situação jurídica.

Tal propósito também se mostrou, mas **pouco se efetivou** até agora, nos temas de direito tributário. Mas não por falta de identidade dos fundamentos jurídicos das controvérsias entre fisco e contribuintes, muito menos por falta de multiplicidade de processos e/ou interessados por uma mesma matéria.

A partir desse breve estudo, concluímos que a baixa efetividade das decisões vinculantes em matéria tributária decorre da demora na conclusão do julgamento de mérito (Tema STF 69 e Tema STJ 118) e da imprecisão de alguns dos acórdãos paradigmáticos (Tema STF 385). Atraso da definitividade da Tese e lacuna das decisões mitigam a efetividade dos precedentes "vinculantes" e dão causa ao prolongamento de discussões, **para além da RG e do recurso repetitivo, e até mesmo para além do trânsito em julgado** (Tema STF 69).

Na fase atual, há negativos efeitos especialmente decorrentes da demora do STF na conclusão dos *leading cases*: (i) diferentes interpretações das Teses em ações individuais; (ii) desequilíbrio entre indivíduos na mesma situação jurídica, alguns com vantagens financeiras (e concorrenciais) imediatas pelo ganho da causa individual; e (iii) persistente incerteza jurídica quanto a matéria gerando desconfiança da autoridade do Poder Judiciário.

A efetiva e concreta primazia da RG e do Recurso Repetitivo na vigência do NCPC deve ser refletida nos Regimentos Internos dos Tribunais Superiores, com fixação de prazo e prioritária pauta para julgamento de eventual(is) recurso(s) interpostos nos *leading case* para a solução definitiva da controvérsia com o breve esgotamento do mérito.

O que se espera, a partir do sistema de precedentes delineado pelo NCPC, é ter a **"palavra final"** do STF e STJ sobre as controvérsias tributárias, sem injustificados alongamentos e com o prioritário esgotamento da matéria nesses Tribunais, tudo para a redução dos litígios com isonomia, segurança jurídica e um tanto mais de clareza sobre os limites da tributação no país.

SISTEMA DE PRECEDENTES E ART. 489, § 1º, DO NCPC

Daniella Zagari

1. EVOLUÇÃO DO SISTEMA DE PRECEDENTES NO BRASIL

O Novo Código de Processo Civil (NCPC), de 2015, consolidou a tendência que já se via no sistema processual no sentido de tornar obrigatórios ou vinculativos[1] alguns precedentes emanados do judiciário. Pode-se dizer que a Emenda Constitucional (EC) n. 45, de 30 de dezembro de 2004, foi o marco inicial nessa direção, com a introdução do requisito de existência de **repercussão geral** das questões constitucionais em debate como condição para admissão dos recursos extraordinários.[2]

Essa nova exigência teve o objetivo de consolidar o papel do Supremo Tribunal Federal (STF) como órgão jurisdicional de cúpula na interpretação e na aplicação da Constituição Federal, para que analise somente as questões constitucionais que realmente ultrapassem o interesse individual das partes envolvidas no processo. Para regulamentar a nova disposição constitucional, foi modificado o Regimento

---

1 Por precedentes obrigatórios ou vinculativos entendam-se aqueles indicados pelo NCPC como de observância obrigatória por juízes e tribunais.

2 Art. 102, § 3º, da Constituição Federal: "No recurso extraordinário o recorrente deverá demonstrar a repercussão geral das questões constitucionais discutidas no caso, nos termos da lei, a fim de que o Tribunal examine a admissão do recurso, somente podendo recusá-lo pela manifestação de dois terços de seus membros".

Interno do STF, bem como introduzido o art. 543-A no Código de Processo Civil (CPC) de 1973, que tem seu correspondente no art. 1035 do NCPC.

Portanto, somente podem ser admitidos para julgamento pelo STF os recursos que, além de envolverem a análise de uma questão constitucional determinante para a solução da controvérsia, contemplem "questões que, relevantes do ponto de vista econômico, político, social ou jurídico, ultrapassem os interesses subjetivos das partes" (Regimento Interno do STF, art. 322), requisito que deverá ser demonstrado pelo recorrente (art. 1035, § 2º, do NCPC).

No contexto dessas alterações, foi editado também o art. 543-C do CPC de 1973, com correspondente no art. 1036 do NCPC,[3] com o objetivo de dotar de uniformidade os precedentes advindos do Superior Tribunal de Justiça (STJ), sempre que houver multiplicidade de recursos com fundamento na mesma questão de direito federal, os chamados **recursos repetitivos**.

Tanto no caso da **repercussão geral** como no dos **recursos repetitivos**, o objetivo vai muito além da otimização do processamento dos recursos aos tribunais superiores. Impõe-se aos demais órgãos jurisdicionais a observância desses precedentes, a partir da fixação de um procedimento específico para tanto. Nesse sentido, determina o art. 1040 do NCPC que, uma vez publicado o acórdão paradigma,[4] o presidente ou vice-presidente do tribunal de origem negará seguimento aos recursos especiais e extraordinários que tenham sido sobrestados até o julgamento do paradigma, caso o acórdão recorrido coincida com a orientação fixada pelo tribunal superior. Em contrapartida, se o acórdão recorrido divergir dessa orientação, será determinada a devolução dos autos para novo julgamento, que deve ser compatibilizado com aquele realizado pelo STF ou STJ.

---

3   Embora o art. 1036 do NCPC seja o correspondente do art. 543-C do CPC de 1973, ele buscou aprimorar o sistema de julgamento de recursos repetitivos, na medida em que: (i) é aplicável não só aos julgamentos do STJ, mas também aos do STF; e (ii) criou mecanismos mais eficientes para que o recurso a ser julgado como representativo de controvérsia realmente seja o adequado, isto é, aquele que contenha **abrangente argumentação e discussão a respeito da questão a ser decidida** (§ 6º). Também como mecanismo de aprimoramento do sistema, o art. 1037 determina o sobrestamento de todos os processos que versem sobre a matéria que será julgada sob o regime dos repetitivos, e não somente dos recursos pendentes de exame de admissibilidade aos tribunais superiores, como antes ocorria. Em que pese essa determinação, a experiência forense atesta que essa regra não vem sendo seguida com uniformidade por esses tribunais.

4   Ou publicada a ata de julgamento, como tem entendido o STF.

O que está na essência desse sistema é o propósito de preservar a segurança jurídica e a isonomia, a fim de que os jurisdicionados possam moldar seu comportamento a partir da interpretação dada à Constituição Federal e à lei pelos tribunais superiores, interpretação esta que deverá ser seguida pelos demais órgãos jurisdicionais. Essa preocupação é particularmente sensível para questões que são comuns a um número expressivo de pessoas, como muitas vezes ocorre em matéria tributária.

2. O SISTEMA DE PRECEDENTES À LUZ DO NCPC

O NCPC sofisticou os mecanismos de valorização dos precedentes e introduziu definitivamente o modelo de precedente obrigatório ou vinculativo, sempre com o objetivo de garantir a segurança jurídica e aprimorar a prestação jurisdicional. É o que se verifica da interpretação sistemática de diversos dispositivos.

Em primeiro lugar, o art. 926, *caput*, constitui verdadeiro mandamento imposto aos julgadores: "Os tribunais devem uniformizar sua jurisprudência e mantê-la estável, íntegra e coerente". Sobreleva aqui a preocupação do legislador com o comportamento oscilante dos próprios órgãos responsáveis pela edição do precedente. Se eles mesmos não observarem o que decidiram e forem contraditórios na aplicação de seu próprio entendimento, não se pode esperar, muito menos exigir, qualquer coerência por parte dos demais tribunais e juízes.

Logo na sequência, o art. 927 impõe a juízes e tribunais que observem: (i) as decisões proferidas pelo STF em controle concentrado de constitucionalidade; (ii) os enunciados de súmula vinculante; (iii) os acórdãos proferidos em julgamento de incidente de assunção de competência, de incidente de resolução de demandas repetitivas, e de recursos especiais e extraordinários repetitivos; (iv) os enunciados das Súmulas do STF em matéria constitucional e do STJ em matéria infraconstitucional; e (v) a orientação do plenário ou do órgão especial a que estiverem vinculados.

Dentre os precedentes dotados de força obrigatória, como se nota do art. 927, estão os novos **incidente de assunção de competência**, disciplinado pelo art. 947, e **incidente de resolução de demandas repetitivas**, objeto do art. 976. O incidente de assunção de competência pode ser instaurado perante o STJ ou os demais tribunais ordinários, sempre que a questão a ser decidida tenha relevância e grande repercussão social, ainda que não se repita em múltiplos processos. Já o incidente de resolução de demandas repetitivas terá lugar sempre que, simultaneamente, a questão de direito a ser julgada esteja reproduzida em múltiplas demandas e haja risco de ofensa à isonomia e à segurança jurídica.

3. A RELEVÂNCIA DA FUNDAMENTAÇÃO NO CONTEXTO DO SISTEMA DE PRECEDENTES

O § 1º do art. 927 do NCPC determina a juízes e tribunais que, ao decidirem com fundamento nessa norma, façam-no em estrita observância ao art. 489, § 1º, do mesmo Código:

> Art. 489. [...]
>
> § 1º. Não se considera fundamentada qualquer decisão judicial, seja ela interlocutória, sentença ou acórdão, que:
>
> I – se liminar à indicação, à reprodução ou à paráfrase de ato normativo, sem explicar sua relação com a causa ou com a questão decidida;
>
> II – empregar conceitos jurídicos indeterminados, sem explicar o motivo concreto de sua incidência no caso;
>
> III – invocar motivos que se prestariam a justificar qualquer outra decisão;
>
> IV – não enfrentar todos os argumentos deduzidos no processo capazes de, em tese, infirmar a conclusão adotada pelo julgador;
>
> V – se limitar a invocar precedente ou enunciado de súmula, sem identificar seus fundamentos determinantes nem demonstrar que o caso sob julgamento se ajusta àqueles fundamentos;
>
> VI – deixar de seguir enunciado de súmula, jurisprudência ou precedente invocado pela parte, sem demonstrar a existência de distinção no caso em julgamento ou a superação do entendimento.

A **justificação analítica** da decisão judicial representa importantíssima regra trazida pelo NCPC, ainda que a motivação adequada e suficiente já constituísse exigência ao tempo do CPC de 1973. Trata-se de via de mão dupla, como consequência do próprio modelo cooperativo de processo: se o juiz deve justificar analiticamente sua decisão, constitui igualmente ônus das partes justificar analiticamente suas postulações.[5]

---

5   Nesse sentido, DIDIER JR., FREDIE. O art. 489, § 1º do CPC e a sua incidência na postulação dos sujeitos processuais – um precedente do STJ. In: ALVIM, Teresa Arruda; CIANCI, Mirna; DELFINO,

Se a parte cumpriu seu ônus, é dever do órgão jurisdicional, dentre outros, **enfrentar todos os argumentos deduzidos no processo capazes de, em tese, infirmar a conclusão adotada pelo julgador.** É de clareza meridiana essa exigência: não faz sentido que o juiz só aprecie os fundamentos que desejar, ou que acolher. É essencial, para o cumprimento do dever de motivação, e em atenção à garantia maior do contraditório, que o juiz enfrente todos os argumentos apresentados pela parte, ainda que para rejeitá-los, se são argumentos que, caso acolhidos, poderiam conduzir à procedência ou improcedência da pretensão.

No mesmo sentido, a vedação ao **motivo-padrão**, ou seja, aquela motivação que, de tão genérica, poderia ser utilizada em qualquer caso. Infelizmente, a experiência forense demonstra que a estrita observância dessa regra muitas vezes não ocorre, sendo ainda bastante comuns fundamentações genéricas, como a clássica: **o julgador não está obrigado a rebater, um a um, os argumentos invocados pelas partes, quando tiver encontrado motivação satisfatória para dirimir o litígio.**

Se esse jargão já era ilegítimo na vigência do CPC de 1973, sua ilegalidade e sua inconstitucionalidade ficam ainda mais evidenciadas agora, diante dos mandamentos contidos no art. 489, § 1º, do NCPC. A frase consegue, a um só tempo, violar os incisos III e IV do referido § 1º: trata-se de motivação genérica, aplicável a qualquer processo, e viola a determinação de que todos os argumentos sejam enfrentados.

Embora o § 1º do art. 927 faça referência expressa ao § 1º do art. 489, a doutrina bem aponta a importância do relatório da sentença no sistema de precedentes, pois é no relatório que serão identificadas as peculiaridades do caso concreto.[6] Com essa identificação, de acordo com o inciso V do § 1º do art. 489, deverá o juiz demonstrar o nexo entre o caso julgado e os fundamentos determinantes do precedente ou enunciado de súmula a ele aplicado. A mera indicação do precedente

---

Lucio (coord.). *Novo CPC aplicado visto por processualistas*. São Paulo: Revista dos Tribunais, 2017. p. 96-97.

6 "Art. 489. São elementos essenciais da sentença: I – o relatório, que conterá o nome das partes, a identificação do caso, com a suma do pedido e da contestação, e o registro das principais ocorrências havidas no andamento do processo; II – os fundamentos, em que o juiz analisará as questões de fato e de direito; III – o dispositivo, em que o juiz resolverá as questões principais que as partes lhe submeterem; [...]."

não se presta, nesse sentido, a fundamentar a decisão.[7] Assim, é considerada não fundamentada a decisão que

> V – se limitar a invocar precedente ou enunciado de súmula, sem identificar seus fundamentos determinantes nem demonstrar que o caso sob julgamento se ajusta àqueles fundamentos;
>
> VI – deixar de seguir enunciado de súmula, jurisprudência ou precedente invocado pela parte, sem demonstrar a existência de distinção no caso em julgamento ou a superação do entendimento. (art. 489, § 1º, do NCPC)

A técnica de aplicação dos precedentes exige, portanto, uma perfeita comparação entre o caso concreto e o precedente, para que se possa verificar a identidade ou estreita semelhança entre os fatos e as premissas de ambos, a justificar que a solução adotada pelo precedente, ou seu fundamento determinante, possa ser aplicada ao caso concreto. Trata-se de um desdobramento do dever de motivar específico para a situação de aplicação ou não de precedentes. A falta de estrita observância ao disposto no § 1º do art. 489 gera aqui consequências mais graves, não só no campo do direito ao contraditório, da boa-fé e da cooperação, mas substancialmente no que toca às garantias de inafastabilidade do controle jurisdicional e do devido processo legal (art. 5º, incisos LV e LIV, da Constituição Federal).

Isso pois a não identificação perfeita da similitude ou distinção entre os fundamentos determinantes do precedente ou súmula e aqueles do caso concreto induz rotineiramente a erro na aplicação dos precedentes obrigatórios, especialmente pelas cortes encarregadas de realizar juízo de admissibilidade de recursos especiais e extraordinários. Com efeito, uma das consequências do sistema de precedentes é conferir maior celeridade ao trâmite processual, na medida em que, uma vez verificada a subsunção dos fundamentos determinantes do precedente ou súmula ao caso concreto, o julgamento se torna bem mais simples e rápido, seja em seu conteúdo, seja em sua forma.

Do ponto de vista do conteúdo da decisão, desde que haja respeito ao mandamento contido no § 1º do art. 489, será suficiente invocar o precedente e aplicá-lo. Já

---

7 Nesse sentido, FREIRE E SILVA, Bruno. A motivação das decisões judiciais: respeito às partes litigantes, ao princípio constitucional do contraditório e ao sistema de precedentes judiciais. In: BEDAQUE, José Roberto dos Santos; YARSHELL, Flavio Luiz; SICA, Heitor Vitor Mendonça (coord.). *Estudos de Direito Processual Civil em homenagem ao Professor José Rogério Cruz e Tucci.* São Paulo: Juspodivm, 2018. p. 65-87.

no que se refere à forma, a aplicação do precedente: (i) pode conduzir à improcedência liminar do pedido (art. 332, NCPC); (ii) dispensa a remessa oficial (art. 496, NCPC); (iii) permite ao relator decidir monocraticamente (art. 932, incisos IV e V, NCPC).; (iv) constitui fundamento para concessão de tutela de evidência (art. 311, NCPC).

Não é difícil concluir que o erro na aplicação (ou não aplicação) do precedente obrigatório deturpa todo o sistema, tornando a decisão ilegítima do ponto de vista material e formal, porque, além de não se dar a solução correta ao caso concreto, admite-se uma aceleração processual que na realidade seria incabível.

A consequência mais drástica da aplicação do precedente, contudo, é a limitação do direito de acesso às cortes superiores. Realmente, o art. 1030, inciso I, alínea "b", do NCPC determina que o relator negue seguimento a recurso que conflite com entendimento firmado pelo STF ou STJ em julgamento submetido à sistemática da repercussão geral ou ao regime dos recursos repetitivos. A negativa de seguimento a recurso especial e extraordinário só pode ser impugnada pela via do agravo interno (art. 1021), dirigido ao órgão especial ou plenário do tribunal de origem. Não é possível, portanto, a interposição de agravo aos tribunais superiores.

4. CONSIDERAÇÕES FINAIS

O sistema cumpre adequadamente sua função e é coerente, inclusive com os imperativos de celeridade, se há corretas apreciação e aplicação do precedente ao caso concreto. Contudo, se há equivocada aplicação (ou não aplicação) do precedente obrigatório, a consequência é gravíssima, pois impede que a parte demonstre ao tribunal superior o equívoco cometido. Ainda que lhe seja assegurado o direito de recorrer no âmbito do próprio tribunal prolator da decisão, a prática demonstra que, na quase totalidade dos casos, a decisão agravada é confirmada, normalmente por seus próprios fundamentos.[8]

Bem se notam as tenebrosas consequências da fundamentação inadequada ou insuficiente. Ela deturpa o sistema que tem por objetivo promover a segurança jurídica, a estabilidade e a isonomia. Faz o contrário: promove a insegurança e a injustiça, tolhendo a prestação jurisdicional.

Nessa hipótese, a única alternativa que se apresenta à parte – e que é essencial ao sistema de precedentes – é o manejo de **reclamação**, que foi disciplinada

---

8 Como se colhe do Anuário da Justiça Federal de 2018, p. 148, o órgão especial do Tribunal Regional Federal da 3ª Região tem negado provimento, por unanimidade, a todos os agravos internos.

pelo NCPC como importante instrumento de solução de eventuais desvios na correta aplicação dos precedentes obrigatórios. O art. 988 estabelece caber reclamação, pela parte interessada ou pelo Ministério Público, para, dentre outras hipóteses, (i) garantir a autoridade das decisões do tribunal; (ii) garantir a observância de enunciado de súmula vinculante e de decisão do STF em controle concentrado de constitucionalidade; e (iii) garantir a observância de acórdão proferido em julgamento de incidente de resolução de demandas repetitivas ou de incidente de assunção de competência. A propositura da reclamação está condicionada ao esgotamento da discussão nas instâncias ordinárias e a ausência de trânsito em julgado da decisão que se pretende cassar (art. 988, § 5º).

Recente notícia[9] veiculada pela mídia dá conta do expressivo aumento no número de reclamações propostas nos tribunais superiores: só nos primeiros quatro meses de 2019, foram 1.500 reclamações distribuídas no STF. Isso, constata-se, é fruto tanto da negativa, pelos órgãos jurisdicionais locais, de submissão ao precedente obrigatório quanto de erro em sua aplicação.

A 1ª Seção do STJ[10] tem admitido e provido reclamações em caso de erro na aplicação de precedente obrigatório.[11] Embora esse seja um alento para aqueles

---

9 AGUIAR, Adriana. Advogados levam número maior de reclamações aos tribunais superiores. *Valor Econômico*, 16 maio 2019.

10 A 1ª Seção é composta pelas 1ª e 2ª Turmas, com competência para apreciação de matéria tributária.

11 Nesse sentido, Reclamação n. 37.081-SP: "PROCESSUAL CIVIL E TRIBUTÁRIO. RECLAMAÇÃO. PRECEDENTE OBRIGATÓRIO. CABIMENTO. RECURSO ESPECIAL REPETITIVO N. 1.148.444/MG. NÃO OBSERVÂNCIA. ICMS. CREDITAMENTO. NOTAS POSTERIORMENTE DECLARADAS INIDÔNEAS. BOA-FÉ DA EMPRESA ADQUIRENTE. ÔNUS DA PROVA. INVERSÃO. 1. É cabível reclamação para garantir a observância de precedente formado em julgamento de recurso especial repetitivo, desde que esgotadas as instâncias ordinárias. Inteligência do art. 988, § 5º, do CPC. 2. Exaurida a instância recursal ordinária com o julgamento do agravo interno a que se refere o art. 1030, § 2º, do CPC, esse é o julgado cuja validade será objeto de análise desta reclamação e do eventual juízo de cassação tendente a dar a correta destinação do recurso especial obstado na origem. [...] 5. No presente caso, o acórdão da apelação, equivocando-se quanto à distribuição do ônus probatório, adotou o entendimento de que, muito embora a contribuinte tenha apresentado a documentação que estava à sua disposição e que comprova a entrada 'formal' das mercadorias adquiridas em seu estabelecimento, inclusive com a juntada dos respectivos comprovantes de pagamento, em razão dos fatos apurados pelo fisco em relação à empresa alienante, os quais indicariam que ela estaria inativa em momento anterior às transações realizadas com a reclamante, concluiu que o contribuinte não se desincumbiu de provar a efetiva realização dos negócios que ensejaram o creditamento de ICMS. [...] 7. Hipótese em que deve ser cassado o acórdão

que se defrontam com a equivocada aplicação (ou não aplicação) do precedente obrigatório, o aumento no número de reclamações e a necessidade de intervenção dos tribunais superiores para correção desses erros representam claramente um desvio de rota. Se a ideia é ao mesmo tempo uniformizar e conferir celeridade, essa distorção precisa ser corrigida.

A orientação dada pelo NCPC, em linha com as garantias constitucionais da segurança jurídica, da isonomia, do contraditório e do devido processo legal, é no sentido de unificar e estabilizar a interpretação e a aplicação da norma jurídica, que deve ter o mesmo sentido e conteúdo para todos que se encontrem em idêntica ou similar situação. A suficiente e adequada motivação das decisões, com estrita observância do disposto no § 1º do art. 489 do NCPC, certamente corrigirá grande parte desses desvios, pois só assim o órgão julgador local realizará o efetivo cotejo entre os fundamentos determinantes do precedente obrigatório e o caso concreto, de modo a aplicá-lo, não aplicá-lo ou reconhecer sua superação. Com isso, o sistema de precedentes poderá voltar a trilhar o caminho correto, garantindo isonomia, segurança jurídica e agilidade na prestação jurisdicional.

---

reclamado que negou seguimento ao recurso especial (art. 1030, I, "b", do CPC) e, em substituição, determinado que os autos do processo principal retornem à 9ª Câmara de Direito Público, para que proceda ao juízo de conformação (art. 1030, II, do RISTJ) com o precedente obrigatório formado no julgamento do REsp n. 1.148.444/MG, ocasião em que o Órgão facionário deverá verificar se o fisco produziu a prova idônea de que não ocorreram as operações mercantis informadas nas notas fiscais de entrada anexadas pela contribuinte. 8. Reclamação julgada procedente" (Rel. Min. Gurgel de Faria, julgado em: 10 abr. 2019).

EFICÁCIA DOS JULGAMENTOS NOS TRIBUNAIS SUPERIORES

Gabriela Silva de Lemos

1. INTRODUÇÃO

O contribuinte tem enfrentado grande incerteza sobre a efetividade das decisões judiciais que obtém em seus casos individuais e também acerca da interpretação dos provimentos concedidos em ações tidas como representativas da controvérsia. A verdade é que as discussões judiciais levam anos até que sejam concluídas e, ao seu **suposto** fim, iniciam-se novamente, normalmente motivadas por irresignação quanto ao seu desfecho e justificadas pela adoção de interpretação divergente do comando emanado dos tribunais superiores.

Essa postura litigiosa faz com que as discussões tributárias sejam intermináveis, gerando ao contribuinte e ao fisco situações de enorme insegurança, a despeito de os princípios da segurança jurídica e da confiança estarem arraigados em nossa Constituição Federal e serem amplamente reconhecidos pelo judiciário. O presente artigo, assim, busca analisar os dispositivos legais e constitucionais que deveriam conferir maiores segurança jurídica e efetividade às decisões judiciais e como o judiciário vem observando tais previsões.

2. SEGURANÇA JURÍDICA E PRINCÍPIO DA CONFIANÇA

A segurança jurídica é um dos princípios de maior relevância de nosso ordenamento jurídico, cláusula pétrea de nossa Constituição Federal. É ela que deveria dar sustentação às decisões judiciais e à sua efetividade.

No julgamento do Recurso Extraordinário (RE) n. 559.937, o Ministro Dias Toffoli bem definiu o comando constitucional que assegura o princípio da segurança jurídica, ao afirmar que ela "está, na verdade, na proclamação do resultado dos julgamentos tal como formalizada, dando-se primazia à Constituição Federal, exercendo, assim, o Supremo o papel que lhe é reservado – o de preservar a Carta da República e os princípios que a ela são ínsitos". Em outras palavras, a segurança jurídica só é preservada quando as premissas constitucionais são observadas e resguardadas por decisão judicial, que deve consignar em seu dispositivo comando alinhado com as regras constitucionais.

Superada a preservação da segurança jurídica no momento do julgamento (quando se dá primazia à Constituição Federal), constitui-se direito ao jurisdicionado que, mais uma vez, deve ser protegido pelo Estado e pelo judiciário. É com base nos princípios da segurança jurídica, da coisa julgada e de outros deles advindos que o comando que lhe confere direito deve ser preservado.

Do princípio da segurança jurídica, aliado ao art. 100 do Código Tributário Nacional (CTN), exsurge também o princípio da confiança, quem vem sendo amplamente aplicado pelo judiciário e endossado pelos mais influentes doutrinadores. Nesse particular, merecem destaque os ensinamentos do ilustre jurista Humberto Ávila,[1] no sentido de que

> o chamado princípio da proteção da confiança serve de instrumento de defesa de interesses individuais nos casos em que o particular, não sendo protegido pelo direito adquirido ou pelo ato jurídico perfeito, em qualquer âmbito, inclusive no tributário, exerce a sua liberdade, em maior ou menor medida, confiando na validade (ou na aparência de validade) de um conhecido ato normativo geral ou individual e, posteriormente, tem a sua confiança frustrada pela descontinuidade da sua vigência ou dos seus efeitos, quer por simples mudança, quer por revogação ou anulação, quer, ainda, por declaração da sua invalidade. Por isso, o princípio da proteção da confiança envolve, para a sua configuração, a existência de (a) uma base da confiança, de (b) uma confiança nessa base, do (c) exercício da referida confiança na base que a gerou e da (d) sua frustração por ato posterior e contraditório do Poder Público.

---

1 ÁVILA, Humberto. *Segurança Jurídica*. São Paulo: Malheiros, 2011. p. 360.

Assim, a aplicabilidade desse princípio, intrinsecamente ligado à boa-fé, está diretamente ligada ao fato de que o ato administrativo, qualquer que seja sua categoria ou espécie, nasce com presunção de legitimidade, isto é, pressupõe-se a sua adequação com as regras de competência, bem como com os limites impostos pela Lei. Em decorrência, surge a teoria da confiança legítima do administrado, cuja ideia traduz a expectativa de direito que tem o contribuinte perante as ações da administração pública, especialmente no que diz respeito à manutenção das normas, do ordenamento jurídico em si e também das decisões judiciais.

Assim, é com base na segurança jurídica e no princípio da confiança que as decisões judiciais devem ser preservadas e produzir efeitos, resguardando o direito da parte assegurado por provimento judicial. Além dessas premissas constitucionais que impõem efetividade às decisões judiciais, a legislação processual, a seu turno, resguarda também sua proteção.

3. NOVO CÓDIGO DE PROCESSO CIVIL

O Novo Código de Processo Civil (NCPC), introduzido pela Lei n. 13.105/2015, desde seu primeiro artigo homenageia a Constituição Federal, ao prescrever que "o processo civil será ordenado, disciplinado e interpretado conforme os valores e normas fundamentais estabelecidos na Constituição da República Federativa do Brasil, observando-se as disposições deste Código".

O espírito do NCPC é pela sobreposição da finalidade à forma, garantindo aos jurisdicionados a preservação do direito material, em especial dos valores e das normas fundamentais previstos pela Constituição Federal, em detrimento de formalidades processuais que possam obstar o gozo de qualquer direito. Por ter esse espírito, são diversos os dispositivos que asseguram a preservação do direito material, seja pela relevância atribuída aos precedentes, que impõe sua aplicação aos casos individuais, seja pela limitação a novos recursos relacionados a temas já julgados na sistemática repetitiva.

Não é demais mencionar que o art. 4º do NCPC ratifica o princípio constitucional da celeridade processual (art. 5º, inciso LXXVIII, da Constituição Federal) ao estabelecer que "as partes têm direito de obter em prazo razoável a solução integral do mérito, incluída a atividade satisfativa". O propósito desse dispositivo é evitar a morosidade do procedimento judicial, mas também garantir razoabilidade no prazo em que o direito assegurado pelo provimento judicial seja satisfeito pela parte.

Com efeito, a solução do mérito se dá com o trânsito em julgado da sentença que resolve a controvérsia levada ao crivo do judiciário, mas a sentença apenas certifica o direito da parte, não o satisfazendo enquanto não executada. O NCPC, ao assegurar às partes direito à obtenção do provimento jurisdicional em prazo razoável, não se limita à solução de mérito, mas se estende para a efetividade do exercício do direito reconhecido, isto é, a execução da sentença.

Ainda, para estimular a celeridade processual e propiciar a solução da lide em tempo razoável, foi criado um sistema de regras com a finalidade de fixar o modo de aplicação de precedentes judiciais. Em linhas gerais, as teses fixadas em casos definidos como representativos da controvérsia, pelo rito dos recursos repetitivos, devem ser aplicadas aos demais casos individuais, de forma que as decisões não serão suscetíveis a novos recursos – especialmente aqueles direcionados aos tribunais superiores – para rediscussão da matéria.

Em matéria tributária, contudo, é comum que as discussões se estendam por infindáveis anos e, ao seu final, ainda enfrentem diversos recursos protelatórios, que, mesmo em relação a temas já julgados em recursos repetitivos, atrasam a certificação do trânsito em julgado e, como consequência, o exercício de determinado direito (seja por compensação, pedido de precatório ou mesmo levantamento de depósitos judiciais). Assim, a despeito de todos esses princípios constitucionais e insculpidos no NCPC, o contribuinte ainda vem enfrentando muita dificuldade para assegurar o cumprimento das decisões judiciais que obtém, seja pela postura litigiosa adotada pelo fisco, seja pelos inúmeros artifícios recursais e mesmo legislativos que são criados para preservar os interesses do fisco, em detrimento do direito do contribuinte – mesmo daquele que possui provimento judicial em seu favor.

No tópico a seguir abordaremos alguns exemplos da dificuldade em conferir eficácia às decisões judiciais e avaliaremos em que medida as condutas adotadas vão de encontro aos princípios até aqui tratados.

4. SITUAÇÕES CONCRETAS

São inúmeras as discussões tributárias julgadas sob a sistemática dos recursos repetitivos que vêm gerando novas discussões a serem submetidas sob um novo ângulo ao judiciário e que, na prática, prolongam qualquer exercício de direito.

A título exemplificativo, podemos citar a discussão relativa ao afastamento do limite de 30% na compensação de prejuízos fiscais na apuração do Imposto de Renda, que havia sido concluída de forma desfavorável ao contribuinte pelo Plenário do Supremo Tribunal Federal (STF) por ocasião do julgamento do RE n. 344.994/PR e teve o tema novamente submetido a esse mesmo órgão julgador com o reconhecimento da repercussão geral do tema no RE n. 591.340/RG.

Outra situação semelhante foi o julgamento relativo às despesas que dão direito ao acúmulo de créditos de contribuição ao Programa de Integração Social (PIS) e Contribuição para o Financiamento da Seguridade Social (Cofins) na sistemática não cumulativa, que permitiu que o creditamento dos insumos fosse realizado considerando a relevância e a essencialidade da despesa, e não o rol taxativo definido pela Receita Federal do Brasil (RFB) em ato normativo infralegal. Nesse caso o julgamento foi favorável ao contribuinte. A despeito disso, já foram editadas soluções de consulta e atos interpretativos por parte de diversos órgãos integrantes da União trazendo interpretação restritiva do dito julgado, o que impõe que os contribuintes continuem suas ações judiciais e, pior, mantenham-se expostos a risco de autuações fiscais e cobranças judiciais injustificadas.

Contudo, o melhor exemplo dessa situação, a nosso ver, é aquele relativo à exclusão do Imposto sobre Circulação de Mercadorias e Serviços (ICMS) da base de cálculo da contribuição ao PIS e da Cofins. Nesse caso, após quase 20 anos de intensa discussão judicial, o STF encerrou a controvérsia em março de 2017. Deveras, no julgamento do RE n. 574.706, submetido ao rito da repercussão geral, o STF fixou a seguinte tese: "O ICMS não compõe a base de cálculo para a incidência do PIS e da Cofins".

Em face do acórdão proferido nesse julgamento, a União opôs embargos de declaração, buscando, dentre outros objetivos, a modulação de efeitos do citado julgado, bem como o esclarecimento do montante do ICMS que deverá ser excluído da base de cálculo das contribuições (o ICMS efetivamente pago ou o ICMS destacado na nota fiscal). A nosso ver, contudo, ambos os argumentos apresentados para justificar a oposição dos embargos de declaração têm o propósito de postergar a definição do tema e alongar o momento em que o contribuinte poderá satisfazer-se de seu direito.

Em termos objetivos, a modulação de efeitos nada mais é que a possibilidade de o STF fixar o momento a partir do qual suas decisões produzirão efeitos. A possibilidade de modulação de efeitos das decisões do STF foi prevista inicialmente pela Lei n. 9.868/1999, em seu art. 27, que veicula as seguintes circunstâncias que justificariam a postergação dos efeitos de decisões do STF: (i) o julgamento da corte ter declarado a inconstitucionalidade de lei ou ato normativo; (ii) a preservação da segurança jurídica ou de excepcional interesse social; e (iii) a necessidade de que a modulação seja acolhida por 2/3 dos ministros da corte.

Posteriormente, o § 3º do art. 927 do NCPC estabeleceu que "Na hipótese de alteração de jurisprudência dominante do Supremo Tribunal Federal e dos tribunais superiores ou daquela oriunda de julgamento de casos repetitivos, pode haver modulação dos efeitos da alteração no interesse social e no da segurança jurídica". O referido dispositivo mantém como requisitos para a modulação de efeitos a presença do interesse social e a necessidade de se preservar a segurança jurídica.

No entanto, o NCPC introduz requisito adicional para a modulação de efeitos de julgamentos repetitivos, qual seja, que a modulação se dê apenas em casos nos quais for alterada a jurisprudência até então dominante. Trata-se de verdadeiro requisito que privilegia a segurança jurídica e a coisa julgada, já abordados nesse artigo. Com efeito, havendo situação inesperada, consubstanciada na alteração de entendimento prévio, é razoável que os efeitos da decisão sejam modulados de forma que as situações pretéritas, em que o fisco e os contribuintes já estivessem certos quanto à regra aplicável, não sejam atingidas pelas alterações supervenientes.

Contudo, no caso concreto, em março de 2017 não houve relevante alteração de jurisprudência que justificasse a modulação dos efeitos da decisão. Isso porque a questão já havia sido apreciada pelo mesmo Plenário do STF por ocasião do julgamento do RE n. 240.785.

Tal julgamento teve início em 1999 com apenas um voto favorável ao contribuinte, sucedido de pedido de vista e retomado 7 anos depois, em 24 de agosto de 2006, momento em que foi formada a maioria em favor dos contribuintes (6 votos favoráveis à exclusão e 1 contrário), mas o julgamento foi novamente suspenso, por um novo pedido de vista. Retomado o julgamento em 8 de outubro de 2014, foi confirmado o entendimento da maioria do Plenário da corte pela exclusão do ICMS da base de cálculo de PIS/Cofins, conclusão esta que, na prática, já havia sido obtida 8 anos antes, quando formada a maioria do Pleno de forma favorável aos contribuintes.

Assim, emerge dessa circunstância a conclusão de que o julgamento do RE n. 574.706/PR (março/2017) não representou qualquer alteração do entendimento jurisprudencial sobre a exclusão do ICMS da base de cálculo da contribuição ao PIS e da Cofins. Ao contrário, o referido julgamento apenas tratou de conferir os efeitos dos julgamentos repetitivos a entendimento que já havia sido firmado pelo STF quase 11 anos antes.

Mas, não bastasse a insubsistente tese invocada para que fosse prolongada a discussão quanto à exclusão do ICMS da base de cálculo da contribuição ao PIS e da Cofins, foi ainda questionada a extensão do ICMS a ser excluído (se o pago ou o destacado), sob a alegação de que essa questão não havia sido claramente tratada no acórdão. E, a despeito da dúvida levantada na oposição dos embargos de declaração, em 18 de outubro de 2018, a RFB editou a Solução de Consulta Interna n. 13, por meio da qual formalizou sua interpretação sobre a exclusão do ICMS da base de cálculo de PIS/Cofins, reconhecida pelo STF no julgamento do RE n. 574.706, submetido ao rito da repercussão geral.

Em suma, afirma a referida Solução de Consulta que somente o ICMS efetivamente recolhido poderia ser excluído da base de cálculo de PIS/Cofins, e não aquele destacado. A inconsistência é tamanha que, ao passo em que foram opostos embargos de declaração para sanar suposta incerteza quanto ao alcance da decisão proferida no RE n. 574.706 quanto ao ICMS que poderia ser excluído da base de cálculo, a Solução de Consulta Interna n. 13 categoricamente afirma que apenas o ICMS efetivamente pago, conforme critério próprio nela definido, poderá ser excluído da base de cálculo da contribuição ao PIS e da Cofins.

Fazendo referência especificamente ao princípio da confiança invocado nesse estudo, não podemos olvidar que a discussão em tela tem mais de 20 anos e, nesse período, foram diversas as decisões liminares proferidas que permitiram a exclusão do ICMS da base de cálculo do PIS e da Cofins, sustentadas na suspensão de exigibilidade do crédito tributário. Contudo, a conduta praticada pelo fisco ao fiscalizar e acompanhar as referidas situações sempre foi no sentido de aceitar as decisões que suspendiam a exigibilidade do crédito tributário considerando o valor descontado das notas fiscais, que, historicamente, foi a interpretação dada pelo contribuinte à discussão e, aparentemente, aceita pelas autoridades fiscais. Assim, a Solução de Consulta n. 13 está na contramão do princípio da confiança e traz, para a surpresa do contribuinte, interpretação que não condiz com a reiterada conduta fiscal.

Mas não é só isso. Não bastassem as teses invocadas, o governo federal, certamente preocupado com a iminente queda relevante da arrecadação por força da iminência do trânsito em julgado das ações individuais que dará azo às compensações que devem começar a ocorrer em breve, editou a Lei n. 13.670/2018 trazendo – dentre outras – duas relevantes restrições às compensações em matéria tributária: (i) a vedação à compensação de estimativas mensais da tributação incidente sobre o lucro (garantindo ao Tesouro uma mínima arrecadação mensal);

e (ii) a vedação à compensação (por meio da imposição de sanções mais severas) na hipótese de um crédito ter sua liquidez sob processo de fiscalização.

Para esclarecer o impacto dessa alteração, é necessário mencionar que o procedimento anterior previa que, após o trânsito em julgado de decisão favorável, o contribuinte levaria a conhecimento do fisco informações que comprovassem a definitividade da decisão judicial e, com isso, obteria autorização preliminar (habilitação) para iniciar a compensação, à qual o fisco teria até 5 anos para analisar e poderia aceitar ou não (seja pela adoção de procedimento equivocado ou mesmo por insuficiência de crédito), hipótese essa que daria início a nova discussão administrativa e/ou judicial para validar o procedimento (compensação) adotado.

Em casos que envolvem valor tão expressivo, é natural que não seja possível compensar todo o crédito do contribuinte em uma única parcela – normalmente são meses e diversos tributos federais quitados com o aproveitamento do crédito originado de uma única ação. Ocorre que, com a alteração legislativa, se logo após a primeira compensação for inaugurada fiscalização para apuração da liquidez do crédito do contribuinte, a compensação de todas as demais parcelas ficará obstada até que seja concluída a aferição de dita liquidez – o que pode levar anos, principalmente se o fisco aproveitar essa oportunidade para levantar suas teses subsidiárias quanto à composição do crédito indicado.

Assim, apesar dos inúmeros anos em que se discutiu esse tema e da decisão final favorável ao contribuinte no *leading case* dada pelo ST, não será espanto enfrentarmos nos próximos anos uma nova discussão judicial para dar efetividade à decisão que reconhece o direito do contribuinte. Em resumo, parece-nos ser esse o caso que mais gera irresignação do contribuinte, quando se conclui que, após mais de 20 anos de discussão judicial sobre o tema no STF e mais de 2 anos após o julgamento do *leading case*, ainda há inúmeros casos com sucessivos recursos protelatórios interpostos nas ações individuais, e mesmo os contribuintes que já obtiveram o trânsito em julgado de suas ações têm a perspectiva de que enfrentarão desafios para o exercício do direito por eles invocado.

5. CONSIDERAÇÕES FINAIS

A verdade é que não há dúvidas de que o contribuinte encontra no Brasil um judiciário independente e imparcial, que não cede às pressões políticas e econômicas no julgamento das questões tributárias. Não fosse assim, as decisões seriam, em geral, favoráveis ao fisco, mas não é isso que se vê na prática.

Em paralelo, todo o ordenamento constitucional e infraconstitucional conduz para um ambiente seguro, que pretende conferir efetividade aos provimentos judiciais. O direito, contudo, está em constante evolução e depende intrinsecamente da conduta dos jurisdicionados, *in casu*, fisco e contribuinte, diante das decisões às quais se submetem.

No exemplo citado, parece-nos contrário a todos os princípios constitucionais e os dispositivos legais a conduta que vem sendo adotada em face do contribuinte que por anos litigou para que apenas seu faturamento ou receita fossem tributados pela contribuição ao PIS e pela Cofins, excluindo-se, portanto, o ICMS, e seu direito – reconhecido em definitivo pelo STF – vem sendo tolhido.

O que se espera, na verdade, é uma mudança de comportamento de toda a sociedade – inclusive do fisco. Com efeito, se por um lado vêm sendo editados atos normativos privilegiando o bom contribuinte que mantém suas obrigações tributárias em regularidade e é confiável, o fisco, por sua vez, também deve adotar rigorosamente a mesma postura em seus atos.

REVISÃO DE JURISPRUDÊNCIA CONSOLIDADA E MODULAÇÃO DA EFICÁCIA DAS DECISÕES

Vinicius Jucá Alves[1]

1. INTRODUÇÃO

O Novo Código de Processo Civil (NCPC), instituído pela Lei n. 13.105/2015, consolida um movimento salutar de valorização dos precedentes dos tribunais superiores e também de segunda instância. Tendo em vista a importância que esses precedentes têm no regime processual vigente, o próprio NCPC determina que "os tribunais devem uniformizar a sua jurisprudência e mantê-la estável, íntegra e coerente" (art. 926, *caput*).

O presente artigo tem por objetivo analisar as consequências de eventuais alterações na jurisprudência dos tribunais superiores em matéria tributária para determinar que o contribuinte passe a pagar tributo que não estava recolhendo por confiar em precedente revogado. O art. 927, § 3°, do NCPC prevê que, "na hipótese de alteração de jurisprudência dominante do Supremo Tribunal Federal e dos tribunais superiores ou daquela oriunda de julgamento de casos repetitivos, pode haver modulação dos efeitos da alteração no interesse social e no da segurança jurídica".

---

[1] Não poderia deixar de agradecer à Andressa Lísias, à querida amiga Roberta Benito Dias e ao meu estimado pai, Francisco Alves dos Santos Júnior, o auxílio que deram e a revisão que contribui para a melhoria deste artigo.

Como veremos no presente artigo, na excepcional hipótese de haver alteração de jurisprudência em matéria tributária para prejudicar o contribuinte, sempre deverá ocorrer modulação para proteger os interesses do contribuinte.

2. PROTEÇÃO AO PATRIMÔNIO E LIMITAÇÕES AO DIREITO DE TRIBUTAR NA CONSTITUIÇÃO FEDERAL

Os sistemas tributários ocidentais são, em grande parte, inspirados no princípio da Magna Carta[2] de "no taxation without representation", e o nosso sistema tributário está em linha com esse princípio.

A Constituição Federal delimita as competências tributárias e impõe que nenhum tributo será cobrado sem lei que o estabeleça (art. 150, inciso I). Todas as leis que cobram tributos são editadas por congressistas, representantes do povo que, em última análise, será submetido à tributação. Sobre o tema, confira-se a lição de Luís Eduardo Schoueri:[3]

> Vê-se, por essa breve narrativa, a importância do Princípio da Legalidade que, enquanto valor, revela a necessidade de que aqueles que suportarão a carga tributária sejam consultados a seu respeito. Tem-se, pois verdadeiro princípio, já que se espera, na maior medida possível, a concordância daqueles que serão atingidos pela tributação.

Nesse mesmo sentido é a lição de Luciano Amaro:[4]

> O tributo, portanto, resulta de uma exigência do Estado, que, nos primórdios da história fiscal, decorria da vontade do soberano, então identificada com a lei, e hoje se funda na lei, enquanto expressão da vontade coletiva [...]. Esse princípio é multissecular, tendo sido consagrado, na Inglaterra, na Magna Carta de 1215, do Rei João Sem Terra, a quem os barões ingleses impuseram a necessidade de obtenção prévia de aprovação dos súditos para a cobrança de tributos (*no taxation without representation*).

---

2   Assinada em 1215 pelo Príncipe João Sem-Terra, na Inglaterra.
3   SCHOUERI, Luís Eduardo. *Direito Tributário*. 2. ed. São Paulo: Saraiva, 2012. p. 277.
4   AMARO, Luciano da Silva. *Direito tributário brasileiro*. São Paulo: Saraiva, 1997. p. 17, 109.

Mais que isso, como primado da segurança jurídica e da previsibilidade, a Constituição prevê, como regra geral,[5] que o tributo não poderá ser cobrado em relação a fatos geradores anteriores ou ocorridos no mesmo ano da edição dessa lei estabelecendo a cobrança do tributo. De acordo com a Constituição, em qualquer hipótese, ninguém será tributado antes de 90 dias da instituição do tributo (art. 150, inciso III, alíneas "a" a "c").

Essas garantias ao contribuinte decorrem do fato de que a tributação é permissão excepcional ao Estado para apropriar parte do patrimônio dos contribuintes. Nesse sentido, confira-se reflexão da professora e ministra Regina Helena Costa:[6]

> As relações de direito público, gênero no qual se inserem as relações tributárias, apresentam, como traço marcante, a bipolaridade, a significar que nelas estão presentes dois valores em constante tensão: de um lado, a autoridade do Poder Público; de outro, a liberdade individual.
>
> Nas relações tributárias tal tensão é evidente, uma vez que o Estado titulariza o direito de atingir o direito de propriedade do particular, e, em consequência, a liberdade deste, absorvendo compulsoriamente parte de seu patrimônio, devendo, contudo, **respeitar uma multiplicidade de normas de proteção do contribuinte**. (grifos nossos)

A Constituição garante, dentre os direitos fundamentais, o direito à propriedade. Essa proteção é tão importante que está insculpida no seu art. 5º, que prevê a inviolabilidade do direito à propriedade no seu *caput* e também no seu inciso XXII. Para que a tributação aproprie parcela do patrimônio do contribuinte, é imprescindível que seja resguardada a segurança jurídica.

De forma simples e direta, o contribuinte tem direito de se planejar, de saber com antecedência quanto precisa pagar a título de tributos. Qualquer violação a esse direito significa violação ao seu direito fundamental à inviolabilidade do seu patrimônio.

O respeito a esses princípios de proteção do contribuinte ganha especial importância no atual contexto de globalização e alta mobilidade de capitais. A insegurança afasta investimentos no país, e um exemplo claro de insegurança é a

---

5 Exceção feita a alguns tributos que a própria Constituição indica em seu art. 150, § 1º.
6 COSTA, Regina Helena. *Curso de direito tributário*: Constituição e Código Tributário Nacional. 5. ed. São Paulo: Saraiva, 2015. p. 29-30.

percepção de que o Estado brasileiro surpreende negativamente os contribuintes, impondo tributos que os contribuintes legitimamente não esperavam ter de pagar.

A questão que se coloca neste artigo é a seguinte: não existe dúvida de que não se pode tributar um contribuinte sem que haja lei anterior impondo essa cobrança. Mas se o contribuinte seguiu a jurisprudência dos tribunais superiores e planejou os seus negócios com base nela, ele pode ser surpreendido (com efeitos retroativos) pela mudança nessa jurisprudência? Se existe um limite àqueles eleitos pelo povo para instituir novos tributos (legislativo e executivo), esse limite também deve se aplicar àqueles que não são eleitos pelo povo (judiciário), para que não surpreendam o contribuinte com cobranças que ele não esperava?

Entendemos que a valorização dos precedentes se enquadra dentro de um sistema de normas que protege os contribuintes e determina que alterações de jurisprudência para prejudicar o contribuinte em matéria tributária devem respeitar a anterioridade. É o que demonstraremos mais adiante.

3. FORÇA DAS DECISÕES DOS TRIBUNAIS SUPERIORES

O nosso sistema processual prevê que algumas decisões do Supremo Tribunal Federal (STF) terão efeitos *erga omnes*, especificamente aquelas proferidas dentro do controle concentrado de constitucionalidade e as súmulas vinculantes. Além disso, existem outras decisões dos tribunais superiores que deverão ser observadas por juízes e tribunais inferiores, nos termos do art. 927 do NCPC:

> Art. 927. Os juízes e os tribunais observarão:
>
> I – as decisões do Supremo Tribunal Federal em controle concentrado de constitucionalidade;
>
> II – os enunciados de súmula vinculante;
>
> III – os acórdãos em incidente de assunção de competência ou de resolução de demandas repetitivas e em julgamento de recursos extraordinário e especial repetitivos;
>
> IV – os enunciados das súmulas do Supremo Tribunal Federal em matéria constitucional e do Superior Tribunal de Justiça em matéria infraconstitucional;
>
> V – a orientação do plenário ou do órgão especial aos quais estiverem vinculados.

O regime de fortalecimento dos precedentes tem por objetivo uniformizar a jurisprudência, racionalizar a utilização dos tribunais, reduzir os litígios e o tempo de tramitação dos processos e, mais que tudo, **trazer mais previsibilidade ao jurisdicionado.**

Realmente, tudo isso pode ser obtido quando se sabe, de antemão, qual o posicionamento que os tribunais adotarão com relação a determinado assunto. Quando os juízes adotam o entendimento pacificado nos tribunais, as partes tendem a não recorrer, até para evitar condenações em honorários – com isso, os processos acabam mais rápido e a prestação jurisdicional é dada com mais celeridade.

Mais que isso, os litígios diminuem. Se um contribuinte sabe que a jurisprudência do STF o autoriza a escriturar determinados créditos de Imposto sobre Produtos Industrializados (IPI), por exemplo, este não ingressará com ação judicial para pleitear esses créditos; ele evitará um processo a mais. Fará seu planejamento financeiro contando com os créditos de IPI e, mesmo que sofra uma cobrança das autoridades fiscais, sabe que deverá prevalecer – seja por meio de reclamação (caso o precedente do STF tenha efeito *erga omnes*) ou na esfera administrativa, pois o Conselho Administrativos de Recursos Fiscais (CARF), nos termos do seu regimento interno,[7] deve observar os precedentes do STF no regime dos repetitivos.

O saudoso Ministro Teori Zavascki, do STF, deixou-nos preciosas lições sobre o sistema de valorização dos precedentes em seu brilhante voto proferido na Reclamação n. 4.335/AC:

> 4. Não se pode deixar de ter presente, como cenário de fundo indispensável à discussão aqui travada, a evolução do direito brasileiro em direção a um sistema de valorização dos precedentes judiciais emanados dos tribunais superiores, aos quais se atribui, cada vez com mais intensidade, **força persuasiva e expansiva em relação aos demais processos análogos**. Nesse ponto, o Brasil está acompanhando um movimento semelhante ao que também ocorre em diversos outros países que adotam o sistema da *civil law*, que vêm se aproximando, paulatinamente, do que se poderia denominar de **cultura do stare decisis**, própria do sistema da *common law*. A doutrina tem

---

[7] "Art. 62. [...] § 2º As decisões definitivas de mérito, proferidas pelo Supremo Tribunal Federal e pelo Superior Tribunal de Justiça em matéria infraconstitucional, na sistemática dos arts. 543-B e 543-C da Lei nº 5.869, de 1973, ou dos arts. 1.036 a 1.041 da Lei nº 13.105, de 2015 – Código de Processo Civil, deverão ser reproduzidas pelos conselheiros no julgamento dos recursos no âmbito do CARF" (Regimento Interno do CARF).

registrado esse fenômeno, que ocorre não apenas em relação ao controle de constitucionalidade, mas também nas demais áreas de intervenção dos tribunais superiores, **a significar que a aproximação entre os dois grandes sistemas de direito (*civil law* e *common law*) é fenômeno em vias de franca generalização**. (grifos nossos)

Nesse voto proferido em 20 de março de 2014, quase 1 ano antes da publicação do NCPC (Lei n. 13.105, de 16 de março de 2015), mas já na vigência das reformas processuais de 2006, o Ministro apresentou conclusões que não poderiam ser mais atuais: "O sistema não apenas confere especial força expansiva aos precedentes do STF e do STJ, mas também institui fórmulas procedimentais para tornar concreta e objetiva a sua aplicação aos casos pendentes de julgamento". E nesse contexto, o Ministro Teori arremata:

> Pois bem, esse panorama ilustra a inequívoca força ultra partes que o sistema normativo brasileiro atualmente atribui aos precedentes dos tribunais superiores e, especialmente, do STF. Daí a precisa observação do professor Danilo Knijnik: embora não seja certo "dizer que o juiz brasileiro, p. ex., está jungido ao precedente tanto quanto o estaria um juiz norte-americano ou inglês", também "**será falso, mormente na atualidade, dizer que o precedente é uma categoria jurídico-processual estranha ao direito pátrio, ou que tem apenas uma força meramente persuasiva**" (Knijnik, Danilo. O recurso especial e a revisão da questão de fato pelo Superior Tribunal de Justiça. Rio de Janeiro: Forense, 2005. p. 59). Esse entendimento guarda fidelidade absoluta com o perfil institucional atribuído ao STF, na seara constitucional, e ao STJ, no domínio do direito federal, **que têm entre as suas principais finalidades a de uniformização da jurisprudência**, bem como **a função, que se poderia denominar nomofilácica** – entendida a nomofilaquia no sentido que lhe atribuiu Calamandrei, **destinada a aclarar e integrar o sistema normativo**, propiciando-lhe uma aplicação uniforme –, funções essas com finalidades "que se entrelaçam e se iluminam reciprocamente" (Calamandrei, Piero. La casación civil. Trad. Santiago Sentis Melendo. Buenos Aires: Editorial Bibliografica Argentina, 1945. t. II. p. 104) **e que têm como pressuposto lógico inafastável a força expansiva ultra partes dos seus precedentes**. (grifos nossos)

A doutrina[8] também acompanha esse entendimento, entendendo que esses precedentes proferidos pelos tribunais superiores no regime dos repetitivos são fontes primárias de direito:

> A compreensão da teoria da interpretação em uma perspectiva lógico-argumentativa retira o foco exclusivamente da lei e coloca-o também no precedente, de modo que a liberdade e a igualdade a partir daí devem ser pensadas também diante do produto de interpretação e a segurança jurídica diante de um quadro que englobe tanto a atividade interpretativa como seu resultado. Dessa forma, o precedente, sendo fruto da reconstrução do sentido da legislação, passa a ser o derradeiro garante da liberdade, da igualdade e da segurança jurídica no Estado Constitucional. Nessa linha, **o precedente judicial constitui fonte primária do Direito, cuja eficácia vinculante** não decorre nem do costume judicial e da doutrina, nem da bondade e da congruência social das razões invocadas e nem de uma norma constitucional ou legal que assim o determine, mas **da força institucionalizante da interpretação jurisdicional**, isto é, da força institucional da jurisdição como função básica do Estado.
>
> A força vinculante do precedente judicial não depende, portanto, de uma manifestação específica do direito positivo. [...] **O precedente, uma vez formado, integra a ordem jurídica como fonte primária do Direito e deve ser levado em consideração no momento de identificação da norma aplicável a determinado caso concreto**. Vale dizer: integra o âmbito protegido pela segurança jurídica objetivamente considerada, como elemento indissociável da cognoscibilidade. (grifos nossos)

Nesse contexto, podemos entender que os precedentes dos tribunais superiores são fontes primárias de direito, e que os contribuintes, em matéria tributária, têm confiança justificada nesses precedentes, que conferem a interpretação cogente sobre a incidência tributária. Tais contribuintes legitimamente se baseiam

---

8   MITIDIERO, Daniel. *Precedentes* – da persuasão à vinculação. São Paulo: Revista dos Tribunais, 2016. p. 61-62. Disponível em:
    https://proview.thomsonreuters.com/title.html?redirect=true&titleKey=rt%2Fmonografias%-2F111026212%2Fv1.3&titleStage=F&titleAcct=ia744d77900000159a82810392549ece8#sl=0&eid=0dbcddf9ab47d3967517fb5d51702b21&eat=%5Bbid%3D%221%22%5D&pg=&psl=e&nvgS=false&tmp=813. Acesso em: 23 jul. 2019.

nesses precedentes e nas incidências tributárias que eles preconizam para planejar seus negócios.

4. HISTÓRICO DE MODULAÇÃO NO STF

A possibilidade de modulação não é nova na nossa legislação. Antes do NCPC, o art. 27 da Lei n. 9.868/1999 já previa a modulação no âmbito do STF nos seguintes termos:

> Art. 27. Ao declarar a inconstitucionalidade de lei ou ato normativo, e tendo em vista razões de segurança jurídica ou de excepcional interesse social, poderá o Supremo Tribunal Federal, por maioria de dois terços de seus membros, restringir os efeitos daquela declaração ou decidir que ela só tenha eficácia a partir de seu trânsito em julgado ou de outro momento que venha a ser fixado.

A hipótese do art. 927, § 3º, do NCPC, objeto do presente estudo, é mais abrangente, pois prevê que a modulação pode ocorrer em qualquer hipótese de alteração de jurisprudência dominante dos tribunais superiores em casos de repetitivos. De qualquer forma, analisar a forma como o STF vem modulando questões tributárias é essencial para entender a utilização do instituto e auxiliar na proposição para aplicação do art. 927, § 3º, do NCPC em matéria tributária. Para que esse exame seja rápido e claro, elaboramos as tabelas a seguir.

Tabela 1

Caso	Discussões que possibilitam ao contribuinte pedir tributo de volta	Modulação	Data
Recursos Extraordinários (RE) n. 556.664/RS; n. 559.882/RS; n. 559.943/RS; e n. 560.626/RS	Decidiu que era inconstitucional o prazo de 10 anos para as autoridades fiscais lançarem contribuições previdenciárias (Lei n. 8.212)	"São legítimos os recolhimentos efetuados nos prazos previstos nos arts. 45 e 46 da Lei 8.212/91 e não impugnados antes da data de conclusão deste julgamento." Ou seja, a modulação **prejudicou os contribuintes em geral que recolheram o tributo de forma indevida**, mas preservou o direito daqueles que ajuizaram ações antes da decisão do STF.	Junho de 2008

(continua)

Tabela 1 (*continuação*)

Caso	Discussões que possibilitam ao contribuinte pedir tributo de volta	Modulação	Data
RE n. 593.849/MG	Determinou que os contribuintes têm direito de pedir de volta Substituição Tributária do Imposto sobre Circulação de Mercadorias e Serviços (ICMS--ST) quando o preço de venda é inferior à base presumida, usada para calcular a ICMS-ST	"O Tribunal modulou os efeitos do julgamento a fim de que o precedente que aqui se elabora deve orientar todos os litígios judiciais pendentes submetidos à sistemática da repercussão geral e os casos futuros oriundos de antecipação do pagamento de fato gerador presumido realizada após a fixação do presente entendimento, tendo em conta o necessário realinhamento das administrações fazendárias dos Estados-membros e do sistema judicial como um todo decidido por essa Corte." Ou seja, a modulação **prejudicou os contribuintes em geral que recolheram o tributo de forma indevida**, mas preservou o direito daqueles que ajuizaram ações antes da decisão do STF.	Outubro de 2016
Ação Direta de Inconstitucionalidade (ADI) n. 4.628; RE n. 680.089	Inconstitucionalidade do Protocolo n. 21/2011 (cobrança de ICMS pelo estado de destino nas vendas não presenciais a não contribuintes do ICMS)	"Por maioria, o Tribunal modulou os efeitos da declaração de inconstitucionalidade a partir da concessão da medida liminar na ADI nº 4.628, **ressalvadas as ações em curso**, vencido o Ministro Marco Aurélio, que não modulava. Impedido o Ministro Luiz Fux" (grifos nossos). Ou seja, a modulação **prejudicou os contribuintes em geral que recolheram o tributo de forma indevida**, mas preservou o direito daqueles que ajuizaram ações antes da decisão do STF.	Setembro de 2014

Note que nos casos tributários que o STF modulou para limitar o direito de os contribuintes restituírem valores pagos indevidamente no passado **sempre respeitou as ações já ajuizadas**.

Existe uma exceção, que é a ADI n. 4.171/DF, em que o STF modulou a decisão de inconstitucionalidade de recolhimentos de ICMS-ST feitos por distribuidoras de combustíveis, mas o fez porque a observância imediata da decisão causaria prejuízos ao **pacto federativo**, ou seja, à distribuição de receita entre os Estados. Por conta das peculiaridades daquele caso, se fosse dado às distribuidoras o direito de pedir de volta a ICMS-ST aos estados onde estão localizadas, estes poderiam acionar os estados onde houve o consumo do combustível, para pedir a restituição dessas mesmas diferenças de ICMS-ST. Por isso, o STF determinou que a decisão passaria a valer 6 meses após a sua publicação, para que houvesse tempo para os estados ajustarem a forma de cobrança do tributo.

Tabela 2

Caso	Teses que cassam benefícios dos contribuintes	Modulação	Data
ADI n. 4.481/PR	Guerra fiscal – ICMS	"Modulação para que a decisão produza efeitos a contar da data da sessão de julgamento."	Março de 2015
Arguição de Descumprimento de Preceito Fundamental (ADPF) n. 190	Inconstitucionalidade de cobrança de Imposto sobre Serviços (ISS) abaixo da alíquota mínima de 2%	Modulação prospectiva dos efeitos temporais da declaração de inconstitucionalidade, a contar da data do deferimento da medida cautelar em 15 de dezembro de 2015.	Setembro de 2016

Nos casos da Tabela 2, como em outros semelhantes, o STF modulou os efeitos para proteger os direitos dos contribuintes que confiaram em benefícios fiscais concedidos por estados e municípios que, posteriormente, foram julgados inconstitucionais.

Ou seja, quando a modulação ocorreu em casos em que os contribuintes estavam recolhendo tributo indevidamente, o STF limitou o direito dos contribuintes em geral de pedir a restituição do tributo, mas garantiu o direito aos contribuintes que ajuizaram ações para questionar o tema antes da sua decisão. Esse não é o caso que estamos discutindo nesse estudo.[9]

---

9 Apesar de não ser objeto do presente estudo, vale a ponderação sobre o (des)acerto dessa fórmula de modulação. Do ponto de vista da moralidade administrativa e do respeito constitucional ao patrimônio privado, *data maxima venia*, não nos parece razoável aceitar que valores pagos indevidamente por qualquer contribuinte, observados os limites temporais para restituição, não sejam devolvidos. Além disso, não existe dúvida de que o NCPC prima por reduzir litígios e resolver os existentes de forma mais célere. Criar um histórico de modulações que privilegia quem entrou com ação e prejudica quem não entrou vai em sentido oposto a esses princípios, motivando os contribuintes a ajuizar medidas judiciais com relação a todos os temas em discussão em matéria tributária, para que não sejam prejudicados por possíveis futuras modulações.

Por outro lado, quando a modulação cria uma obrigação de pagar tributo que frustra a expectativa do contribuinte (nesses casos, declaração de inconstitucionalidade de benefícios fiscais), o STF acertadamente confere efeitos prospectivos para a decisão, proibindo a cobrança de valores de forma retroativa. Esse último caso se aproxima mais do objeto do nosso estudo, que trata da mudança de jurisprudência que faça o contribuinte pagar um tributo que ele não esperava pagar por conta da jurisprudência anterior. Como defendemos aqui, essa mudança não poderia resultar na necessidade de o contribuinte pagar tributos com relação a fatos geradores ocorridos antes da alteração da jurisprudência.

5. REGIME JURÍDICO DA MODULAÇÃO DOS EFEITOS APÓS A EDIÇÃO DO NCPC

Como vimos, o NCPC é expresso em indicar que "os tribunais devem uniformizar a sua jurisprudência e mantê-la estável, íntegra e coerente" (art. 926, *caput*). Ou seja, a alteração de jurisprudência deve ser exceção absoluta, independente da mudança na composição dos tribunais. Isso porque a jurisprudência, no nosso sistema jurídico atual, é fonte primária de direito e tem papel fundamental na segurança jurídica dos jurisdicionados.

Nesse ponto, a Ministra Regina Helena Costa apresentou brilhante posicionamento no julgamento do Recurso Especial (REsp) n. 1.163.020, em que a 1ª Turma do Superior Tribunal de Justiça (STJ) reverteu jurisprudência histórica da corte no sentido de que o ICMS não incidiria sobre a Tarifa de Uso do Sistema de Distribuição (TUSD). A ministra foi vencida e fez questão de ressaltar a necessidade de o tribunal manter o seu posicionamento consolidado:

> Dessa breve síntese, extrai-se que a jurisprudência dessa Corte consagra, desde 2000, o entendimento segundo o qual não há fato gerador de ICMS no estágio de distribuição da energia elétrica. [...]
>
> O panorama retratado demonstra, em meu sentir, a adequação técnica do entendimento há muito sufragado pelas Turmas de Direito Público deste Superior Tribunal, motivo pelo qual se impõe a sua manutenção.
>
> Ademais, **tal orientação prestigia a previsibilidade das relações e a segurança jurídica, <u>valor maior do ordenamento</u>, constituindo tanto um direito fundamental quanto uma garantia do exercício de outros direitos fundamentais.** (grifos nossos)

E tem razão a ministra. Para a surpresa do meio jurídico, naquele precedente da 1ª Turma prevaleceu o entendimento de que o ICMS deveria incidir sobre a TUSD, mas o tema será objeto de análise pela 1ª Seção do STJ no regime dos repetitivos (Tema 986). A pergunta que fica é: caso seja alterada a jurisprudência consolidada nessa mesma 1ª Seção, as autoridades fiscais poderão cobrar o ICMS sobre particulares que confiaram nessa jurisprudência consolidada há 20 anos e investiram em uma área que é tão cara ao desenvolvimento do país, a distribuição de energia elétrica?

Entendemos que, em caso de alteração de jurisprudência, nenhum contribuinte deveria ter de pagar o ICMS para fatos geradores ocorridos antes de a 1ª Seção alterar o seu entendimento. Além disso, deveria ser respeitada a anterioridade (e noventena) para que o ICMS passe a incidir.

Como já dissemos, o art. 927, § 3º, do NCPC prevê que, "na hipótese de alteração de jurisprudência dominante do Supremo Tribunal Federal e dos tribunais superiores ou daquela oriunda de julgamento de casos repetitivos, pode haver modulação dos efeitos da alteração no interesse social e no da segurança jurídica". Em comentários a esse dispositivo, o festejado processualista Luiz Guilherme Marinoni[10] fez as seguintes ponderações:

> 5. Técnicas de regulação dos efeitos temporais. Quando um precedente gosta de credibilidade no momento em que é revogado, **é possível outorgar efeitos unicamente prospectivos à decisão revogadora, tutelando-se as situações passadas que se aperfeiçoaram com base no precedente**. Isso é importante especialmente nos casos de **precedentes que têm influência em planejamento, estratégias, definição de condutas e elaboração de contratos.** [...]
> **Há ainda a possibilidade de sobrestar a produção de feitos do novo precedente até determinada data ou evento.** Isso pode ser recomendável quando o precedente altera regra utilizada a muito tempo, passando a exigir repentina mudança de atitude. Sobrestar os efeitos do precedente, nesses casos, não tem o objetivo de tutelar as situações passadas, mas **de não surpreender aqueles que ainda pautam suas condutas pela regra antiga** [...]. (grifos nossos)

---

10 MARINONI, Luiz Guilherme. Art. 927. In: WAMBIER, Teresa Arruda Alvim et al. (coord.). *Breves Comentários ao Novo Código de Processo Civil*. São Paulo: Revista dos Tribunais, 2015. p. 2079.

Os comentários do eminente processualista, feitos de forma abrangente, aplicam-se perfeitamente às situações ora em discussão. No caso de matéria tributária é imprescindível que o novo precedente não tenha efeitos retroativos, mas também que se aplique somente depois de certo tempo, para que os contribuintes possam se adaptar à nova realidade – e esse "certo tempo" está previsto na Constituição para matéria tributária, como detalharemos a seguir (anualidade e noventena).

Por se tratar de relação de direito público, aplicam-se ao caso os art. 23 e 24 da Lei de Introdução de Introdução às Normas do Direito Brasileiro (LINDB), fazendo com que a modulação em matéria tributária seja imprescindível:

> Art. 23. A **decisão** administrativa, controladora ou **judicial** que **estabelecer interpretação** ou orientação **nova sobre norma de conteúdo indeterminado, impondo novo dever** ou novo condicionamento de direito, **deverá prever regime de transição quando indispensável para que o novo dever ou condicionamento de direito seja cumprido de modo proporcional,** equânime e eficiente e sem prejuízo aos interesses gerais.
>
> Art. 24. A revisão, nas esferas administrativa, controladora ou **judicial**, quanto à **validade de ato**, contrato, ajuste, processo ou norma administrativa **cuja produção já se houver completado levará em conta as orientações gerais da época,** sendo vedado que, **com base em mudança posterior de orientação geral, se declarem inválidas situações plenamente constituídas.**
>
> Parágrafo único. Consideram-se orientações gerais as interpretações e especificações contidas em atos públicos de caráter geral ou em **jurisprudência judicial** ou administrativa majoritária, e ainda as adotadas por prática administrativa reiterada e de amplo conhecimento público.

Ora, esses dois dispositivos devem se aplicar às relações jurídicas entre contribuintes. Em um artigo destinado a demonstrar a aplicabilidade da LINDB ao Conselho Administrativo de Recursos Fiscais (CARF), mas que também se aplica às decisões judiciais, o professor Carlos Ari Sundfeld[11] deixou claro que a LINDB é norma geral de direito e se aplica ao direito tributário:

---

11 SUNFELD, Carlos Ari. LINDB: Direito Tributário está sujeito à Lei de Introdução reformada. *JOTA*, 10 ago. 2018. Disponível em: <https://www.jota.info/opiniao-e-analise/artigos/lindb-direito-tributario--esta-sujeito-a-lei-de-introducao-reformada-10082018>. Acesso em: 25 jun. 2019.

O art. 24 proíbe que a administração tributária dê aplicação retroativa a nova interpretação sobre a legislação tributária, de modo que nenhuma revisão de validade de ato singular da autoridade (o lançamento, por exemplo) pode ser feita por mudança da orientação geral a respeito. Aliás, como se sabe, a proibição da irretroatividade da nova intepretação vai além dos simples casos de invalidação de atos administrativos, pois está prevista em termos amplos na Lei Federal de Processo Administrativo (art. 2º, parágrafo único, XIII) e no Código Tributário (art. 100, II, III e parágrafo único, e art. 146).

Quando a administração tributária estabelecer interpretação ou orientação nova sobre norma tributária de caráter indeterminado, o art. 23 assegura para o contribuinte um regime de transição, na medida do necessário para impedir efeitos indevidos (desproporcionais, não equânimes, ineficientes ou contrários aos interesses gerais). [...]

Em suma, o direito tributário, por ser ramo do direito público cuja aplicação primária é da administração pública, está integralmente sujeito aos arts. 20 a 30 da Lei de Introdução reformada. E todos os órgãos administrativos com competência na matéria, inclusive judicante, têm o dever de respeitá-los com fidelidade.

Portanto, a mudança de jurisprudência dos tribunais superiores que prejudique o contribuinte não pode ser retroativa em matéria tributária, por força dos art. 23 e 24 da LINDB.

Nem se diga que aqui se aplicaria o art. 100 do Código Tributário Nacional (CTN), que autoriza a cobrança de tributo do passado quando há alteração de entendimento. Essa regra é destinada exclusivamente às autoridades administrativas, aos representantes do poder executivo, que têm sempre o dever de seguir a lei. Nenhuma manifestação do poder executivo tem o poder de limitar a extensão dos efeitos da lei; todas as suas manifestações têm de obedecer a lei, não há discricionariedade, trata-se de atividade estritamente vinculada.

Se antes a autoridade administrativa tinha um entendimento de que o tributo não incidia sobre determinada hipótese, mas altera o seu entendimento, deve cobrar os tributos sobre fatos geradores ocorridos nos últimos 5 anos (sem multa, juros ou correção monetária, nos termos do § único desse mesmo dispositivo). Esse dispositivo deve ser interpretado de forma literal e não se aplica às manifestações do judiciário. Aqui, estamos diante de hipótese diferente: as decisões dos tribunais têm força normativa, são comandos de observância obrigatória, verdadeiros demarcadores da extensão das normas. As manifestações dos tribunais superiores limitam a extensão dos comandos normativos. E nelas os contribuintes confiam.

O contribuinte que tinha certeza de que não precisaria recolher o tributo, baseado na jurisprudência dos tribunais superiores (como aquele contribuinte que não pagou ICMS sobre TUSD confiando na jurisprudência de décadas da 1ª Seção do STJ), não pode ser surpreendido por um julgamento e, imediatamente, ter de pagar o tributo dos últimos 5 anos e passar a pagá-lo sobre fatos geradores futuros.

Se, em vez de continuar litigando o tema nos tribunais (o que seria inútil se os tribunais mantivessem íntegra sua jurisprudência em obediência ao art. 926 do NCPC), as autoridades tributárias conseguissem aprovar uma lei e/ou alteração da Constituição prevendo a cobrança controversa, elas só poderiam cobrar o tributo para fatos geradores futuros, obedecendo aos princípios da anualidade e da noventena (art. 150, inciso III, alíneas "a" a "c").

Ora, quando os tribunais superiores alterarem a sua jurisprudência em matéria tributária para prejudicar o contribuinte, para determinar a incidência de tributo que se acreditava não incidir, é imperiosa a modulação de efeitos, ao menos para prever que (i) essa alteração não tenha efeitos retroativos (ou seja, não seja possível cobrar o tributo para fatos geradores ocorridos antes da alteração da jurisprudência); e (ii) somente incida o tributo conforme a alteração de jurisprudência no exercício seguinte à publicação do novo entendimento, observado o prazo mínimo de 90 dias.

6. CONSIDERAÇÕES FINAIS

Como vimos, dentro do contexto de valorização dos precedentes do NCPC, a jurisprudência dos tribunais superiores é verdadeira fonte primária de direito e os contribuintes confiam nessa jurisprudência para planejar os seus negócios. Nesse contexto, sempre que os tribunais superiores alterarem a sua jurisprudência para determinar a cobrança de tributo que o contribuinte não esperava pagar confiando em jurisprudência anterior, é imprescindível a modulação dos efeitos da decisão prevista art. 927, § 3º, do NCPC.

Com base nos art. 23 e 24 da LINDB, no art. 37 e no art. 150, inciso III, alíneas "a" a "c", da Constituição Federal, essa modulação deverá determinar que a cobrança do tributo de acordo com a nova orientação somente ocorra para o futuro (sem efeitos retroativos), respeitada a anualidade (ou seja, a cobrança só pode ocorrer no ano seguinte à publicação da decisão que mudar o entendimento) e a noventena (em nenhuma hipótese o tributo pode ser cobrado antes de 90 dias da decisão que mudar o entendimento).

GRÁFICA PAYM
Tel. [11] 4392-3344
paym@graficapaym.com.br